Wij gaan trouwen

KARIN KUSTERMANS

Wij gaan trouwen

Onmisbare wenken voor een ontspannen
en onvergetelijk huwelijksfeest

lannoo | TERRA

Wij gaan trouwen

ALGEMENE PLANNING

STAP VOOR STAP

DE GROTE DAG EN DAARNA

WOORD VOORAF

Heb je trouwplannen? Dan ga je de komende tijd wellicht niet alleen besteden aan het uitkijken naar die grote dag, maar ook aan het organiseren ervan. Je trouwdag is niet zomaar een feest, het is een van de grote feesten, misschien wel het grootste, uit je hele leven.

De komende weken en maanden zul je een hoop beslissingen moeten nemen en voor je het weet word je overdonderd met 'goede raad' van vrienden en familieleden. Hoe goed bedoeld al die adviezen ook zijn, neem zeker de tijd om uit te zoeken wat je *zelf* wilt. Zo voorkom je dat je in de val trapt van wat nu eenmaal het meest gebruikelijk is en dat je later misschien spijt krijgt dat je het niet 'anders' hebt aangepakt. Jullie trouwdag is immers in de eerste plaats *jullie* grote dag. Maak er dan ook echt *jullie* dag van.

Dit boek vertelt je niet alleen hoe een trouwdag er gewoonlijk uitziet, maar ook hoe je van dat pad van de traditie kunt afwijken om er iets persoonlijks van te maken. Lees de verschillende hoofdstukken door om erachter te komen hoe je wilt dat jouw trouwdag eruit gaat zien. Misschien betekent dat voor jou wel dat je inderdaad in een klassieke jurk en in een koets met paarden aan je huwelijksdag wilt beginnen. Maar het is evengoed mogelijk dat je ontdekt dat je liever een rode feestjurk draagt of achterop de Harley van je aanstaande naar het stadhuis rijdt. De traditie volgen of ervan afwijken: de keuze is helemaal aan jou. Het belangrijkste is dat je je goed voelt bij elke keuze die er gemaakt wordt.

Je moet je ideale trouwdag natuurlijk niet enkel ontwerpen, je moet hem ook nog organiseren. Daar komt heel wat bij kijken, zoveel dat het je wel eens kan overweldigen. Geen paniek! Dit boek helpt je bij alle aspecten van de planning en de organisatie. Als er al zoiets bestaat als het geheim van een geslaagde trouwdag, dan schuilt dat immers – naast een overweldigende portie wederzijdse liefde – in een goede voorbereiding. Hoofdstuk na hoofdstuk kun je lezen wat er allemaal bij het organiseren ervan komt kijken, van het aanzoek tot de huwelijksreis, van het ontbijt op je trouwdag tot de huwelijksnacht. Zo kan dit boek je een houvast bieden bij de hele voorbereiding.

Moge je trouwdag, met behulp van dit boek, echt de mooiste dag van je leven worden!

Bij het voltooien van dit boek wil ik de mensen bedanken die veel voor me hebben betekend bij het schrijven ervan.

Een woord van dank is op zijn plaats voor Herlinde en Ann, met wie ik uren ideeën heb uitgewisseld, plannen heb besproken en spanning heb gedeeld in de aanloop naar mijn en hun huwelijk.

Ik wil ook mijn ouders bedanken, voor hun voortdurende steun en aanmoediging en voor het steeds weer helpen waarmaken van mijn dromen. Mijn trouwdag, waaruit indirect dit boek is voortgekomen, was een van die dromen.

Heel in het bijzonder wil ik mijn echtgenoot Diether bedanken. Het plannen van onze trouwdag, van het moment van zijn aanzoek tot onze laatste huwelijksreisdagen in Toscane, was een unieke en prachtige ervaring. Maar bovenal is het goed leven met hem. Ik draag dit boek daarom aan hem op.

Ook aan Wouter draag ik dit boek op, het kleine wonder in ons leven. Hij heeft het schrijven dan wel tot een hindernissenloop gemaakt, ons huwelijksgeluk echter is door hem alleen maar dieper en groter geworden.

ALGEMENE PLANNING

Verliefd, verloofd...
Over verlovingsringen, -feesten en -aankondigingen

Je bent verloofd! Proficiat!
Er gaat niets boven de eerste dagen na je verloving. Je bent nog helemaal in de wolken over het nieuws en terwijl je het het liefst van de daken zou schreeuwen om het meteen aan heel de wereld te verkondigen, moet je je grote geheim nog even voor jezelf houden. Vreselijk spannend allemaal, en vreselijk leuk ook. Geniet er met volle teugen van en blijf nog maar even in die zevende hemel.

AAN DE GROTE KLOK

Je wilt het nieuws van jullie verloving en nakende huwelijk natuurlijk zo snel mogelijk aan iedereen vertellen. Maar met wie en hoe begin je?

Jullie ouders
In de meeste gevallen is het aangewezen om eerst je naaste familie op de hoogte te brengen. Veel ouders zouden het pijnlijk en onvergeeflijk vinden als ze het nieuws van anderen te horen zouden krijgen.

Je kunt het aan beide ouderparen tegelijk vertellen, bijvoorbeeld door ze uit te nodigen voor een gezamenlijk etentje.

Je kunt er ook voor kiezen om de twee ouderparen afzonderlijk in te lichten. Misschien hebben ze elkaar nog nooit ontmoet en vind je een eerste kennismaking én het nieuws van een verloving wat veel samen. Of misschien wil je hun de ruimte geven om hun gevoelens wat vrijer te kunnen uiten? Als je ervoor kiest de twee ouderparen afzonderlijk op de hoogte te brengen, schrijft de traditie – als je die wilt volgen – voor dat je het nieuws eerst aan de ouders van de bruid vertelt.

Of jullie het nu aan beide ouderparen tegelijk of afzonderlijk vertellen, het leukst is dat jullie het samen doen. Je kunt wachten tot de volgende keer dat je hen ziet, of je kunt hen zelf uitnodigen. En al wil je het nog zo dolgraag van de daken schreeuwen, weersta aan de verleiding om het al aan de telefoon te vertellen. Wacht tot je ze in levenden lijve ziet en vertel ze dan pas het grote nieuws.

Toch kan het soms ook beter zijn om het nieuws in je eentje aan je ouders te vertellen, vooral als je vermoedt dat je ouders er niet zo enthousiast over zullen zijn als jijzelf. Misschien schieten ze niet bijzonder goed op met je toekomstige. Of misschien maken ze zich zorgen over levensbeschouwelijke of culturele verschillen tussen jullie beiden. Of hebben ze gezien hoeveel verdriet een voorafgaande scheiding jou bezorgd heeft en willen ze je niet nog eens door zo'n situatie zien gaan. In zulke gevallen is het beter om je ouders de kans te geven vrij met jou van gedachten te wisselen over je aanstaande huwelijk. En dat kan meestal beter als je toekomstige er niet bij is.

Hebben jullie ouders elkaar nog niet ontmoet, en hebben jullie het nieuws aan elk van de ouderparen afzonderlijk verteld? Jullie verloving is de uitgelezen gelegenheid om ze met elkaar te laten kennismaken. De etiquette wil dat de moeder van de jongen na de aankondiging van het nieuws de moeder van het meisje opbelt om een afspraak te maken om kennis te maken, maar het kan natuurlijk ook anders. Een verlovings-feest(je) is bijvoorbeeld ook een goede gelegenheid.

Kinderen gaan voor

Als een van jullie beiden — of allebei — al kinderen heeft uit een vorige relatie, moet je je zelfs niet afvragen aan wie je het nieuws eerst moet vertellen. Aan hen natuurlijk. Want jullie beslissing heeft ook verregaande gevolgen voor hen: ze krijgen een nieuwe ouder — stief-moeder of stiefvader — en wie weet, stiefbroertjes of -zusjes. Je kunt het ze het best in je eentje vertellen, in een gesprek onder vier ogen. Besteed aandacht aan de manier waarop je het hun vertelt, geef ze ruim de tijd om erover van gedachten te wisselen met jou en laat ze ook al de vragen stellen die ze hebben. Geef ze ook de komende weken de tijd om te wennen aan het idee dat jullie gaan trouwen. Jullie huwelijk is immers niet alleen voor jullie de start van een nieuw leven, ook voor hen is het dat.

Als ze enigszins aan het idee gewend zijn, kun je met het hele, nieuwe gezin iets organi-seren om het nieuws te vieren: een uitstapje, een picknick, een fietstochtje, een etentje.

Als er kinderen zijn, kun je er niet onderuit om ook je ex op de hoogte te brengen. Het zijn tenslotte ook zijn of haar kinderen wier leven verandert door jullie beslissing. Als jullie niet meer met elkaar spreken, kun je het nieuws laten weten in een beleefd briefje.

Anderen

Misschien heb je wel een goede reden om het nieuws eerst aan iemand anders te vertellen. Een boezemvriend, een hartsvriendin, iemand die een bijzonder belangrijke rol speelt in jul-lie leven.

Als je ouders heel negatief staan tegenover je relatie, is het misschien niet zo'n best idee om hun het nieuws eerst te vertellen. Zoek in de plaats één of meer mensen van wie je weet dat ze het fantastisch zullen vinden. Wentel je gerust even in hun geluk-wensen en enthousiasme en ga dan pas de confrontatie met je ouders aan.

De grote klok

Zodra je iemand op de hoogte brengt van je verloving, gaat de bal aan het rollen. Voor je het beseft heeft de tamtam zijn werk gedaan, en weet je halve familie of vriendenkring ervan. Spreek daarom met degenen die je eerst op de hoogte brengt af dat ze nog even wachten met het nieuws door te vertellen en maak van die tijd gebruik om al die familie-leden en vrienden persoonlijk op de hoogte te brengen die misschien beledigd zouden zijn als ze het van anderen zouden horen. Verdeel je lijst eventueel in twee en laat je verloofde zijn vrienden en familieleden opbellen.

Laat je niet gek maken
Je bent net ten huwelijk gevraagd, je hebt ja gezegd, je bent in de zevende hemel en je kunt je ogen niet van die prachtige ring afhouden! Je geniet met volle teugen van het net verloofd zijn. En dan vertel je het nieuws aan je naasten en gaat de bal aan het rollen... Iedereen wil weten wanneer en waar jullie precies gaan trouwen, je moeder vraagt je advies over de jurk die ze zal aantrekken op jullie trouwdag en je vader wil liever vandaag dan morgen de locatie voor het huwelijksfeest geboekt hebben. Voor je het weet word je bedolven onder een spervuur van vragen. Laat je daardoor niet van de wijs brengen. Geef jezelf gerust een paar weken de tijd om volop te genieten van jullie geluk.

DE VERLOVINGSTRADITIE

Vroeger ging de verlovingstijd in nadat de jongen de vader van het meisje om haar hand had gevraagd. De vader vroeg de man dan naar zijn leeftijd, gezondheid, godsdienst, opleiding, diploma's en werk. Bovendien informeerde hij naar zijn vooruitzichten en vroeg hij hem om referenties, zodat hij bij anderen zijn licht kon opsteken over zijn eventuele toekomstige schoonzoon. Een waar kruisverhoor dus. Was de vader tevreden, dan gaf hij toestemming voor het huwelijk.

Als de vader het aanzoek aannam, brachten de ouders van de bruidegom een eerste bezoek aan de ouders van de bruid. Daarna werd de verloving aangekondigd.

De verloving zelf duurde niet zelden verschillende jaren. In die periode hadden de toekomstige trouwers de tijd om te sparen en hun huishouden op te zetten. Wanneer ze daarmee klaar waren, kon er getrouwd worden.

Schrikkelaanzoek
De traditie wil dat vrouwen hun geliefde ten huwelijk mogen vragen op 29 februari. Dat eeuwenoude gebruik stamt uit de tijd dat die dag nog wettelijk 'ongeldig' was... Gelukkig hoeven vrouwen nu niet meer op een schrikkeljaar te wachten om hun aanzoek te doen!

Tegenwoordig heeft de verloving een andere betekenis gekregen, of beter: andere betekenissen. De verloving is nu in de eerste plaats een belofte tussen twee mensen dat ze met elkaar gaan trouwen. Daarnaast is het het moment waarop je aan de buitenwereld bekendmaakt dat je gaat trouwen. En ten slotte is het de periode waarin je je huwelijk voorbereidt.

DE VERLOVINGSRING

Van alle tradities die met de verloving gepaard gaan, is het geven van een verlovingsring veruit de meest universele. Het is een oud gebruik, maar veel stellen vinden tegenwoordig dat een verlovingsring er nog steeds bij hoort. Soms draagt alleen het meisje er een, soms dragen de jongen en het meisje er allebei een.

De klassieke verlovingsring is een gouden ring met een diamant. Bij het huwelijk werd daar dan een gladde gouden trouwring naast geschoven. Beide ringen werden vervolgens altijd samen gedragen. Tegenwoordig wordt soms meteen voor een gladde gouden ring gekozen, die later als trouwring wordt gebruikt. Ook wordt wel eens een zogenaamde alliance-ring gebruikt: een ring met enkele briljanten, waaraan bij elke volgende grote gebeurtenis, zoals het huwelijk of de geboorte van een kind, een briljant wordt toegevoegd. Maar je kunt ook voor een modern ontwerp gaan, of net voor een antieke ring.

Aan de binnenkant van de verlovingsring komt soms een inscriptie met de verlovingsdatum en de naam van je verloofde. Wanneer de verlovingsring ook als trouwring wordt gebruikt, wordt later ook de huwelijksdatum erin gegraveerd.

In België draag je je verlovingsring aan de ringvinger van je rechterhand. Ook Nederlandse katholieken volgen dit gebruik. Andere Nederlanders dragen de verlovingsring dan weer aan de ringvinger van de linkerhand. Als de verlovingsring ook als trouwring wordt gebruikt, gaat de ring bij het huwelijk naar de ringvinger van de andere hand.

De vena amoris

Het is geen toeval dat de verlovingsring – en later ook de trouwring – meestal aan de ringvinger, de vinger naast de pink, wordt gedragen. Vroeger dacht men dat er vanuit deze vinger een ader vertrok die rechtstreeks naar het hart liep: de *vena amoris*. Een ring die aan deze vinger werd gedragen, was met andere woorden rechtstreeks verbonden met de zetel van de liefde, het hart.

Aanzoek met of zonder ring?

Het is een bekende scène uit romantische films: een romantisch dineetje voor twee, bij kaarslicht, en de man haalt een mooi verpakt doosje tevoorschijn… met daarin de perfecte verlovingsring.

De 'perfecte verlovingsring' voor je geliefde uitzoeken is nochtans niet eenvoudig. Welke maat moet die ring hebben, en vooral: wat voor een ring moet het zijn? Het is tenslotte de bedoeling dat je toekomstige die dag in dag uit gaat dragen… Daar komt nog bij dat veel meisjes en vrouwen zich een behoorlijk goed beeld hebben gevormd van hoe hun 'droomring' eruitziet… Het laatste wat je wilt, is dat je geliefde het doosje opent en op een wat vlakke toon 'O' zegt, omdat dit toch niet echt de verlovingsring is die zij in gedachten had…

Daarom geven veel stellen er tegenwoordig de voorkeur aan de verlovingsring(en) na het aanzoek samen uit te zoeken.

Wil je je geliefde bij het aanzoek toch echt verrassen met een ring, weet dan dat je aan een hele onderneming begint. In de eerste plaats moet je achter de juiste maat zien te komen. Als ze niet voortdurend dezelfde ring draagt, kun je met een ring die ze net heeft afgedaan stiekem langsgaan bij een juwelier. Hij kan je de precieze maat ervan vertellen. Als je zelfs die tijd niet hebt, kun je de ring op een stuk papier leggen en de binnenmaat ervan aftekenen. Doe dat wel heel nauwkeurig! Je kunt ook een van haar vriendinnen inschakelen. Zij kan – heel toevallig – eens een ring van je vriendin passen en er iets bij opmerken in de trant van: 'Oh, die zit te los (of te strak, of net goed), welke maat heb jij?' En als je vriendin heel vast slaapt – maar alleen dan! – kun je de omtrek van haar vinger ook meten met behulp van een touwtje.

Nog veel moeilijker dan het achterhalen van de juiste maat, is het kiezen van het soort ring. Wordt het een traditionele verlovingsring met een diamant, een gladde gouden ring die later ook kan dienen als trouwring, een alliance-ring, een ring met een andere edelsteen, een exclusief modern ontwerp of net een antieke ring?

Je kunt naar de smaak van je geliefde polsen door af en toe stil te staan bij de etalage van een juwelier. Ben je nog niet zeker van je zaak, dan kun je de juwelier vragen of de ring geruild mag worden. Gezien de prijs van een verlovingsring staan de meeste juweliers dat wel toe.

Je hebt nog een andere optie. Je kunt je huwelijksaanzoek ook doen tijdens een bezoekje aan een juwelier. Loods haar tijdens een wandeling in de stad naar de etalage van een juwelier en vraag haar of ze zin heeft iets uit te zoeken. Op het ogenblik dat ze de ring van haar keuze aan haar vinger schuift, kun jij je aanzoek doen.

Ben je bang dat je aanstaande een ring zal kiezen die ver boven je budget ligt? Breng dan vooraf een bezoekje aan de juwelier en bespreek de prijs met hem. Hij kan dan alleen die ringen tonen die binnen je budget liggen.

HET VERLOVINGSGESCHENK

Wanneer alleen het meisje een verlovingsring draagt, die zij van haar verloofde gekregen heeft, gebeurt het wel eens dat zij hem, in plaats van een ring, een ander verlovingsgeschenk geeft. Traditionele verlovingscadeaus zijn onder meer uurwerken, vulpennen en manchetknopen, maar iets anders kan natuurlijk ook. Houd wel in het achterhoofd dat jij zijn cadeau – je ring! – een leven lang gaat dragen, het is daarom leuk hem ook iets 'blijvends' te geven.

DE VERLOVINGSAANKONDIGING

Als je besluit een verlovingsreceptie of een verlovingsfeest te geven, kun je de gasten mondeling, telefonisch of schriftelijk uitnodigen. Mensen die niet op de receptie of het feest zijn uitgenodigd, kun je van je verloving op de hoogte brengen door een verlovingsaankondiging. Let er wel op dat je eerst iedereen inlicht die je persoonlijk van je verloving op de hoogte wilt brengen voor de aankondigingen de deur uitgaan!

Als je het helemaal volgens de etiquette wilt doen, verstuur je in een kleine envelop twee visitekaartjes: een van de jongen en daarbovenop een van het meisje.

Je kunt ook kaarten laten drukken, met daarop het nieuws van de verloving. De naam van het meisje wordt altijd als eerste vermeld.

Je kunt de aankondiging ten slotte ook als advertentie in de krant laten verschijnen.

Een traditionele verlovingsaankondiging ziet er als volgt uit:

De heer en mevrouw Buyens delen u met vreugde mede
dat hun dochter Lotte
zich op 6 oktober 2003 zal verloven
met de heer Steven Degendt.

Of:

De heer en mevrouw Buyens-Caers
hebben het genoegen u kennis te geven van de verloving
van hun dochter Lotte
met de heer Steven Degendt,
de zoon van de heer en mevrouw Degendt-Waegeneers.

HET VERLOVINGSFEEST

Voel je je, nu je verloofd bent, zo feestelijk dat je het grote nieuws ook wilt vieren? Dat kan, bijvoorbeeld met een verlovingsfeest. Traditioneel wordt zo'n verlovingsfeest gegeven door de ouders van de bruid, vaak bij hen thuis. Maar als hun huis zich daar niet toe leent, kan het feest ook worden gegeven in een restaurant, een feestzaal of op een andere plek.

Het is niet ongebruikelijk dat op een verlovingsfeest enkel de naaste familie wordt uitgenodigd: de ouders, zussen en broers en eventueel de grootouders van de verloofden. Maar je kunt ook een groter feest voor meer mensen geven.

Je kunt ook zelf je eigen verlovingsfeest organiseren, bijvoorbeeld voor je vrienden. Het zou immers wel eens kunnen dat die niet zijn uitgenodigd op het verlovingsfeest dat door jullie ouders wordt georganiseerd, terwijl jullie het grote nieuws net graag met hén zouden willen vieren.

En misschien wil je deze bijzondere gelegenheid wel heel intiem vieren: met een rustig romantisch etentje voor alleen jullie beiden.

De uitnodiging

Hoe je de gasten uitnodigt, hangt af van wat voor feest je gaat geven. Als je het heel informeel wilt houden en maar een beperkt aantal mensen wilt uitnodigen, hoef je geen schriftelijke uitnodigingen te versturen. Een mondelinge of telefonische uitnodiging volstaat dan.

Nodig je meer mensen uit, dan kun je bij je verlovingsaankondiging een apart kaartje voegen, waarop je de plaats, datum en tijd van het feest vermeldt. Wil je het helemaal volgens de etiquette doen, dan laat je de ouders van de bruid uitnodigen. De uitnodiging kan er dan zo uitzien:

De heer en mevrouw Buyens-Caers hebben het genoegen u uit te nodigen voor het feest
ter ere van de verloving van hun dochter Lotte met Steven Degendt op zaterdag 6 oktober
om 20 uur, Parkstraat 23, te Mechelen.

Parkstraat 23
r.s.v.p.
2800 Mechelen
tel....

Verlovingsreceptie

Als je je verloving wilt vieren met veel gasten, kun je kiezen voor een verlovingsreceptie, waarbij de gasten een drankje en wat hapjes aangeboden krijgen. De verloofden nemen staande de gelukwensen in ontvangst. Het meisje staat rechts van de jongen. Naast hem staan zijn ouders, en daarnaast de ouders van het meisje. Het meisje wordt als eerste gefeliciteerd.

Verlovingsdiner

Verlovingsdiners worden meestal gegeven voor een kleiner gezelschap: voor de naaste familie en eventueel enkele goede vrienden.

Bij zo'n diner krijgen de verloofden de ereplaats aan tafel. Het meisje zit daarbij rechts van de jongen. De ouders van het meisje zitten naast haar, die van de jongen naast hem. Waar de andere gasten plaatsnemen maakt in principe niet zo uit. Wel is het gebruikelijk dat dames en heren elkaar afwisselen.

Bij het begin van het diner kan er een toast worden uitgebracht op het jonge paar. Tijdens of na het diner kan er ook een speech worden gehouden door de vader van het meisje. Het is ook gebruikelijk dat hij de toekomstige bruidegom welkom heet in de familie.

Minder formeel

Het hoeft ook allemaal niet zo formeel, met een receptie of een diner. Je kunt het grote nieuws ook vieren tijdens een barbecue in jullie tuin, tijdens een lekker etentje in jullie lievelingsrestaurant of tijdens een avondje in een karaokebar of bowlingclub.

FAMILIEBEZOEKJES

In sommige families is het gebruikelijk dat de verloofden een bezoek brengen aan de verschillende familieleden. Vooral oudere familieleden stellen dat nogal eens op prijs. Zo kunnen ze immers voor de huwelijksdag al kennismaken met je verloofde. Informeer even bij jullie ouders of dergelijke bezoekjes in jullie families gebruikelijk zijn, en maak eventueel de nodige afspraken.

Het woord 'verloven' gaat terug op het Middelnederlandse 'vorloven', dat onder meer betekende: verbinden door een 'loft', een belofte, een gelofte. Door jullie te verloven verbinden jullie je er met andere woorden toe met elkaar te gaan trouwen.

Jullie trouwdag in beeld
Over dromen, prioriteiten en beslissingen

Misschien wil je er meteen in duiken en werk maken van de organisatie van jullie trouwdag. Je hebt verhalen gehoord over hoe vroeg je er wel niet bij moet zijn om de feestzaal van je keuze te kunnen hebben en over hoe snel fotografen en deejays volgeboekt zijn.

Toch kun je beter even rustig gaan zitten en nadenken over hoe je wilt dat je trouwdag eruit gaat zien. Met elke beslissing die je neemt, komt de uiteindelijke vorm van jullie trouwdag weer een beetje meer vast te liggen. Bovendien is de kans reëel dat dit een van de grootste ondernemingen is die je in je leven zult aanpakken. Het zou jammer zijn overhaaste beslissingen te nemen.

EEN KWESTIE VAN PRIORITEITEN

Veel aanstaande bruidsparen vatten de organisatie van hun trouwdag aan met het bepalen van hun budget. Vervolgens proberen ze alles wat volgens hen bij een huwelijk hoort binnen dat budget te passen, desnoods met veel duwen en wringen. Dat je op die manier blijft zitten met een gevoel van frustratie, is verre van ondenkbaar. Je zou wel eens de indruk kunnen krijgen dat je je het huwelijk van je dromen absoluut niet kunt veroorloven.

Je kunt ook anders te werk gaan, omgekeerd als het ware. Laat je trouwbudget nog even voor wat het is – er is nog tijd genoeg om je daarover te buigen – en vertrek vanuit jouw beeld van je ideale trouwdag.

Begin met een brainstorm. Sluit je ogen. Wat zie je bij het woord 'ideale trouwdag'? Wees daarbij zo specifiek mogelijk. Laat je verbeelding gerust even de vrije loop – je hebt straks nog tijd genoeg om haar te beteugelen. Denk zowel aan het geheel als aan de details. Waar vindt jullie droomhuwelijk plaats? Welke kleren draag jij? Wie is er aanwezig? Wat wordt er gegeten? Zijn er veel of weinig bloemen? Wat is het seizoen?...

Een dergelijke brainstorm helpt je om jouw droomscenario beter te leren kennen. Kijk vervolgens eens rustig naar hoe dat scenario eruitziet. Welke elementen erin maken het voor jou zo ideaal? Wat is het belangrijkst in jouw scenario?

Laat je verloofde dezelfde denkoefening maken en praat er in alle openheid met hem over. De kans is groot dat jouw scenario van een droomhuwelijk er anders uitziet dan dat van hem. Laat je daardoor niet van de wijs brengen.

Vind je het moeilijk om in het wilde weg te brainstormen over je ideale trouwdag? De onderstaande vragen kunnen je misschien op weg helpen...

Hoe zou je je ideale trouwdag omschrijven? (meerdere antwoorden mogelijk)
– Intiem
– Formeel
– Elegant
– Non-conformistisch
– Traditioneel

– Religieus geïnspireerd
– Groots
– Sober
– Feestelijk
– Etnisch geïnspireerd
– Persoonlijk
– Opgebouwd rond een thema
– 'Doe maar gewoon'
– Warm
– Levendig
– Verrassend
– Chic
– Trendy
– Weelderig
– Muzikaal
– Kunstzinnig
– Romantisch
– Luxueus
– Eigentijds
– Stijlvol

Waar vindt je ideale trouwdag plaats?
– De plek waar we nu wonen
– De plek van waar de bruid afkomstig is
– De plek van waar de bruidegom afkomstig is
– Elders:.............................

In welk seizoen vindt je ideale trouwdag plaats?
– Lente
– Zomer
– Herfst
– Winter

Welk vervoermiddel past het best bij je beeld van je ideale trouwdag?
– Een grote limousine
– Een statige Mercedes
– Een flashy sportwagen
– Een koets, getrokken door paarden
– Een retrobus
– Een stoere motor
– Een heteluchtballon
– Een helikopter
– Ander:.............................

Welke muziek hoor je als je aan je ideale trouwdag denkt?
– Een suite uitgevoerd door een orkest
– Het gezang van een koor
– Een vioolkwartet

– Speelse zigeunermuziek
– Etherische muziek
– Moderne songs uit de toptien
– Het geluid van de zee
– Andere:.............................

Welk eten zie je voor je als je aan je ideale trouwdag denkt?
– Een rij lekkere aperitiefhapjes waar geen einde aan komt
– Een uitgebreid vijfgangenmenu
– Champagne, kaviaar en kreeft
– Een buffet vol desserten en zoetigheden
– Een buffet met gerechten uit verschillende landen
– Verrassende exotische gerechten
– Een uitgebreide picknick
– Ander:.............................

Welke commentaar zou je van je gasten willen horen na je bruiloft?
– In één woord: prachtig.
– Het was overweldigend.
– Bijzonder stijlvol allemaal!
– Het was helemaal 'jullie'.
– Wat was het ontroerend!
– Het was chic.
– Het was erg bijzonder.
– Zo romantisch!
– Het was erg lekker.
– Jaren geleden dat we ons nog zo goed geamuseerd hebben!
– Ander:....................

Wat vind je belangrijk? En wat vind je niet belangrijk? Kies uit onderstaande lijst de drie elementen die je het belangrijkst vindt en de drie die je het minst belangrijk vindt.
– Originele trouwringen
– Een betoverend mooie trouwjurk
– Een huwelijksplechtigheid met een persoonlijke noot
– Een huwelijksplechtigheid die jullie etnische achtergrond weerspiegelt
– Livemuziek tijdens de huwelijksplechtigheid
– Een bijzondere locatie voor de huwelijksplechtigheid
– Een bijzondere locatie voor het huwelijksfeest
– Een groots huwelijksfeest
– Een overweldigende bloemversiering
– Een spetterend dansfeest
– Een receptie met champagne en uitgelezen hapjes
– Een diner met een chic vijfgangenmenu
– Een rijkelijk buffet
– Een uitgebreide fotoreportage
– Een professionele videoreportage
– Een mooie en lekkere bruidstaart
– Een persoonlijk ingevulde trouwdag

– Andere:..........................

Dit vind ik het belangrijkst:

Dit vind ik het minst belangrijk:

Maak vervolgens een lijstje van al de elementen die je net hebt opgenoemd en rangschik ze in volgorde van belangrijkheid. Welke elementen vind je onmisbaar als je aan je 'ideale trouwdag' denkt? Wil je iedereen verbazen met een haute-couturejurk? Of wil je een minder extravagante jurk, zodat je meer geld kunt besteden aan de bloemen die je die dag overal in grote hoeveelheden wilt hebben? Wil je absoluut trouwen in het hartje van de zomer, of is het tijdstip minder belangrijk dan, zeg maar, dat pittoreske kerkje waar jullie elkaar jullie jawoord willen geven?

Vergelijk vervolgens jouw prioriteitenlijstje met dat van je verloofde. Waarover zijn jullie het eens? Wat vinden jullie allebei belangrijk of net niet belangrijk? En op welke vlakken zullen jullie een compromis moeten zoeken? Het is weinig waarschijnlijk dat jullie het over alles eens zullen zijn. Flexibiliteit is dan erg belangrijk. Wees bereid toegevingen te doen. Probeer, wanneer jullie van mening verschillen, na te gaan hoe belangrijk dit ene specifieke element voor jullie beiden is, en hoe hoog het op jullie respectieve prioriteitenlijstje staat. Is het voor jou minder belangrijk dan voor je partner, wees dan flexibel.

Maak niet elk detail even belangrijk. Doe je dat wel, dan wordt de organisatie van je trouwdag zowat onoverkomelijk. Bepaal integendeel je prioriteiten en besteed daaraan het merendeel van je budget, je tijd, je energie en je aandacht.

Dingen die voor jou niet belangrijk zijn, hoef je niet in je trouwdag op te nemen omdat ze nu eenmaal traditie zijn. Tradities zijn niet essentieel. En als je je er niet goed bij voelt, kun je ze zeker helemaal overboord gooien! Je hoeft helemaal niet door je vader aan het altaar te worden weggegeven of te trouwen in een witte jurk met sluier!

INSPIRATIE OPDOEN

Kom je er met brainstormen niet uit en heb je het gevoel dat je wat inspiratie kunt gebruiken? Geen nood! Er zijn tal van bronnen beschikbaar die je een beeld kunnen geven van de ruime waaier aan mogelijkheden die er op trouwvlak bestaan. Voor je definitieve beslissingen neemt, is het sowieso wijs de verschillende mogelijkheden te bekijken, om te voorkomen dat je later spijt zult krijgen. Wacht daarom niet te lang met het verzamelen van informatie en het opdoen van ideeën. Bovendien kan dit voor aangename uurtjes zorgen in die eerste spannende verlovingsmaanden.

Boeken

In dit boek vind je alvast heel wat informatie over wat er allemaal bij de organisatie van een huwelijk komt kijken en krijg je tal van voorbeelden hoe het allemaal kan. Neem dit boek door voor je definitieve beslissingen neemt en keuzes vastlegt. Zo voorkom je dat je later spijt krijgt van een overhaaste beslissing.

Bruidsmagazines

In de dagbladhandel vind je verschillende gespecialiseerde bruidsmagazines. Naast veel advertenties van allerlei professionals die op de een of andere manier met bruiloften te maken hebben, bevatten ze ook veel tips en ideeën.

Trouwbeurzen

Overal te lande worden ook trouwbeurzen georganiseerd, voornamelijk in het voor- en het najaar. Op zo'n beurs vind je allerlei mensen die diensten aanbieden die met huwelijken te maken hebben, van feestzalen tot fotografen, van aanbieders van trouwvervoer tot make-upspecialisten, van ceremoniemeesters tot ontwerpers van trouwjurken. De ideale plek dus om je een beeld te vormen van wat er zoal op de markt is, en meteen ook om in contact te komen met fotografen, videografen, cateraars, noem maar op.

Internet

Op het internet is werkelijk een schat aan informatie te vinden. Er bestaan honderden sites die specifiek gewijd zijn aan het organiseren van een huwelijk. Vele daarvan zijn Engelstalig, maar er zijn er ook Nederlandstalige te vinden. Door een paar goede zoektermen in te voeren in een zoekmachine kom je al een heel eind. Probeer zo specifiek mogelijk te zijn bij het invoeren van een zoekterm. Als je informatie zoekt over bruidstaarten, geef dan 'bruidstaart' in, en niet gewoon 'taart', 'cake' of 'bakker'.

Daarnaast vind je op het net ook tal van commerciële sites die informatie aanbieden rond trouwen. Ook dat kan veel informatie opleveren. Als je bijvoorbeeld op zoek bent naar ideeën voor een mooi bruidsboeket, kan het geen kwaad om naar sites van bloemisten te kijken die gespecialiseerd zijn in bruidsboeketten. Soms moet je de informatie op dergelijke websites echter wel met een korreltje zout nemen. Ze is immers in de eerste plaats geschreven om iets verkocht te krijgen aan jou.

Steeds meer trouwparen ontwerpen naar aanleiding van hun (nakende) huwelijk ook een eigen, persoonlijke website, waarop ze allerlei informatie over en foto's van hun trouwdag plaatsen. Ook daar kun je veel inspiratie uit putten.

Krijg je niet genoeg van al de tips en foto's die je op het internet vindt? Dan zijn er ook nog mail- en nieuwsgroepen die helemaal gewijd zijn aan het organiseren van een huwelijk. Als je lid wordt van zo'n groep, kun je boodschappen sturen aan andere koppels die gaan trouwen en met hen ideeën en inspiratie uitwisselen. Je kunt er ook vragen kwijt, waarop andere leden dan weer een antwoord kunnen posten. Dergelijke groepen leveren vaak een schat aan informatie op.

Vrienden, kennissen en familieleden

Leg je oor te luisteren bij vrienden, kennissen en familieleden die onlangs zelf zijn getrouwd. Pols naar hun ervaringen en vraag of je hun trouwalbum een keer kunt bekijken. Onderschat de kracht van de mond-tot-mondinformatie niet! En wie weet blijkt een van je vriendinnen wel een broer-fotograaf te hebben die prachtige trouwreportages maakt!

WANNEER?

Een van de eerste beslissingen die je zult moeten nemen is *wanneer* jullie zullen trouwen. Dat kan van veel factoren afhangen.

Voorbereidingstijd

Hoeveel tijd denk je nodig te hebben voor het organiseren van je ideale trouwdag? Zowel een lange als een korte voorbereidingstijd kan voor jou voordelen hebben.

Lange voorbereidingstijd (meer dan acht maanden)

Voordelen
- Je hebt veel opties. De kans is groot dat je de feestzaal, de kerk, de fotograaf, de bloemist en zo van je keuze nog kunt boeken.
- Je hebt de tijd om uit te zoeken wat de mogelijkheden zijn en daar dan een keuze uit te maken.
- Minder stress. Je kunt beetje bij beetje plannen en regelen en je houdt tijd genoeg over voor je gewone leven.
- Je hebt de tijd om uit te zoeken hoe jouw prioriteiten en die van je verloofde kunnen samenkomen.
- De meeste familieleden en vrienden zullen de datum kunnen vrijhouden.

Nadelen
- Je zou wel eens kunnen verdrinken in de details. Hoe meer tijd je hebt, hoe meer tijd je ook kunt besteden aan elk klein detail.

Korte voorbereidingstijd (minder dan vier maanden)

Voordelen
- Minder stress. Misschien wil je het 'klein en intiem' houden omdat je maar weinig tijd hebt. Bij zo'n feest komt vaak minder kijken dan bij een groots opgezet trouwfeest voor tweehonderd gasten.
- Originaliteit. Een korte voorbereidingstijd dwingt je wel eens creatief te zijn. Als alle feestzalen op de door jullie gekozen datum al volgeboekt zijn, ontdek je – uit noodzaak – misschien wel veel originelere locaties.

Nadelen
- Minder opties. De kans is groot dat je minder van je prioriteiten zult kunnen verwezenlijken en dat je meer compromissen zult moeten sluiten. Vooral in populaire trouwmaanden (van mei tot september) kan het moeilijk zijn om de feestzaal van je keuze of je favoriete fotograaf te boeken.
- Tijdsdruk. Wanneer je een bruiloft organiseert, moeten er heel veel details geregeld worden. Hoe minder tijd je daarvoor hebt, hoe meer stress dit kan opleveren.

Als je liever geen lange voorbereidingstijd wilt en op korte termijn wilt trouwen, moet je er wel rekening mee houden dat sommige maanden populairder zijn dan andere als trouwmaand. In de lente en de zomer, pakweg van eind april tot begin oktober, wordt veruit het meest getrouwd. Dat betekent echter ook dat je voor deze maanden vaak heel tijdig moet reserveren, wat met een korte voorbereidingstijd een probleem kan zijn...

Familie en vrienden
Wie wil je er op je trouwdag zeker bij hebben? Pols even of de gekozen datum voor hen kan. Houd rekening met examenperiodes, bevallingsdata, andere huwelijken, feestdagen, schoolvakanties en dergelijke.

Belangrijke data
Misschien wil je je trouwdag laten samenvallen met een datum die voor jullie een bijzondere betekenis heeft: de dag dat jullie elkaar hebben leren kennen, de huwelijksverjaardag van je ouders of grootouders, Valentijn, Kerstmis, oudejaarsavond... Wanneer jullie voor een trouwdag met een bijzondere of symbolische betekenis kiezen, kun je je gasten daarop attent maken, bijvoorbeeld in het programmaboekje van jullie huwelijksplechtigheid.

Trouwlocatie
Wil je absoluut in die ene kerk of dat ene stadhuis trouwen, of je feest in een bepaalde feestzaal laten plaatsvinden? Kijk dan welke data voor die locatie mogelijk zijn. Als je iets speciaals wilt, zul je er waarschijnlijk ruim van tevoren bij moeten zijn.

Budget
Sommige maanden zijn duurder dan andere en hetzelfde geldt voor de dag waarop je trouwt. Zo hanteren sommige Belgische feestzalen een goedkoper tarief als je op een vrijdagavond trouwt dan als je op een zaterdagavond trouwt, omdat zaterdag in België de populairste trouwdag is. In Nederland zijn donderdag en vrijdag dan weer de populairste dagen om in het huwelijk te treden. En in Nederlandse gemeentehuizen kun je op bepaalde dagen en uren gratis trouwen, terwijl trouwen op een zaterdag of een zondag er duurder is.

Stijl van jullie huwelijk
Misschien droom je van sneeuw op je trouwdag, of heb je net graag een stralende warme zomerdag? Of zie je een huwelijk in kerstsfeer helemaal zitten? Denk je in pasteltinten en zie je overal frisse bloesemblaadjes als je aan je trouwdag denkt? Dan kun je het best voor de lente gaan. In al deze gevallen wordt de keuze van een datum daar uiteraard sterk door bepaald.

Werk
Ga ook na of je in de gekozen periode makkelijk vrij kunt krijgen van je werk. Denk daarbij niet alleen aan de trouwdag, maar ook aan de periode die erop volgt, als jullie op huwelijksreis willen gaan.

Huwelijksreis
Dromen jullie al een hele tijd van die ene specifieke bestemming en willen jullie er je huwelijksreis van maken? Check dan even of de trouwdatum die jullie in gedachten hebben een goed moment is voor zo'n reis. Het zou jammer zijn als je in het hartje van de winter belandt terwijl je een zonnige vakantie voor ogen had, of als je huwelijksreis letterlijk in het water valt doordat het volop regenseizoen is op de plek waar jullie naartoe willen.

Als je een datum hebt gekozen, kun je er het best nog een paar andere als reserve achter de hand houden. Als de feestzaal van je dromen toch niet zou kunnen, heb je dan nog een paar uitwijkmogelijkheden.

Tamponvrij
Houd als vrouw ook rekening met je menstruele cyclus. Ongesteldheid is wel het laatste waar je op je trouwdag aan wilt denken! Probeer het daarom, indien mogelijk, zo te regelen dat je ongesteldheid (en je PMS) ten laatste een week voor je trouwdag valt.

Hooikoorts
Als een van jullie beiden last heeft van hooikoorts, kun je overwegen om niet in de maanden te trouwen waarin de pollenconcentratie het hoogst is. Je wilt waarschijnlijk liever niet met rode ogen en een snotterende neus je jawoord geven...

DE OMVANG

Een andere belangrijke beslissing die je al vroeg moet nemen is wie je allemaal gaat uitnodigen. Het aantal gasten is immers van groot belang voor de rest van de planning: het bepaalt in hoge mate wat je trouwdag gaat kosten en het kan beperkingen opleggen wat de keuze van je feestzaal betreft. Beslissen hoeveel mensen er zullen komen is vaak niet zo eenvoudig als het op het eerste gezicht lijkt, er spelen immers verschillende factoren mee.

Stijl van jullie huwelijk
Wil je je huwelijk op een intieme manier vieren met enkel je naaste familieleden en vrienden? Of wil je een groot feest geven voor al je vrienden en kennissen?

Budget
Wat voor een feest je ook beslist te geven, hoe meer gasten je uitnodigt, hoe duurder het wordt. Als je veel gasten wilt uitnodigen, kun je natuurlijk altijd ook de formule van je feest daaraan aanpassen. Vaak kost een buffet per persoon bijvoorbeeld minder dan een diner dat aan tafel geserveerd wordt. Een receptie kan ook een goedkoper alternatief bieden: door veel mensen uit te nodigen voor de receptie en een kleine groep voor het diner of avondfeest, kun je heel wat geld besparen.

Wensen en verwachtingen van jullie ouders
Betalen jullie ouders een deel van het feest? Dan willen zij waarschijnlijk ook vrienden en familieleden uitnodigen.

Jullie families
Hoe groter jullie families zijn, hoe meer familieleden jullie wellicht *moeten* uitnodigen en hoe langer jullie gastenlijst wordt. Gelukkig dringen ouders er tegenwoordig niet meer op aan dat verre familieleden in de zoveelste graad *moeten* worden uitgenodigd.

Logistiek

Als je per se op een bepaalde plek wilt trouwen, moet je nagaan hoeveel gasten je daar kunt ontvangen.

Wie mag er wie uitnodigen? En vooral: hoeveel?

Wie er hoeveel gasten mag uitnodigen, hangt af van wie er voor het feest betaalt. Als jullie ouders het grootste gedeelte van de rekening betalen, is het gebruikelijk dat zij ook flink wat gasten mogen uitnodigen. Betalen jullie het merendeel, dan bepalen vooral jullie wie er komt. Als jullie de hele rekening betalen, kunnen jullie er in principe mee volstaan jullie eigen familieleden en vrienden uit te nodigen. Houd er wel rekening mee dat jullie huwelijk ook voor jullie ouders een bijzonder feestelijk moment is en dat ze wellicht ook hun vrienden willen laten meevieren.

Je kunt het maximale aantal gasten ook in drie delen: de gasten van het trouwkoppel, de gasten van haar ouders, de gasten van zijn ouders.

Je kunt ook beginnen met aan iedere partij (jullie en jullie respectieve ouders) te vragen een lijst te maken van de gasten die ze *zouden willen uitnodigen*. Op basis daarvan kun je proberen één lijst samen te stellen. Uiteindelijk is het laatste woord vaak aan diegenen die de rekening zullen betalen, maar het is aangewezen dat iedereen gelukkig is met de definitieve lijst, zeker het trouwpaar. Het is tenslotte jullie dag!

DE ACHTERGROND

Een andere belangrijke beslissing is de achtergrond waartegen jullie je huwelijk willen vieren. Zowel in België als in Nederland is een huwelijk pas geldig wanneer je wettelijk getrouwd bent. Een burgerlijke huwelijksplechtigheid maakt daarom altijd deel uit van je bruiloft.

De burgerlijke huwelijksplechtigheid, die vaak een erg formeel karakter heeft en niet lang duurt, kan eventueel worden aangevuld met een bijkomende plechtigheid. In veel gevallen is die religieus of levensbeschouwelijk geïnspireerd. Alle religies kennen een ritueel om binnen hun geloofsgemeenschap het huwelijk tussen twee mensen te bezegelen.

Wie geen religieuze plechtigheid wil, maar toch iets meer wil dan het formele burgerlijke huwelijk, kan een relatieviering organiseren: een plechtigheid die buiten de officiële religieuze tradities valt en die je naar eigen goeddunken kunt invullen. Zo'n relatieviering kun je helemaal zelf vormgeven, of je kunt een beroep doen op organisaties die je daarmee helpen.

Als jullie besluiten niet alleen voor een burgerlijk huwelijk te gaan, maar er nog een andere plechtigheid aan willen toevoegen, moet je ook beslissen of je beide op dezelfde dag wilt laten plaatsvinden, of liever niet. De burgerlijke plechtigheid moet in elk geval aan de andere voorafgaan.

DE STIJL

Nog iets om over na te denken: in welke stijl wil je je trouwdag vieren? Vind je een formele trouwdag wel iets extra feestelijks hebben, of wil je het liever spontaan en informeel houden? Zweer je bij de regels van het (etiquette)boekje, of wil je daar graag van afwijken om jullie huwelijk een persoonlijke toets te geven?

De keuze voor een bepaalde stijl kan onder meer gevolgen hebben voor de keuze voor een locatie en voor het soort kleding dat jullie en de gasten zullen dragen.

HET THEMA

In de Angelsaksische wereld zijn themabruiloften, waarbij de hele trouwdag wordt opgehangen aan een bepaald thema, schering en inslag. De laatste jaren duiken ze ook bij ons af en toe op. Het is een manier om je trouwfeest een heel persoonlijke noot te geven, bijvoorbeeld door een thema te kiezen dat aansluit bij een van jullie hobby's of passies, bij jullie favoriete muziekstijl of film, bij een historische periode die jullie beiden boeit of bij het land waar jullie huwelijksreis naartoe gaat. De mogelijkheden zijn eindeloos.

Als je voor een themabruiloft gaat, kun je heel je dag inrichten in het teken van het gekozen thema, van de locatie, de kleding van het bruidspaar en de gasten, tot de versiering en het eten toe. Hoe ver je daarin gaat, bepaal je helemaal zelf.

Ideeën voor themabruiloften

De mogelijkheden voor een themabruiloft zijn eindeloos. Laat je creativiteit maar de vrije loop. Hier alvast enkele ideeën:

- *Jullie werk*
- *Jullie hobby's*: sport, literatuur, kermis...
- *De seizoenen*: lente, zomer, herfst, winter
- *Feestdagen*: Nieuwjaar, Valentijn, carnaval, Pasen, Halloween, Kerstmis...
- *De natuur*: strand/zee/water, bloemen, regenboog, dieren...
- *Sprookjes*: Assepoester...
- *Historische periodes*: het Oude Egypte, het Oude Griekenland, het Oude Rome, de Middeleeuwen, de Renaissance, de Franse Revolutie, de jaren twintig, de jaren vijftig, de jaren zestig, de jaren zeventig, de jaren tachtig...
- *Muziekstijlen*: country & western, rock-'n-roll, disco, jazz...
- *Landen/culturen*: de bestemming van jullie huwelijksreis, Italië, Hawaï, Frankrijk, Griekenland, het Verre Oosten, Spanje, het Wilde Westen...
- *Films*: James Bond, westerns, sciencefiction, Walt Disney...
- *Kleuren*

DE DAGINDELING

Bedenk ook al even hoe je wilt dat de chronologie van jullie trouwdag eruit gaat zien. Gaan jullie eerst naar het stadhuis en vervolgens naar de kerk, of willen jullie eerst de fotoreportage op locatie laten maken? Of trekken jullie pas na de huwelijksplechtigheid naar de locatie voor foto's? Willen jullie een lange receptie, of wil je snel aan het avondfeest kunnen beginnen?

Je maakt je trouwdag zo druk of zo rustig als je zelf wilt. Denk eraan dat de meeste dingen altijd wel wat uitlopen, dus voorzie extra tijd tussen de verschillende onderdelen.

Wanneer jullie je een beeld hebben gevormd van de dagindeling, kun je een voorlopig draaiboek opstellen van jullie trouwdag. Voorlopig volstaat een vage chronologie van al wat er die dag te gebeuren staat, het exacte tijdstip kun je later nog invullen. Naarmate de planning en de organisatie vorderen, zal het tijdsschema steeds gedetailleerder worden.

NIEUWE TRENDS

Weekendbruiloften

In België en Nederland beslaan bruiloften traditioneel één dag: de dag waarop zowel de huwelijksplechtigheid als het huwelijksfeest plaatsvindt. Van die traditie kan echter worden afgeweken door je bruiloft te spreiden over een heel weekend. Hoe je zo'n weekend invult, kun je helemaal zelf bepalen. Je kunt al op vrijdagavond beginnen met een informeel feestje voor vrienden, bijvoorbeeld een barbecue of een picknick. Op zaterdagochtend kun je met je naasten een feestelijk ontbijt gebruiken, voordat iedereen zich opmaakt voor de huwelijksplechtigheid, die die middag plaatsvindt, gevolgd door een groot huwelijksfeest. Op zondag kun je de feestelijkheden afsluiten met een brunch waarop je al de gasten uitnodigt die ter plekke zijn gebleven, of alleen je naaste familie en je beste vrienden.

Bruiloften in het buitenland

Veel stellen trouwen in de stad waar een van beiden is opgegroeid of waar ze nu wonen. Het kan ook anders. Waarom zou je niet in het huwelijksbootje stappen op een romantische of exotische buitenlandse locatie? Hoe je zo'n trouwdag vervolgens invult, kun je weer helemaal zelf bepalen. In veel gevallen wordt zo'n buitenlandse bruiloft in intiemere kring gevierd, omdat al je gasten natuurlijk ook de reis moeten maken.

Verrassingsbruiloften

Een verrassingsbruiloft is een verrassing voor iedereen, behalve voor het bruidspaar zelf. De nietsvermoedende gasten worden door het paar uitgenodigd voor een of ander feestje, ter gelegenheid van bijvoorbeeld een verjaardag, een housewarming of oudejaarsavond. Pas wanneer de gasten er zijn, kondigt het bruidspaar aan dat er die dag wel meer te gebeuren staat: ze gaan trouwen!

Een rib uit je lijf?
Over trouwbudgetten, kostenposten en bespaartips

Genoeg gedroomd en gefantaseerd nu! Het is tijd om je trouwbudget te bepalen. Want of je dat nu leuk vindt of niet, hoe je trouwdag er gaat uitzien, zal in belangrijke mate mee bepaald worden door je budget.

JE BUDGET BEPALEN

Om je budget te bepalen zijn er, ruw gesproken, twee mogelijkheden. Ofwel ga je na hoeveel jullie (en/of jullie families) aan jullie trouwdag kunnen uitgeven, ofwel probeer je te berekenen hoeveel je trouwdag zoals jij hem wilt gaat kosten en ga je na hoe je aan dat geld kunt raken.

> Bepaal je budget voor je uitgaven begint te doen voor je trouwdag. In de opwinding die volgt op de verloving is het verleidelijk om enkele impulsieve, eerste aankopen te doen. Als het om grote aankopen gaat, kan het ook grote gevolgen hebben. Het zou jammer zijn als later blijkt dat je in die eerste opwinding al de helft van je budget hebt opgesoupeerd...

Je hoeft niet meteen in paniek te raken als het ernaar uitziet dat de trouwdag van je dromen vreselijk veel gaat kosten. Je zult prioriteiten moeten vastleggen, compromissen moeten sluiten, creatief moeten omspringen met je budget, maar zelfs met een beperkt budget kun je dicht in de buurt komen van het beeld dat je je hebt gevormd van je ideale trouwdag. Een bruiloft hoeft zeker niet duur te zijn om onvergetelijk te zijn! Je hoeft geen extravagante haute-couturejurk te dragen om een stralende bruid te zijn, en een buffet vol lekkere gerechten kan evenveel indruk maken als een vijfgangenmenu met de meest exclusieve ingrediënten.

> Houd altijd in het achterhoofd dat jullie gasten niet op de hoogte zijn van de keuzes die jullie gemaakt hebben tijdens de voorbereidingen van jullie trouwdag. Als je als bruid bijvoorbeeld één prachtige witte calla draagt, versierd met een eenvoudig lint, in plaats van een heel bruidsboeket, zullen je gasten misschien verrukt zijn door de eenvoud en de elegantie. Niemand hoeft te weten dat het voor jullie een manier was om te bezuinigen op de kosten van de bloemist...

WIE BETAALT WAT?

Vroeger was het antwoord op deze vraag heel eenvoudig. De etiquette schreef precies voor wie er wat moest betalen. De ouders van de bruid stonden in voor het merendeel van de kosten, zoals de trouwjurk, de kleding van de bruidskindjes, de receptie, het avondfeest, de bruidstaart en het vervoer. De ouders van de bruidegom betaalden een kleiner deel van de kosten: gemeentehuis, kerk, drukwerk, bloemen en de huwelijksreis.

De bruidsschat

Dat de ouders van de bruid het grootste gedeelte van de bruiloft betaalden, gaat terug op de traditie van de bruidsschat, het geld dat ouders ter beschikking stelden om een huwelijkskandidaat aan te moedigen met hun dochter te trouwen. De traditie wilde dat de bruidsschat het laatste was wat de ouders voor hun dochter moesten betalen. Na de huwelijksdag droeg de bruidegom financieel zorg voor zijn echtgenote.

Tegenwoordig laten we ons veel minder dicteren door de etiquettevoorschriften. Er zijn nu dan ook verschillende mogelijkheden.

Met zijn drieën

In veel gevallen dragen de drie betrokken partijen – de ouders van de bruid, de ouders van de bruidegom en het bruidspaar zelf – alle drie bij in de kosten. Een dergelijke regeling kan heel wat voordelen inhouden. Als bruidspaar hoef je niet de hele rekening te betalen, terwijl je toch ook niet alle financiële – en andere! — controle uit handen hoeft te geven. Bovendien is het een manier om de twee families bij de organisatie van je huwelijk te betrekken.

Je kunt met een dergelijke regeling nog alle kanten op: je kunt elke partij een derde van de totale rekening laten betalen, je kunt specifieke uitgaven delegeren naar een van de partijen of je kunt de beide ouderparen vrij laten in hoeveel ze bijdragen. Zeker als een van de ouderparen over meer financiële middelen beschikt dan het andere, kan die laatste optie aangewezen zijn. Het wordt ook steeds gebruikelijker, zeker in Vlaanderen, om de kosten van het trouwfeest tussen de beide families te verdelen naar rato van het aantal genodigden.

Welke van de bovenstaande opties je ook verkiest, houd er rekening mee dat je, als je met zijn drieën betaalt, heel wat zult moeten overleggen en dat er vaak heel wat diplomatie vereist is om tot een oplossing te komen waar iedereen zich goed bij voelt. Wie (mee)betaalt, heeft meestal immers ook een lijstje met wensen en verlangens.

Probeer de beide ouderparen goed te informeren over hoe jullie de trouwdag willen organiseren. Zo zullen ze zich erbij betrokken voelen en niet het gevoel hebben dat enkel hun chequeboekje ertoe doet. Praat met ze over belangrijke beslissingen en luister naar wat hen op het hart ligt. Je hoeft hun raad natuurlijk niet altijd op te volgen, maar een gevoel van betrokkenheid kan bij hen wonderen doen. Licht ze ook eerlijk in over hoeveel jullie denken dat alles gaat kosten, zodat ze niet voor onaangename verrassingen komen te staan.

In je eentje

Tegenwoordig betalen steeds meer koppels hun trouwdag zélf. Sommigen doen dat omdat er geen ouders zijn die kunnen bijdragen of omdat ze gewoon heel wat meer verdienen dan hun ouders, anderen willen liever de volledige controle over de organisatie behouden en achten het daarom wijs ook zelf alles te betalen. Zo kunnen ze hun trouwdag helemaal invullen zoals ze zelf willen.

Dat is alvast het grote voordeel van deze werkwijze: als je alles zelf betaalt, kun je je trouwdag helemaal organiseren zoals jij het wilt, zonder rekening te moeten houden met de wensen en verlangens van andere geldschieters. Het nadeel is natuurlijk dat je in je eentje het geld moet ophoesten en dat de rekening van een huwelijk wel eens hoog kan zijn...

Enkel de ouders

Soms betalen de ouders de hele rekening en hoeft het trouwkoppel niks te betalen. Dat is financieel gezien natuurlijk erg handig, maar de keerzijde is dan weer dat wie betaalt ook vaak het laatste woord heeft. En dat kan wel eens voor problemen zorgen als jullie ouders een ander beeld hebben van hoe een trouwdag eruit moet zien dan jullie. Daarom is het belangrijk dat jullie al in een vroeg stadium een openhartig gesprek met ze hebben en dat jullie daarin duidelijk maken wat jullie belangrijk vinden. Wie er ook de rekeningen betaalt, het blijft tenslotte jullie trouwdag!

Familieoverleg

Als beide families bijdragen in de kosten, is het handig om een keer met zijn allen samen te komen om het budget te bespreken. Doe dit echter niet overhaast. Benader beide ouderparen eerst apart. Zo is het makkelijker om een aantal heikele of gevoelige kwesties te bespreken.

Daarna kunnen jullie met zijn allen rond de tafel gaan zitten. De bedoeling van zo'n familieoverleg is om de belangrijke beslissingen te bespreken. Zo kan een aantal misverstanden en conflicten in de toekomst vermeden worden. Op zo'n overleg kunnen alle partijen hun wensen en verlangens kenbaar maken. De kans is groot dat die niet allemaal overeen zullen komen. Er kan dan meteen besproken worden wat voor wie prioritair is. Je kunt samen een lijst met prioriteiten opstellen, met bovenaan die dingen die iedereen belangrijk vindt.

Dit overleg is de gelegenheid om het over de financiële kant van jullie trouwdag te hebben. Hoe concreet je dit kunt doen, hangt een beetje af van jullie families. Misschien hebben jullie ouders er geen problemen mee om op tafel te gooien hoeveel geld ze van plan zijn in jullie trouwdag te investeren. In sommige gevallen ligt dat echter gevoelig. Dan kunnen jullie het totale budget noemen, zodat iedereen een idee krijgt van wat wel en niet haalbaar is. Als bepaalde kosten op een bepaalde manier tussen beide families worden verdeeld (bijvoorbeeld naar rato van het aantal genodigden per familie), moet dit zeker nu besproken worden.

Hoed je er ook voor om al te vaag te blijven over het beschikbare budget. Aan het eind van het familieoverleg moet je een goed beeld hebben van de som waarover jullie kunnen beschikken voor de organisatie van jullie trouwdag. Probeer er daarom achter te komen wie wat kan en wil bijdragen.

Maak in elk geval duidelijke afspraken om onaangename verrassingen te vermijden. En als er met de ouders wordt afgesproken dat ze bepaalde onderdelen voor hun rekening zullen nemen, zonder dat je nu al weet hoeveel ze precies zullen gaan kosten, kun je met ze afspreken dat je de kosten aan ze zult voorleggen voor je een definitieve beslissing neemt.

> Beginnen jullie ouders niet uit zichzelf over een bijdrage in de kosten van jullie trouwdag? Dan kunnen jullie het onderwerp, op een voorzichtige, diplomatische manier, zelf aansnijden. Nee heb je, ja kun je krijgen...

BESPAARTIPS

Als je begint uit te zoeken hoeveel de trouwdag zoals jullie hem zouden willen hebben kost, is de kans groot dat het prijskaartje je overweldigt. Het zou wel eens een stuk hoger kunnen liggen dan je oorspronkelijk gedacht had. Dat betekent helemaal niet dat je je plaatje van de perfecte trouwdag maar meteen opzij moet schuiven. Ook met een beperkt budget kun je heel wat realiseren.

Enerzijds zul je je prioriteiten moeten vastleggen en zul je je daarop – financieel – moeten concentreren. Ga na welke elementen voor jullie het allerbelangrijkst zijn en laat daar een groot deel van je budget naartoe gaan. Als je er altijd van gedroomd hebt je trouwfeest te vieren in een kasteel, kun je een grote brok van het budget daarvoor uittrekken en wat zuiniger zijn bij dingen die je minder belangrijk vindt.

Anderzijds zijn er verschillende manieren om de kosten wat te drukken. Enkele tips:

Moment waarop jullie trouwen
– Trouw op een minder gebruikelijke dag. In België wordt meestal op zaterdag getrouwd en dat heeft zo zijn gevolgen. Sommige feestzalen hanteren een ander, goedkoper tarief als je op een andere dag trouwt.
– Hetzelfde geldt voor de minder gebruikelijke seizoenen. Als je in de herfst of de winter trouwt, kun je vaak ook een en ander besparen.
– Vermijd feestdagen zoals Kerstmis, Nieuwjaar, Valentijn... Bloemen zijn op zulke momenten heel wat duurder...

Plek waar jullie trouwen
– Wonen jullie nu in een grote stad, maar is een van jullie ergens anders opgegroeid? Overweeg dan om daar te trouwen. Veel dingen kosten meer in grote steden dan in kleine plaatsen.

Uitnodigingen
– Maak zelf je uitnodigingen in plaats van ze te laten drukken. Met een pc, wat opmaaksoftware en een goede printer kom je tegenwoordig al een heel eind.
– Kies een uitnodiging die binnen het gestandaardiseerde postformaat valt. Zo voorkom je dat je een hoger porttarief moet toepassen.
– Wonen veel van je gasten in de buurt? Dan kun je heel wat besparen op postzegels door de uitnodigingen zelf in hun brievenbus te stoppen.

Gastenlijst
– Houd je gastenlijst beperkt. Meer gasten betekent hogere uitgaven op verschillende vlakken: een grotere zaal die ook meer bloemversiering vraagt, meer eten, meer drank, meer uitnodigingen, meer postzegels...

Kleding
– In plaats van een nieuwe trouwjurk kun je ervoor kiezen de jurk van je moeder te dragen

of een tweedehandsjurk te kopen. Zelfs wanneer er een en ander moet worden versteld aan de jurk, zal dit stukken goedkoper zijn dan een nieuwe jurk.
– Informeer in bruidswinkels naar het moment van de uitverkoop.
– Je kunt je jurk ook laten maken door een naaister. Dat kost doorgaans minder dan hem in een bruidswinkel te kopen. Als je in je familie- of vriendenkring een handige naaister hebt, wordt het helemaal interessant natuurlijk. Bovendien kan een naaister rekening houden met al je wensen, zodat ze de jurk van je dromen kan maken!
– Een trouwjurk kun je, ten slotte, ook huren.
– Overweeg of je een echte trouwjurk wilt, die je maar één keer in je leven zult dragen, of misschien liever een mooie feestjurk in een andere kleur, die je nog eens kunt gebruiken.

Trouwringen
– In plaats van een verlovingsring te kopen, kun je meteen een trouwring kopen, waarin je bij de verloving de verlovingsdatum laat graveren. Later voeg je daar de trouwdatum bij.

Bloemen
– Kijk even rond in je vrienden- en familiekring. Is er iemand die als hobby aan bloemschikken doet? Misschien kan die wel voor het bruidsboeket en de bloemversieringen zorgen!
– Overweeg om in plaats van een bruidsboeket één enkele bloem te dragen. Sommige bloemen, zoals calla's, lenen zich daar uitstekend toe. In combinatie met een mooi lint kunnen ze een bijzonder effect sorteren.
– Bespreek de samenstelling van je bruidsboeket en de overige bloemversieringen vooraf met je bloemist. Zoek samen met hem uit wat goedkopere bloemen zijn. Je hoeft immers niet per se voor de allerduurste rozensoort te gaan!
– Kies bloemen van het seizoen. Bloemen die moeten worden overgevlogen uit een ander land omdat ze hier op dat moment niet bloeien, kosten veel meer.
– De bloemen die je in de kerk gebruikt, kun je soms hergebruiken in de feestzaal.
– Een kerk of feestzaal kun je op veel andere manieren versieren dan alleen maar met bloemen. Denk ook eens aan linten, ballonnen, planten in mooie potten (die je later in je huis kunt gebruiken), manden met vers fruit, herfstbladeren, klimop, kaarsen, kandelaars, spiegels, foto's van het bruidspaar...

Feest
– Een diner of avondfeest met veel gasten wordt al gauw een erg dure aangelegenheid. Een receptie kost heel wat minder. Je kunt veel geld besparen door iedereen uit te nodigen voor de receptie, en het diner voor te behouden aan een beperkt gezelschap.
– Bespreek de verschillende mogelijkheden voor de receptie en/of het trouwfeest met de cateraar. Ga niet uit van de duurste mogelijkheden: in plaats van champagne kun je bijvoorbeeld schuimwijn of witte wijn schenken, wat letterlijk een slok op een borrel scheelt.
– Laat je receptie niet al te lang duren. De gasten zullen er weinig van merken, maar het bespaart heel wat op de kosten van drank, hapjes en personeel.
– Een buffet is meestal goedkoper dan een feestmaaltijd die aan tafel geserveerd wordt.
– Schrap een gang uit het menu. Bij een groot aantal genodigden maakt een driegangenmenu in plaats van een viergangenmenu financieel al een heel verschil.
– Kies de huiswijnen in plaats van een dure wijn. De meeste etablissementen kiezen hun huiswijnen met zorg uit, zodat je meestal goede waar voor je geld krijgt. Bovendien kopen ze groot in, waardoor ze ze tegen een schappelijke prijs kunnen aanbieden.

– Overweeg om je trouwfeest thuis of bij familie of vrienden te geven en zelf voor de catering te zorgen. In je omgeving vind je ongetwijfeld talloze helpende handen die willen
meewerken aan het bereiden van, bijvoorbeeld, een koud buffet.

Trouwvervoer
– Misschien kun je aan iemand uit je omgeving vragen om jullie rond te rijden in zijn wagen.
– Informeer ook even bij clubs van bijvoorbeeld oldtimers. Misschien zijn de leden ervan
bereid om je tegen een kleine vergoeding in hun auto's rond te rijden.

Foto- en videoreportage
– In plaats van de fotograaf een fotoalbum te laten samenstellen, kun je ook gewoon de
foto's van hem kopen en het album zelf maken.
– In plaats van professionals in te huren kun je ook aan vrienden of familieleden vragen om
foto's en video-opnamen te maken.
– Je kunt ook op zoek gaan naar studenten fotografie en/of videomontage. Wellicht willen
zij voor een zacht prijsje een mooie reportage maken van je trouwdag.

Muziek
– Vraag even rond in je vriendenkring of er iemand deejay wil spelen op jullie trouwfeest.
– Je kunt ook cd's opnemen met je favoriete dansmuziek en die op je feest afspelen.

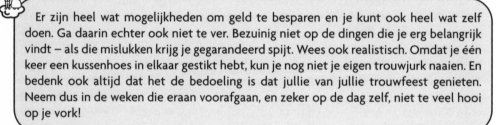

Er zijn heel wat mogelijkheden om geld te besparen en je kunt ook heel wat zelf
doen. Ga daarin echter ook niet te ver. Bezuinig niet op de dingen die je erg belangrijk
vindt – als die mislukken krijg je gegarandeerd spijt. Wees ook realistisch. Omdat je één
keer een kussenhoes in elkaar gestikt hebt, kun je nog niet je eigen trouwjurk naaien. En
bedenk ook altijd dat het de bedoeling is dat jullie van jullie trouwfeest genieten.
Neem dus in de weken die eraan voorafgaan, en zeker op de dag zelf, niet te veel hooi
op je vork!

JE BUDGET BEHEREN

Trouwrekening
Als jullie zelf bijdragen in de kosten of misschien zelfs de hele trouwdag zelf betalen, is het
handig om een nieuwe bankrekening te openen, die jullie 'trouwrekening' wordt en die je
gaat gebruiken voor alle uitgaven die verband houden met jullie trouwdag. Zo kun je de
trouwkosten beter gescheiden houden van jullie normale uitgaven. Je krijgt meteen ook een
beter zicht op alle uitgaven en inkomsten die met jullie trouwdag te maken hebben.

Budget opstellen
Maak een gedetailleerde begroting voor je trouwdag. Schrijf de verschillende posten op
waaraan je denkt geld te zullen uitgeven en ga na hoeveel die elk apart zullen kosten. Het
is verstandig een marge van 10% toe te voegen voor onvoorziene kosten.

Budgetcontrole
Houd je budget zo up-to-date mogelijk door alle wijzigingen meteen in te voeren. Zo blijf
je overzicht houden over wat je trouwdag ongeveer gaat kosten en vermijd je onaangename

verrassingen aan het eind van de rit. Een extra voordeel van het nauwkeurig bijhouden van je budget is dat je het op regelmatige tijdstippen kunt controleren.

Het is heel waarschijnlijk dat sommige dingen duurder zullen uitvallen dan je gedacht had. Misschien vallen ze nog binnen de veiligheidsmarge die je bepaald had, dan is er niks aan de hand. Maar misschien brengen de hogere kosten je budget wel in gevaar. Dan zullen jullie moeten nagaan of je op andere zaken kunt besparen. Als het eten op je trouwfeest bijvoorbeeld duurder dreigt uit te vallen dan je oorspronkelijk voorzien had, kun je nog op andere posten besparen.

Spreadsheet
Om je budget te beheren kun je ook gebruikmaken van de mogelijkheden die de computer je biedt. Met programma's zoals Microsoft Excel kun je op eenvoudige wijze een spreadsheet aanmaken waarin je al je inkomsten en uitgaven bijhoudt. In zo'n spreadsheet kun je zowel je voorziene begroting opnemen, als de werkelijke kosten. Je kunt ook de reeds betaalde voorschotten bijhouden en de nog te bedragen betalen.

Hieronder vind je mogelijke posten die je kunt opnemen in een spreadsheet voor een trouwbudget. De spreadsheet bestaat uit twee sheets: de eerste pagina bevat een samenvattend overzicht van je kosten, de tweede pagina bevat een gedetailleerd overzicht van alle kosten per kostenpost. Door in je spreadsheet formules in te voegen, kunnen de subtotalen van de tweede pagina automatisch worden ingevoegd in het samenvattende overzicht.

In deze voorbeeldspreadsheet hebben we zowat alle denkbare kosten opgenomen die er bij een bruiloft kunnen komen kijken. Bij het opstellen van je eigen spreadsheet hoef je natuurlijk alleen die kosten in te voeren die voor jullie van toepassing zijn, de overige kun je gewoon weglaten.

MOGELIJKE KOSTENPOSTEN

Elk huwelijk ziet er anders uit, dus ook elke bruiloftsbegroting. Welke kostenposten jullie zullen opnemen in de begroting hangt af van hoe jullie dag eruit gaat zien. Een overzicht van posten die deel zouden kunnen uitmaken van jullie begroting:

Burgerlijke huwelijksplechtigheid
Huwelijksplechtigheid
Documenten
Bloemversiering stadhuis

Kerkelijke huwelijksplechtigheid
Bloemversiering kerk
  Bloemversiering buiten de kerk
  Altaarstuk
  Bloemversiering lezenaar
  Bloemversiering paaskaars
  Bloemversiering kerkstoelen
  Overige bloemversiering
Vergoeding kerk en priester
Vergoeding muzikant(en)
Rode loper

Kleding en accessoires
Bruid
  Trouwjurk
  Schoenen
  Kousen
  Lingerie
  Handschoenen
  Sluier
  Haarversiering
  Juwelen
  Make-up
  Bruidsboeket
Bruidegom
  Trouwpak
  Schoenen
  Hemd
  Das, vlinderdas
  Manchetknopen
  Boutonnière
Bruidskindjes
  Kleding
  Schoenen
  Haarversiering
  Boeketjes
  Mandjes met bloemblaadjes
  Ringkussen
  Andere attributen
Gevolg
  Boutonnières en corsages

Cadeaus
Cadeaus van bruid en bruidegom aan elkaar
Cadeaus voor ouders
Cadeaus voor bruidskindjes
Cadeaus voor getuigen
Cadeaus voor gasten

Fotoreportage
Vergoeding fotograaf (eventueel inclusief):
  Werkuren
  Voorrijkosten
  Ontwikkelen foto's
  Trouwalbum
Negatieven
Bijbestellingen

Videoreportage
Vergoeding videograaf (eventueel inclusief):
  Werkuren
  Voorrijkosten
  Montage
  Bewerking video
Bijbestellingen

Huwelijksfeest
Locatie
  Huur
Drank
  Drank receptie
  Drank avondfeest
Bruidstaart
Bloemversiering locatie
Decoratie locatie
Eten
  Hapjes receptie
  Menu's of buffet avondfeest
  Bijkomende maaltijden voor deejay, videograaf...
Muziek
  Vergoeding deejay
  Huur audiovisueel materiaal
Personeel
  Cateringpersoneel
  Obers
  Maître d'hôtel
Gastenboek

Ceremoniemeester
Vergoeding ceremoniemeester

Huur
Stoelen
Podium
Kandelaars en kaarsen
Serviesgoed
Bestek
Dansvloer
Glazen
Tafellinnen
Toiletten
Tafels
Tent
  Airconditioning/verwarming
  Vloer
  Verlichting

Ringen
Verlovingsring
Trouwring

Drukwerk
Save-the-dates
Uitnodigingen
Programmaboekjes
Menu's
Bedankkaartjes
Enveloppen
Postzegels

Vervoer
Vervoer voor bruidspaar
Vervoer voor trouwstoet

Overnachtingen
Huwelijksnacht bruidspaar

Even praktisch
Over organiseren en delegeren

Het plannen van een huwelijk is een hele onderneming, waar heel wat organisatie bij komt kijken. Hoogstwaarschijnlijk hebben jullie nooit eerder in jullie leven zo'n groot evenement in elkaar gestoken. De organisatie is het waard dat je er aandacht aan besteedt, al was het maar omdat een goede voorbereiding de beste garanties geeft dat er op de dag zelf niks zal misgaan en dat jullie onbezorgd van jullie huwelijksdag zullen kunnen genieten.

WIE ORGANISEERT ER?

Vroeger waren het de ouders van de bruid die de hele trouwdag van begin tot eind in elkaar staken. De bruidegom had hierin geen enkele inspraak. Die traditie is helemaal in onbruik geraakt. Tegenwoordig organiseert en regisseert het toekomstige bruidspaar zelf de huwelijksdag, eventueel samen met de respectieve ouderparen. Als je naar Nederlandse gewoonte iemand uit je familie of vriendenkring vraagt om als ceremoniemeester op te treden, kun je die ook inschakelen bij de organisatie. Professionele ceremoniemeesters, zoals die in België vaak ingehuurd worden, beperken zich meestal tot het bewaken van het goede verloop van de trouwdag zelf.

Krijg je het Spaans benauwd van het idee dat je zoiets groots als een huwelijk zult moeten organiseren? Ook dan is er een uitweg: je kunt een beroep doen op professionele organisatoren. Echte *wedding consultants*, die in de Angelsaksische wereld vaste prik zijn en die niets anders doen dan huwelijken organiseren, zijn hier nog witte raven, al zie je de laatste tijd af en toe ook hier een bruiloftcoördinator of huwelijksspecialist opduiken. Je kunt echter ook een bureau inschakelen dat gespecialiseerd is in het organiseren van feesten in het algemeen. En je kunt ook aan een professioneel ceremoniemeester vragen of hij te vinden is voor een ruimer takenpakket. Het voordeel van het inhuren van een professioneel organisator is dat je daardoor geniet van al de ervaring en knowhow die hij door de jaren heen heeft opgebouwd. Pols wel naar de ervaring die hij specifiek heeft met het organiseren van huwelijken en kaart ook meteen de financiële kant van de zaak aan. Ook een professional heeft handenvol werk aan het organiseren van een bruiloft en daar staat dan ook een stevig prijskaartje tegenover...

WIE HELPT ER MEE?

Bij de organisatie van een trouwdag komt heel wat kijken. Gelukkig hoef je al dat werk niet in je eentje te doen. Je kunt aan vrienden en naaste familieleden vragen of ze jullie erbij willen helpen. Van de ouders verwacht de traditie dat zelfs. En als je naar Nederlandse gewoonte een ceremoniemeester kiest uit je naaste omgeving, zal ook die flink de handen uit de mouwen steken.

Probeer je trouwdag niet in je eentje te organiseren. Als vrienden of familieleden je aanbieden te helpen, ga dan op hun aanbod in.

Aarzel niet om taken te delegeren. Vele handen maken het werk immers licht. Houd rekening met de vaardigheden en talenten van familieleden en vrienden. Als je zus bijvoorbeeld een mooi handschrift heeft, kun je haar vragen om te helpen met het schrijven van de enveloppen.

Zorg dat al wie meehelpt, op de hoogte is van jullie wensen. Meehelpen voorbereiden betekent nog niet zelf gaan organiseren! Let erop dat alle helpende handen jullie keuzes respecteren. Maak daarom ook goede afspraken, zodat iedereen weet wat er van hem wordt verwacht, welke deadlines gerespecteerd moeten worden en wie er waarvoor verantwoordelijk is.

Delegeren is niet altijd even makkelijk. Als je volledige taken aan anderen delegeert, moet je er ook op vertrouwen dat ze er zich over zullen ontfermen en het ook naar behoren uitvoeren. Delegeren is altijd ook uit handen geven. Voor controlefreaks is dat niet altijd even evident. Ken jezelf wat dit betreft. Geef niet meer uit handen dan je zelf wilt!

WAT MOET ER ALLEMAAL GEBEUREN?

De hieronder volgende lijst is niet zaligmakend. Opgenomen zijn alle elementen die er bij de voorbereiding van een huwelijk kunnen komen kijken. Raak niet meteen in paniek omdat de lijst zo lang is! Hoogstwaarschijnlijk zijn ze niet alle van toepassing op jullie trouwdag. Bekijk deze lijst aandachtig met je verloofde en ga na welke taken van toepassing zijn voor jullie.

Klaar?	Taak	Wie?	Deadline
	Verloving		
	Maak je trouwplannen bekend.		
	Koop de verlovingsring(en).		
	Geef een verlovingsfeest.		
	Kondig je verloving aan.		
	Laat een verlovingsaankondiging verschijnen in de krant.		
	Organisatie		
	Bepaal hoe jullie huwelijk eruit gaat zien.		
	Leg een datum vast voor jullie huwelijk.		
	Huur een professioneel organisatiebureau in.		
	Vraag je ceremoniemeester.		
	Huur een ceremoniemeester in.		
	Stel een checklist op voor de voorbereiding.		
	Delegeer taken naar het organisatiebureau, de ceremoniemeester, familieleden, vrienden.		
	Stel een lijst samen van namen, adressen en telefoonnummers van al wie betrokken is bij jullie huwelijk.		

Klaar?	Taak	Wie?	Deadline
	Stel een gedetailleerd draaiboek op van de trouwdag.		
	Bezorg het draaiboek van de trouwdag aan alle betrokkenen (ceremoniemeester, fotograaf, videograaf...).		
	Budget		
	Stel een voorlopige begroting op.		
	Leg een budget vast voor jullie huwelijk.		
	Open een gemeenschappelijke rekening bij de bank.		
	Open een aparte trouwrekening voor alle uitgaven en inkomsten die te maken hebben met jullie trouwdag.		
	Huwelijksplechtigheid		
	Regel de locatie voor jullie burgerlijk huwelijk.		
	Regel de locatie voor jullie kerkelijk huwelijk.		
	Breng alle formaliteiten in orde voor jullie burgerlijk huwelijk.		
	Regel de ondertrouw.		
	Breng alle formaliteiten in orde voor jullie kerkelijk huwelijk.		
	Maak een afspraak met de geestelijke voor jullie kerkelijk huwelijk en bespreek de ceremonie.		
	Volg een verloofdencursus.		
	Stel je huwelijksceremonie samen.		
	Vraag voorlezers voor de huwelijksplechtigheid.		
	Regel de muziek voor de huwelijksplechtigheid.		
	Maak de programmaboekjes voor de huwelijksplechtigheid.		
	Huwelijksfeest		
	Regel de locatie voor jullie huwelijksfeest.		
	Regel de catering voor jullie huwelijksfeest.		
	Bespreek met de cateraar het menu.		

Klaar?	Taak	Wie?	Deadline
	Huur al het nodige materiaal (tenten, servies, bestek, glazen, linnengoed...).		
	Bestel de bruidstaart.		
	Bespreek de decoratie voor het huwelijksfeest.		
	Koop een gastenboek.		
	Regel de muziek voor het huwelijksfeest.		
	Oefen de openingsdans.		
	Bezorg de deejay een lijst van je favoriete muziek voor het huwelijksfeest.		
	Neem danslessen.		
	Geef het definitieve aantal gasten door aan de locatie van jullie huwelijksfeest en aan de cateraar.		
	Schrijf en oefen de speeches/toespraken die jullie willen geven.		
	Stel de definitieve tafelschikking op.		
	Bezorg de definitieve tafelschikking aan de locatie van jullie huwelijksfeest.		
	Maak menu- en naamkaartjes en bezorg ze aan de locatie van jullie huwelijksfeest.		
	Drukwerk		
	Bestel en stuur save-the-dates.		
	Bestel de uitnodigingen en het overige drukwerk.		
	Schrijf en frankeer de enveloppen voor de uitnodigingen.		
	Verstuur de uitnodigingen.		
	Kleding en accessoires		
	Zoek een trouwjurk.		
	Zoek de accessoires voor de bruid.		
	Zoek schoenen voor de bruid.		
	Zoek kleding voor de bruidegom.		
	Zoek schoenen voor de bruidegom.		
	Zoek kleding voor de bruidskindjes.		
	Pas je trouwjurk een laatste keer.		
	Pas de kleding van de bruidegom een laatste keer.		

Klaar?	Taak	Wie?	Deadline
	Loop je schoenen in.		
	Stel een noodkoffertje samen voor de bruid.		
	Lichaamsverzorging		
	Maak een afspraak met de kapper voor een proefkapsel.		
	Maak een afspraak met de schoonheidsspecialiste voor een proefmake-up.		
	Volg een zonnebankkuur.		
	Laat je haar knippen.		
	Laat het haar van de bruidegom knippen.		
	Maak een afspraak met de manicure.		
	Maak een afspraak met de pedicure.		
	Ringen		
	Zoek de trouwringen uit.		
	Koop een ringkussen.		
	Gasten		
	Vraag je getuigen.		
	Vraag je bruidskindjes.		
	Bepaal de samenstelling en de volgorde van de trouwstoet.		
	Stel de gastenlijst samen.		
	Bel de genodigden op die nog niet hebben gereageerd op jullie uitnodiging.		
	Stuur een bedankje aan iedereen van wie je gelukwensen of een cadeau kreeg.		
	Fotoreportage		
	Boek een fotograaf.		
	Videoreportage		
	Boek een videomaker.		
	Bloemen		
	Boek een bloemist.		

	Bespreek bruidsboeket en bloemversieringen met de bloemist.		
	Bestel de bloemen.		
	Trouwvervoer		
	Regel vervoer voor het bruidspaar en de trouwstoet.		
	Cadeaus		
	Koop een cadeau voor je partner.		
	Koop een cadeau voor de getuigen.		
	Koop een cadeau voor de bruidskindjes.		
	Zoek de cadeautjes uit voor de gasten.		
	Stel een huwelijkslijst op.		
	Huwelijksreis		
	Boek jullie huwelijksreis.		
	Breng alle formaliteiten in orde voor jullie huwelijksreis (visa, inentingen).		
	Pak je koffers voor de huwelijksreis.		
	Diversen		
	Neem contact op met kranten om na te gaan wanneer jullie huwelijksaankondiging bij hen binnen moet zijn om op tijd te kunnen verschijnen.		
	Bezorg je huwelijksaankondiging aan de krant.		
	Maak een website, gewijd aan jullie aanstaande huwelijk.		
	Maak een afspraak met de notaris als je een huwelijkscontract wilt laten opstellen.		
	Regel je verlof met je werk.		
	Zoek overnachtingsmogelijkheden voor gasten die van ver komen.		
	Boek de bruidssuite voor de huwelijksnacht.		
	Check de gemaakte afspraken met alle betrokkenen.		
	Pak je koffer voor de huwelijksnacht.		

Laat je niet overweldigen door de lange lijst van beslissingen die moeten worden genomen en taken die moeten worden uitgevoerd. Een enorm werk wordt al veel overzichtelijker wanneer je het in stukken onderverdeelt en stap voor stap aanpakt.

WANNEER MOET HET ALLEMAAL GEBEUREN?

Op basis van de selectie die je uit bovenstaande lijst hebt gemaakt, kun je bepalen wat wanneer gedaan moet worden. Stel een realistische timing op, waarbij je voor elke taak een deadline bepaalt. Bepaal meteen ook wie de taak moet uitvoeren. Leg die timing gelijk vast op een kalender, zodat je regelmatig kunt checken welke taken er moeten worden uitgevoerd. Een concrete datum op een kalender werkt makkelijker dan de aanduiding 'drie maanden vooraf'.

Begin tijdig

Veel stellen koesteren zich maandenlang in het geluk van de verloving. Ze dromen van een mooie trouwdag, maar stellen het organiseren ervan steeds weer uit... tot de trouwdatum plotseling schrikbarend dichtbij komt. Dan moet er ineens heel veel in heel korte tijd worden georganiseerd. Dat kun je vermijden door kort na je verloving werk te maken van de eerste voorbereidingen. Natuurlijk is er niets verkeerds aan om even stil te staan bij het nieuwe van jullie verloving en om alle gevoelens eromheen goed tot jullie door te laten dringen. Geniet ervan!

Hieronder vind je een lijstje van de meest voorkomende taken, met de periode waarin ze meestal uitgevoerd worden. Ook die timing is zeker niet heilig, pas hem rustig aan aan jullie eigen situatie. Denk er wel aan dat veel locaties, cateraars en fotografen vaak lang vooraf geboekt worden. Zeker voor de zomermaanden is het niet ongebruikelijk dat ze een jaar op voorhand gereserveerd worden.

Zes tot twaalf maanden voor jullie huwelijksdag
- Kondig jullie voorgenomen huwelijk aan.
- Bepaal samen de trouwdatum.
- Bepaal hoe jullie huwelijk eruit gaat zien.
- Stel een voorlopig draaiboek op van de trouwdag.
- Stel een checklist op voor de voorbereiding, waarin je alles opneemt wat er gedaan moet worden.
- Bepaal jullie trouwbudget en stel een begroting op.
- Regel de locatie voor jullie huwelijksplechtigheid.
- Regel de locatie voor jullie huwelijksfeest.
- Ga op zoek naar een bruidsjurk.

Zes maanden voor jullie huwelijksdag
- Vraag de getuigen.
- Vraag de bruidskindjes.

– Vraag de ceremoniemeester of huur er eentje in.
– Stel de gastenlijst op.
– Regel de catering.
– Regel de fotograaf.
– Regel de videomaker.
– Regel het trouwvervoer.
– Regel de muziek voor de huwelijksplechtigheid.
– Regel de muziek voor het huwelijksfeest.
– Ga op zoek naar kleding voor de bruidegom.
– Ga op zoek naar kleding voor de bruidskindjes.

Vier maanden voor jullie huwelijksdag

– Boek jullie huwelijksreis.
– Zoek de accessoires voor de bruid uit.
– Reserveer de bruidssuite voor de bruidsnacht.
– Regel je verlof op het werk.
– Breng eventueel een bezoek aan de notaris voor een huwelijkscontract.
– Stel een huwelijkslijst op.
– Zoek de trouwringen uit.
– Bepaal de samenstelling en de volgorde van de trouwstoet.

Drie maanden voor jullie huwelijksdag

– Neem eventueel danslessen.
– Bestel het drukwerk.
– Maak een afspraak met de kapper voor een proefkapsel.
– Maak een afspraak maken met de schoonheidsspecialiste voor een proefmake-up.

Twee maanden voor jullie huwelijksdag

– Zoek cadeaus voor ouders, getuigen, bruidskindjes en anderen.
– Zoek een cadeau voor je partner.
– Regel de cadeaus voor de gasten.
– Regel de nodige visa en vaccinaties voor jullie huwelijksreis.
– Verstuur de uitnodigingen.

Zes weken voor jullie huwelijksdag

– Bestel de bloemen.
– Koop een gastenboek.
– Begin eventueel met een zonnebankkuur.

Vier weken voor jullie huwelijksdag

– Pas je trouwjurk.
– Loop je schoenen in.
– Probeer je lingerie en kousen uit.
– Bestel de bruidstaart.
– Stel de definitieve tafelschikking op.
– Bespreek het menu met de cateraar.
– Maak menu- en naamkaartjes voor op de tafels.

Twee weken voor jullie huwelijksdag
– Check alle gemaakte afspraken.
– Zet de definitieve dagindeling op papier.
– Geef het definitieve aantal gasten door aan de locatie en aan de cateraar.

Een week voor jullie huwelijksdag
– Controleer de route naar de verschillende locaties op eventuele wegomleggingen.
– Neem het draaiboek door met de ceremoniemeester.
– Pas je trouwjurk een laatste keer.
– Pak je koffers voor de huwelijksnacht en de huwelijksreis.

Je kunt ook een elektronische kalender gebruiken om al deze taken en data bij te houden. Zo'n elektronische kalender zit onder meer in Microsoft Outlook en in Lotus Notes. Je kunt er ook een downloaden op www.anyday.com. Er bestaan ook elektronische kalenders voor Palm Pilots.

DE WEDDING FILES

Nu je toch tabellen en timings aan het opmaken bent, kun je je het best meteen ook op andere vlakken organiseren. Hoe georganiseerder je dit aanpakt, hoe vlotter de hele voorbereiding in de toekomst zal verlopen.

Trouwnotities
Wees erop voorbereid dat je op de meest onverwachte momenten iets te binnen zal schieten over je trouwdag. Het zou jammer zijn als die invallen, ideeën en opmerkingen weer verloren zouden gaan. Koop daarom een klein notitieboekje of schriftje, dat je overal met je mee naartoe kunt nemen. Door al je invallen in dat ene schriftje te noteren, voorkom je dat je ze weer vergeet én heb je al je inspirerende gedachten bij elkaar.

Trouwmap
Leg een map aan van alles wat met jullie trouwdag te maken heeft. Denk hierbij aan jullie gastenlijst, contracten, informatie van de mensen met wie jullie werken... In deze map kun je ook alles verzamelen wat je nog nuttig lijkt. Je kunt er bijvoorbeeld foto's in bijhouden van boeketten en bloemversieringen die je uit tijdschriften en brochures hebt gehaald, om ze later aan je bloemist te tonen. Of je kunt er voorbeelden van uitnodigingen in verzamelen, wat je later kan helpen op het moment dat je je eigen uitnodiging gaat kiezen en verwoorden.

Contacten
Tijdens de voorbereiding van jullie trouwdag zullen jullie een beroep doen op veel mensen en met nog meer mensen in contact komen. Om te vermijden dat je hun gegevens kwijtraakt in een wirwar van visitekaartjes en haastig neergekrabbelde adressen op bierviltjes, kun je het best meteen werk maken van een adreslijst. Neem daarin zowel de professionals met wie je werkt op, als de vrienden en familieleden op wie je een beroep doet. Noteer van iedereen de naam, het adres, het vaste telefoonnummer, het mobiele telefoonnummer en het e-mailadres.

Contracten

Bij de voorbereiding van jullie trouwdag zullen jullie een beroep moeten doen op verschillende mensen. In de meeste gevallen zullen dat professionals zijn. Met elk van hen sluit je het best een geschreven contract af, waarin vermeld staat wat jullie hebben afgesproken.

De meeste professionals beschikken zelf over een standaardcontract, dat ze jullie, al dan niet in aangepaste vorm, zullen voorleggen. Doen ze dat niet, dan kun je het best zelf een contract opstellen waarin jullie afspraken opgenomen zijn en hun vragen een exemplaar te ondertekenen.

Hoed je voor al te vage standaardcontracten. Wees zo specifiek en gedetailleerd mogelijk: alle gemaakte afspraken kunnen in het contract worden opgenomen. Zo is er later geen discussie mogelijk. Onderteken zeker geen blanco contract, al zegt de betrokkene dan nog dat de details later ingevuld kunnen worden. In het contract moeten steeds ook jullie trouwdatum en de afgesproken prijs vermeld zijn. Indien er een voorschot betaald wordt, moet ook dat zijn vermeld.

Lees het contract aandachtig na voor je het ondertekent. Aarzel niet om wijzigingen voor te stellen wanneer je vindt dat dat nodig is.

Er bestaan ook heel wat softwareprogramma's die beloven de hele organisatie van je trouwdag makkelijker te maken. Als je op een zoekmachine de zoektermen 'wedding planning' en 'software' invoert, krijg je meteen een hele lijst te zien. Sommige daarvan kun je gratis downloaden, voor andere moet je na een korte proefperiode betalen. Hoewel er zeker een aantal voordelen aan verbonden is, moet je ook niet alle heil verwachten van zo'n programma. Het grootste nadeel is wel dat dergelijke programma's er meestal van uitgaan dat elke bruiloft eender is en dat ze geen ruimte bieden voor details die uniek zijn voor jullie trouwdag. Als je een beetje overweg kunt met je pc, kom je zelf een eind verder door een aantal aan jullie trouwdag aangepaste tabellen en spreadsheets te creëren.

De gasten
Over gewone en bijzondere gasten

Jullie hebben waarschijnlijk al nagedacht over wie jullie allemaal willen uitnodigen op jullie trouwdag. Misschien willen jullie sommigen onder hen een bijzondere plek geven op die speciale dag: familieleden en/of vrienden die jullie erg na aan het hart liggen. Traditioneel zijn er een paar rollen die daar erg geschikt voor zijn, denk maar aan de getuigen en de bruidskindjes. In Nederland is het ook gebruikelijk om in je vrienden- of familiekring een ceremoniemeester aan te stellen. Maar er zijn nog tal van andere mogelijkheden om de mensen die je na aan het hart liggen bij je trouwdag te betrekken.

Deze 'bijzondere' gasten zullen het wellicht een eer vinden dat ze door jou gevraagd worden voor deze speciale taak. Het is dan ook leuk als je hen, wanneer je hen vraagt, ook vertelt waarom je dat doet.

Laat je voor de keuze van deze bijzondere gasten steeds leiden door je eigen gevoel. Soms hebben anderen in je omgeving zo hun mening over wie je getuige 'hoort' te zijn. Misschien vinden je ouders bijvoorbeeld dat je je broer of zus hoort te vragen voor die taak. Of misschien voel je je verplicht een vroegere vriendin te vragen, omdat zij jou jaren geleden als getuige heeft gevraagd, hoewel jullie ondertussen uit elkaar zijn gegroeid. Laat je niet door zulke argumenten leiden. Het gaat immers om jouw trouwdag! Ga na wie je op dat bijzondere moment het dichtst bij je wilt hebben.

Een aantal van deze speciale gasten kan deel uitmaken van de trouwstoet, die in België ook wel 'suite' wordt genoemd, en die jullie naar en van de locatie van de huwelijksplechtigheid begeleidt.

Vraag niemand om een bijzondere rol op te nemen op jullie trouwdag, voor je dat ook aan je verloofde hebt voorgelegd. Het is jullie beider trouwdag en je moet je allebei goed voelen bij de keuzes die er worden gemaakt.

DE TROUWSTOET

De ouders van het bruidspaar
Je kunt je ouders en schoonouders niet kiezen, maar je hebt er wel een zegje in welke rol zij gaan spelen op jullie trouwdag. Vroeger wilde de traditie dat de moeder van de bruid op de trouwdag van haar dochter de rol van gastvrouw op zich nam. Daar is nog steeds niets op tegen, maar het kan ook anders. Alles hangt af van waar jullie je goed bij voelen. Aarzel daarom niet om van de traditie af te wijken en jullie ouders te bedenken met taken waaruit jullie persoonlijke gehechtheid aan hen blijkt.

De getuigen
Om te kunnen trouwen, heb je getuigen nodig. Dat geldt zowel voor een burgerlijk als voor een kerkelijk huwelijk. In Nederland heb je er minstens twee en maximaal vier nodig, in België zijn steeds twee getuigen nodig: een voor de bruid en een voor de bruidegom. Hun enige taak is het plaatsen van hun handtekening op de trouwakte bij het burgerlijk huwelijk en in

het kerkregister bij het kerkelijk huwelijk. Iedereen die meerderjarig is, kan optreden als getuige. Bedenk echter dat het als een ware eer wordt beschouwd gevraagd te worden als getuige. Kies je getuigen daarom met zorg uit.

De bruidskindjes

In de trouwstoet kun je ook een aantal bruidskindjes laten meelopen. Meestal zijn dat jonge kinderen van familieleden of goede vrienden. Vraag de kinderen in kwestie of ze er zin in hebben en of ze het durven. Het is geen goed idee om een verlegen kind tegen zijn wil te dwingen om een dag lang samen met het bruidspaar in het middelpunt van de belangstelling te staan. De meeste kinderen vinden dat echter net geweldig.

De bruidskindjes kunnen de bruid voorgaan en bijvoorbeeld een boeketje (een miniversie van het bruidsboeket?) of een mandje met bloemen dragen. Je kunt ze ook een mandje met rozenblaadjes laten dragen en ze met de blaadjes laten strooien bij het binnen- of buitengaan.

Als je een bruidsjurk met een lange sleep hebt, kun je de bruidskindjes ook achter je laten lopen en je sleep laten dragen.

Een van de bruidskindjes kan de ringen dragen. Traditioneel is die taak weggelegd voor een jongetje, terwijl aan meisjes eerder wordt gevraagd om bloemen te dragen.

Tijdens de ceremonie kun je een aantal extra taken bedenken voor de bruidskindjes, zodat ze het gevoel krijgen er dichter bij betrokken te zijn. Zo kun je ze vragen een kort tekstje te lezen, de zorg voor het bruidsboeket en de handschoenen van de bruid op zich te nemen of tijdens een katholieke viering rond te gaan met een mandje voor de collecte.

Houd steeds rekening met de leeftijd van je bruidskindjes. Jonge kindjes kunnen heel vertederend zijn, maar ze gaan zich ook sneller vervelen en beginnen soms onverwacht te huilen. Belast hen niet met een taak die ze nog niet aankunnen. Zorg er in elk geval voor dat ze goed weten wat er van hen wordt verwacht en laat ze eventueel hun rol vooraf al eens repeteren. Wees er ten slotte op bedacht dat kinderen onvoorspelbaar zijn. Vaak schuilt daarin net hun ontwapenende charme. Sommige bruiden willen echter liever niet dat al te jonge kinderen de voortgang van de huwelijksplechtigheid verstoren. De keuze is aan jullie...

Volwassen bruidsmeisje

In de Angelsaksische traditie is het gebruikelijk dat de bruid zich laat omringen door een aantal volwassen bruidsmeisjes: de *maid* of *matron of honour* en de *bridesmaids*. Zij staan de bruid bij tijdens de voorbereiding van het huwelijk en op de trouwdag zelf. Meestal zijn het zussen, nichtjes en goede vriendinnen van de bruid. De *maid* of *matron of honour* neemt de centrale plaats in: zij is zowat de steun en toeverlaat van de bruid. Vaak is die eer voorbehouden aan de zus of de beste vriendin van de bruid.

Hoewel het een Angelsaksische traditie betreft die bij ons niet is ingeburgerd, belet niets je om haar helemaal of gedeeltelijk over te nemen. Een hele *wedding party* met hopen *bridesmaids*, zoals je ze wel eens ziet in Amerikaanse films, gaat je wellicht wat ver, maar misschien wil je je beste vriendin wel een bijzondere plek geven op je trouwdag? Door haar te vragen om je bruidsmeisje te zijn, heb je haar die dag heel dicht bij je. En bovendien is dit een mooie manier om haar duidelijk te maken welke bevoorrechte plaats ze in jouw leven inneemt. Ze vindt het vast een eer! Tegelijkertijd weet jij je verzekerd van een ware steun en toeverlaat, op wie je je hele trouwdag door kunt rekenen.

In het oude Griekenland werd de bruid begeleid door een groep vrouwen die gelukkig getrouwd waren én bovendien reeds moeder waren. Hun geluk werd verondersteld af te stralen op de bruid en moest haar op de weg van het huis van haar vader naar dat van haar echtgenoot beschermen tegen kwade geesten.

Volwassen bruidsjonkers

Ook dit is een Angelsaksische traditie: net zoals de bruid haar *bridesmaids* heeft, wordt de bruidegom op de trouwdag omringd door *groomsmen*, onder wie de *best man* de centrale plaats bekleedt. Hij is een beetje de mannelijke evenknie van de *maid* of *matron of honour*. Dit is voor de bruidegom een manier om broers of vrienden een speciale plek te geven.

De traditie van de Engelse *groomsmen* gaat terug tot de tijd van de Saksen. Toen werd de bruidegom vergezeld van een aantal volwassen mannen (vrienden of familieleden), die hem moesten bijstaan wanneer andere aanbidders zijn bruid probeerden te stelen.

ANDERE BIJZONDERE ROLLEN

Misschien wil je meer mensen bij je trouwdag betrekken dan er traditioneel rollen zijn weggelegd voor de leden van de trouwstoet. Geen nood! Met een beetje creativiteit kun je nog heel wat mensen een speciale plek toebedelen. Enkele voorbeelden:

De ceremoniemeester

De ceremoniemeester is een beetje de regisseur van de trouwdag. Op hem rust de niet geringe taak ervoor te zorgen dat alles die dag gesmeerd loopt: van de aankomst van de bruidegom bij de bruid thuis en het opspelden van de corsages tot het controleren van de timing en het plaatsen van de gasten. Een hele verantwoordelijkheid dus.

In België is het daarom gebruikelijk om een professionele ceremoniemeester in te huren. In Nederland wordt echter gevraagd aan een familielid of een goede vriend om deze taak op zich te nemen. Als je voor iemand uit je familie- of vriendenkring kiest, houd er dan rekening mee dat hij of zij over heel wat organisatie- en improvisatietalent moet beschikken! Kies iemand die je kunt vertrouwen: op je trouwdag wil je namelijk geen zorgen aan je hoofd. Je ceremoniemeester is ook degene bij wie je tijdens de voorbereiding terecht moet kunnen met vragen en ook op de dag zelf is hij jullie steun en toeverlaat. Hoeveel je hem betrekt bij de voorbereiding en bij de trouwdag zelf, bepaal je helemaal zelf.

Vind je de taak te zwaar voor één persoon, dan kun je ook twee ceremoniemeesters vragen, die de taken onderling kunnen verdelen. Kies dan wel mensen die goed met elkaar overweg kunnen.

Voorlezers

Vraag aan vrienden of familieleden of ze een tekst willen voorlezen tijdens de huwelijksplechtigheid. Je kunt zelf de teksten kiezen, of je kunt hun vragen of ze zelf een tekst in gedachten hebben. Doe dat dan wel geruime tijd van tevoren, zodat jullie een blik kunnen werpen op de tekst en eventueel nog kunnen bijsturen.

Verantwoordelijke voor de programmaboekjes

In plaats van de programmaboekjes al klaar te leggen op de stoelen, kun je ook aan vrienden vragen om ze bij het binnenkomen aan de gasten te overhandigen. Als je voor (een aantal van) je gasten plaatsen hebt voorbehouden, kunnen deze vrienden hen ook naar hun plaats begeleiden.

Verantwoordelijke voor het gastenboek

Stel een van je vrienden aan als verantwoordelijke voor het gastenboek. Zo weet je meteen zeker dat je gasten ook iets in het gastenboek zullen schrijven.

Toasters

Vraag aan vrienden of familieleden met wie je een bijzondere band hebt of ze op het trouwfeest een toast willen uitbrengen op jullie. Je kunt ook een *toast van de tafel*-rondje houden. Kies per tafel iemand uit die een speciale betekenis heeft voor jullie, en vraag hem of haar om een toast uit te brengen.

DE GASTENLIJST

En dan is er nog de gastenlijst. We zeiden het eerder al: het opstellen van een gastenlijst is geen makkelijke klus. Je zult enerzijds rekening moeten houden met logistieke en financiële beperkingen, en anderzijds met de wensen en verwachtingen van jullie ouders, zeker wanneer die de trouwdag mee betalen. Ook het bepalen van je eigen gasten kan overigens voor hoofdbrekens zorgen. Nodig je alleen vrienden uit, of wil je ook collega's erbij? En als je Lien en Peter uitnodigt, ben je dan verplicht ook Tom en Ilse te vragen? Hoe vanzelfsprekend ze ook is, toch is die laatste redenering gevaarlijk en brengt ze vaak een sneeuwbaleffect teweeg, want als je Tom en Ilse vraagt, wat doe je dan met Eef en Bert? Probeer hierbij uiteindelijk je gevoel te laten spreken: nodig die mensen uit van wie je werkelijk wilt dat ze erbij zijn. Het is tenslotte jullie bijzondere dag! Nodig ook niemand uit van wie je hoopt dat ze toch niet zullen komen opdagen, je zou wel eens versteld kunnen staan van het aantal genodigden dat je uitnodiging aanneemt!

Leg vervolgens jullie eigen lijst naast die van jullie ouders en stel op basis daarvan een voorlopige lijst op. Loopt het totale aantal gasten te hoog op? Dan zullen jullie een aantal namen moeten schrappen. Dat is niet altijd eenvoudig. Bespreek met jullie ouders wat de mogelijkheden en beperkingen zijn. Houd daarbij steeds het evenwicht van de gastenlijst in je achterhoofd: als het ene ouderpaar drie keer zoveel gasten uitnodigt als het andere, kan dat tot ongemakkelijke situaties leiden. Probeer samen tot een oplossing te komen waar iedereen zich goed bij voelt.

Organiseer je gastenlijst

Begin zo vroeg mogelijk met het aanmaken van een gastenlijst. Je kunt daarvoor steekkaarten gebruiken – één steekkaart per gast of gastenpaar – maar je kunt ook op je computer een spreadsheet aanmaken met alle gegevens. Voorzie voor iedere gast of gastenpaar ruimte voor de volgende gegevens: naam, adres, telefoonnummer. Vermeld ook door wie ze zijn uitgenodigd. Voorzie ook ruimte om aan te geven waarvoor ze precies zijn uitgenodigd (huwelijksplechtigheid, receptie, avondfeest), of ze al op de uitnodiging hebben geantwoord, of ze al dan niet zullen komen, of ze een speciaal (bijvoorbeeld vegetarisch of suikervrij) menu wensen, welk cadeau ze jullie hebben gegeven, enz.

De stress te lijf
Over familiezaken, financiële aangelegenheden en andere heikele kwesties

Je kunt er niet onderuit: het organiseren van een huwelijk brengt stress mee. Stress over de planning zelf, over de financiële kant van de zaak, over al de beslissingen die moeten worden genomen, over de duizenden details die moeten worden geregeld, over de verwachtingen die anderen van jullie blijken te hebben... Hierna volgt een overzicht van de belangrijkste stressfactoren en meteen ook wat je eraan kunt doen.

FAMILIEZAKEN

Jullie hebben je verloofd en nu moet er werk worden gemaakt van de organisatie van jullie huwelijk. Ja, *jullie* huwelijk. Toch is de kans groot dat niet alleen jullie daar een rol in gaan spelen. Een huwelijk is zelden een aangelegenheid van enkel de bruid en de bruidegom, het is er meestal evengoed een van de beide families. En vaak leidt dat tot stresserende situaties.

Familiale inmenging
Als jullie ouders mee de trouwdag helpen betalen — maar zelfs als ze dat niet doen — is de kans groot dat ze zich zullen willen bemoeien met de organisatie ervan. Dat kan gaan van enige inspraak bij het nemen van sommige beslissingen of bij het samenstellen van de gastenlijst, tot een verregaande bemoeizucht op alle vlakken van de organisatie. Als jullie met zijn allen precies hetzelfde soort bruiloft voor ogen hebben, is dat natuurlijk niet zo'n probleem, maar het is veel waarschijnlijker dat jullie eigen ideeën niet altijd zullen overeenkomen met die van hen. Jullie willen een intiem bruidsmaal, terwijl jullie ouders komen aandraven met een ellenlange lijst van gasten die zij per se willen uitnodigen, of jullie ouders hebben altijd al gedroomd van een trouwstoet die komt aanrijden in chique, zwarte Mercedessen, terwijl jullie een retrobus net zo charmant vinden.

Bepaal altijd eerst voor jezelf wat jullie wel en niet belangrijk vinden. Doe geen grote concessies op het vlak van dingen die voor jullie van het allergrootste belang zijn — de kans is groot dat je daar later spijt van zult krijgen. Maak jullie ouders duidelijk dat het voor jullie om een prioriteit gaat die de sfeer van jullie hele trouwdag bepaalt.

Vraag je ouders om te helpen met de dingen die jullie niet zo heel erg belangrijk vinden. Dan kunnen ze altijd daar nog hun bemoei- of inmengingszucht botvieren. Als ze mee helpen financieren, kun je ze ook vragen, of zij die kostenposten voor hun rekening willen nemen, in plaats van ze de hele bruiloft gedeeltelijk mee te laten betalen. Probeer zelf die onderdelen te financieren die voor jullie heel belangrijk zijn.

Verlies nooit uit het oog dat het in de eerste plaats om *jullie* trouwdag gaat. Hoe belangrijk het ook is om rekening te houden met de gevoelens van anderen, en dan in de eerste plaats die van jullie ouders, laat je er niet toe verleiden keuzes te maken waar jij niet helemaal achter staat, gewoon omdat je moeder of je schoonmoeder dat zo graag wil. Organiseer niet de trouwdag die anderen van jullie verwachten, maar de bruiloft die jullie zelf willen.

Wrijvingen

Natuurlijk zouden jullie het liefst hebben dat jullie beider ouderparen dolgelukkig zijn met jullie partnerkeuze én met de manier waarop jullie je huwelijksdag willen invullen en organiseren. Jammer genoeg is dat niet altijd zo. Als je het gevoel hebt dat ze zich niet gelukkig voelen bij de situatie, probeer er dan over te praten met hen, en uit te vissen wat het precies is wat hen ongelukkig maakt. Geef hun de kans hun mening te uiten en luister naar hen. Als zij het gevoel krijgen dat er naar hen geluisterd wordt en dat hun mening serieus wordt genomen, zullen ze sneller geneigd zijn ook open te staan voor jouw mening.

Als de wrijvingen te maken hebben met jouw partnerkeuze, doe je er goed aan hierover in je eentje met je ouders te praten. Luister naar wat ze te zeggen hebben en leg vervolgens jouw kant van de zaak uit. Plaats daarbij je verloofde in een daglicht dat zij gunstig zouden kunnen vinden en leid de aandacht af van de kritiekpunten die zij hebben aangebracht. Geef ze vervolgens de mogelijkheid om je verloofde beter te leren kennen, door bijvoorbeeld eens met zijn vieren te gaan uit eten. Blijven ze echter bij hun standpunt, dan is het tijd om grenzen te stellen. Jullie zijn verloofd en je loyaliteit tegenover je verloofde hoort op de eerste plaats te komen. Maak je ouders duidelijk dat je hen graag ziet maar dat je klachten of pijnlijke opmerkingen over je verloofde niet langer kunt aanvaarden.

Jullie versus de familie

Familieaangelegenheden liggen vaak heel gevoelig en bij de organisatie van een huwelijk is dat niet anders. Hoe verliefd jullie ook zijn, voor je het weet kan een meningsverschil jullie tegen elkaar opzetten: jij verdedigt je ouders, je toekomstige verdedigt de zijne. Let op voor die al te bekende valkuil!

Vorm met jullie beiden steeds één front. Ga na hoe jullie *samen* over de dingen denken, voor jullie ze bespreken met jullie respectieve families. Neem samen een standpunt in en blijf daar ook bij. Laat loyaliteit tegenover je familie nooit voorgaan op loyaliteit tegenover je verloofde: zijn mening moet voor jou het belangrijkst zijn, niet die van je familie! Geef je ouders ook nooit de indruk dat ze jou kunnen ompraten wanneer je verloofde er niet bij is – blijf ook dan bij het standpunt dat jullie samen bepaald hebben. En beloof je ouders niets voor je het er eerst met je verloofde over gehad hebt.

Gescheiden ouders

Zijn jullie ouders gescheiden? Dat maakt de organisatie van een huwelijk er vaak niet makkelijker op. Als jullie ouders nog met elkaar overweg kunnen, zijn er meestal niet veel problemen. Anders ligt het wanneer ze niet meer met elkaar kunnen opschieten of zelfs helemaal niet meer met elkaar willen spreken. In dat geval kun je elk gesprek over de organisatie van jullie huwelijk maar beter twee keer voeren, met elke ouder afzonderlijk, wil je vermijden dat ze elkaar in de haren vliegen over elk detail van de organisatie. Let er ook op dat je je beide ouders tijdens de hele planning even goed op de hoogte houdt van al wat je beslist en regelt.

Ook op je trouwdag zelf zul je hier extra aandacht aan moeten besteden. Jullie trouwdag moet de mooiste dag van jullie leven worden, het laatste wat jullie willen is dat jullie gescheiden ouders elkaar die dag in de haren vliegen. Probeer daarom bij voorbaat al zoveel mogelijk situaties uit te sluiten die een conflict kunnen uitlokken.

Je kunt je ouders vragen of ze, om jullie een plezier te doen, op jullie trouwdag hun vijandigheid even opzij kunnen zetten en samen als ouders van bruid of bruidegom willen optreden. Als ze daartoe bereid zijn, fijn. Zijn ze dat niet, dwing ze dan ook niet. Je wilt niet het risico lopen dat een en ander toch uit de hand loopt... Plaats ze in zo'n geval liever niet naast elkaar in stadhuis of kerk, in de ontvangstrij en op het huwelijksfeest.

Ook als een van beide gescheiden ouders een nieuwe partner heeft, is voorzichtigheid geboden. Het is immers best mogelijk dat de andere ouder zich daar helemaal niet comfortabel bij voelt. Probeer altijd tot een oplossing te komen waarbij iedere partij zich goed kan voelen. Vaak zal dat van beide kanten enig begrip en wat toegevingsbereidheid vereisen.

Vertel je ouders dat jullie huwelijk voor jullie erg belangrijk is en dat jullie niet willen dat die bijzondere dag vergald wordt door conflicten tussen hen beiden. Vraag hun om die dag in de eerste plaats aan jullie te denken en hun vijandigheid jegens elkaar voor een dag opzij te zetten.

Schoonfamilie

Je trouwt niet alleen met je partner, maar met een hele schoonfamilie. Het is een boutade, maar zoals zo vaak zit er wel een kern van waarheid in: samen met je verloofde, krijg je er ineens een hele nieuwe familie bij.

Wanneer je een bruiloft organiseert, zul je regelmatig in contact komen met je schoonouders. Als het goed klikt tussen jullie, is dat natuurlijk helemaal geen probleem. Schieten jullie minder goed met elkaar op, probeer dan toch om de contacten zo soepel mogelijk te laten verlopen. Geef hun de kans jou beter te leren kennen. Een goede verstandhouding is erg belangrijk. Dat betekent echter nog niet dat je je alles moet laten welgevallen.

Heb je echt het gevoel dat het niet lekker gaat tussen jou en je toekomstige schoonouders, praat er dan over met je verloofde en vraag hem eventueel om de kwestie aan te kaarten bij zijn ouders. Vermijd het om zelf met ze in discussie te gaan.

Schoonmoeders hebben geen al te beste reputatie. Laat de stereotypen die over schoonmoeders de ronde doen jouw relatie met de jouwe niet bij voorbaat verknallen. Ga na de aankondiging van jullie verloving eens lunchen met je toekomstige schoonmoeder, en maak er een gezellig uitje van. Zo kom je misschien in een goed blaadje te staan waar je niet snel meer van af kunt donderen.

GELDZAKEN

Familieaangelegenheden zijn vaak erg gevoelig, financiële aangelegenheden zijn dat al evenzeer.

Nooit genoeg

Laten we eerlijk zijn: wanneer je een huwelijk organiseert, is er nooit genoeg geld. Het kan altijd grootser, luxueuzer, exclusiever, en altijd zie je nog wel accessoires die je trouwdag *nog* mooier zouden kunnen maken. Weersta aan de verleiding: ook zonder over gigantische sommen te beschikken, kun je een onvergetelijke trouwdag organiseren.

Bepaal samen het budget en houd je daar ook aan. Vanaf nu wordt dit *jullie* trouwbudget, ongeacht waar het geld vandaan komt, en zijn jullie er samen verantwoordelijk voor. Beschuldigende vingers of blikken zijn dan ook uit den boze.

Financiële achtergronden

Komen jullie uit families met een verschillende financiële achtergrond? Dat is niet altijd even makkelijk. Voor je het weet, raak je in een discussie verzeild die meer met jullie families en achtergronden te maken heeft, dan met jezelf of met jullie trouwdag. De ene familie is niet gierig omdat ze minder geld besteedt aan bijvoorbeeld jullie huwelijk, net zoals de andere niet spilziek is omdat ze sneller de portefeuille tevoorschijn haalt. Het gaat er niet om welke familie de beste is of het best omgaat met financiële aangelegenheden.

Dat jullie een verschillende financiële achtergrond hebben, is een reëel gegeven waar je mee zult moeten leren leven, letterlijk dan. Je zult een manier moeten vinden om met geld om te gaan, waar jullie je beiden goed bij voelen. Dat geldt niet alleen voor de organisatie van jullie trouwdag, maar voor de rest van jullie getrouwde leven. Praat daarom openlijk over hoe jullie beider families met geld en financiën omsprongen en over wat jullie daar allebei van vinden.

JIJ EN JE VERLOOFDE

Meningsverschillen

Je gelooft je eigen oren en ogen niet. Je bent tot over je oren verliefd, je hebt net de beslissing genomen om te gaan trouwen, je behoort in de zevende hemel te verkeren, maar in plaats daarvan zijn er discussies, ruzies, meningsverschillen.

Geen paniek! Discussies en meningsverschillen horen erbij. Het organiseren van een huwelijk is immers een hele onderneming, die helemaal om jullie beiden draait en waarbij jullie beider persoonlijkheden sterk betrokken zijn.

Jullie hoeven helemaal niet te veinzen dat jullie over alles hetzelfde denken. Dat er verschillen bestaan tussen jullie, is onontkoombaar (en misschien zelfs de reden waarom jullie van elkaar houden, wordt er niet beweerd dat tegengestelden elkaar aantrekken?). Moffel ze niet weg, maar praat erover en zoek naar een oplossing waar jullie je allebei in kunnen vinden – ze zullen immers niet verdwijnen door ze onder tafel te vegen. Verschillen jullie van mening over hoeveel geld jullie kunnen besteden aan jullie trouwdag, of over de vraag of jullie trouwdag ook een godsdienstige invulling moet krijgen? De kans is groot dat die vragen er later nog zullen zijn, ook nadat jullie zijn thuisgekomen van jullie huwelijksreis, zij het in een enigszins andere gedaante: hoe gaan jullie je budget beheren, gaan jullie je kinderen godsdienstig opvoeden, of net niet?

Compromissen sluiten

Veel meningsverschillen kun je oplossen door naar een compromis te zoeken. Als twee partijen iets verschillends willen, kan een compromis erin bestaan dat je beide dingen doet, dat je geen van beide doet, of dat je iets helemaal anders doet. Jij bent katholiek, je verloofde protestants, en jullie willen elk een kerkelijke huwelijksplechtigheid binnen jullie eigen geloof? Dokter een plechtigheid uit waarin beide tradities een plaats hebben. Of kies voor een oecumenische viering. Of vind je na lang praten dat jullie die religieuze plechtigheid eigenlijk toch niet zo belangrijk vinden? Ga dan voor een burgerlijke huwelijksplechtigheid.

Respect

Hoe dan ook, respecteer steeds de mening van de ander, al verschilt die van de jouwe. Ga niet stiekem zitten hopen dat je verloofde na verloop van tijd jouw denkbeelden wel zal overnemen. Dan vraag je immers om problemen.

Help! Ik sta er alleen voor!

Je verloofde heeft je ten huwelijk gevraagd, een prachtige ring voor je gekocht, jij hebt zijn aanzoek aanvaard en samen hebben jullie een datum vastgelegd wanneer jullie zullen gaan trouwen. Plots lijkt het alsof hij vindt dat zijn werk gedaan is en jij de hele trouwdag mag gaan organiseren.

Het zou wel eens kunnen dat het merendeel van de planning inderdaad op jouw schouders terechtkomt. Voel je je daar niet gelukkig mee, bespreek dat dan eerlijk met je verloofde en zeg hem dat het om *jullie*, niet om *jouw* trouwdag gaat en dat je het zou waarderen als hij die mee zou organiseren.

Enkele tips om je verloofde bij de planning te betrekken:

- Plan tijd in voor 'trouwgesprekken'. Kies bijvoorbeeld een bepaalde dag van de week uit om met je verloofde over de organisatie van jullie huwelijk te spreken en om hem ideeën voor te leggen. Jij zou misschien wel de hele tijd over niks anders dan trouwen willen spreken, maar voor je verloofde kan dat anders liggen. Door een speciale dag of avond hiervoor uit te trekken vermijd je dat al dat praten over jullie trouwdag hem te snel gaat vervelen.
- Beperk zijn keuzemogelijkheden. Mannen vinden het vaak niet leuk om keuzes te moeten maken, dus vraag hem niet om uit een hele catalogus één uitnodiging te kiezen, of overstelp hem niet met informatie over twintig locaties.
- Verdeel de taken onder jullie beiden en maak hem verantwoordelijk voor bepaalde taken.
- Houd rekening met zijn interesses en speel daarop in. In welke onderdelen van jullie trouwdag is je verloofde het meest geïnteresseerd? Misschien wordt hij inderdaad niet geboeid door het kiezen van de perfecte bloemen voor de tafelversieringen op het avondfeest, maar is hij wel geïnteresseerd in het trouwvervoer, de fotoreportage of de muziek voor het huwelijksfeest. Vraag hem dan om zich daarmee bezig te houden...
- Laat hem vooral zien dat zijn mening ertoe doet en dat je zijn inbreng waardeert wanneer er keuzes moeten worden gemaakt en beslissingen moeten worden genomen.

Er is nog leven naast je trouwdag

Ga je zo op in het organiseren van je huwelijk dat het soms lijkt alsof er niks anders meer is in je leven? Uitkijken geblazen dan! Hoe belangrijk jullie bruiloft ook is, vergeet niet dat het maar om één dag gaat. Laat niet je hele leven maandenlang exclusief om die ene dag draaien. Vergeet ook niet waar je trouwdag uiteindelijk om gaat: je beslissing om vanaf nu voorgoed met je partner door het leven te gaan. Verlies dat leven samen niet uit het oog en verwaarloos ook elkaar niet. Besteed niet al de tijd die jullie samen hebben aan de organisatie. Trek tijd uit voor elkaar, voor jullie relatie. Trek er een weekendje op uit, ga gezellig uit eten of naar de film, onderneem samen iets wat absoluut niks met huwelijken te maken heeft, doe waar jullie zin in hebben... zolang er maar even niet over trouwen wordt gesproken!

GODSDIENSTAANGELEGENHEDEN

Bij het organiseren van een huwelijk komen vaak ook religieuze kwesties kijken. Het begint al met de vraag of je alleen een burgerlijk of ook een religieus huwelijk wilt, en als je dat laatste wilt, hoe je dat dan concreet wilt invullen. Misschien houden jullie er dezelfde ideeën op na en is het antwoord op die vragen voor jullie zonneklaar. Als jullie verschillende overtuigingen hebben of uit een verschillende religieus-culturele achtergrond komen, is het vaak niet zo eenvoudig. En zelfs als jullie tot eenzelfde geloof behoren, is het best mogelijk dat jullie er anders tegenaan kijken.

Ga na hoe belangrijk jullie je respectieve religieuze opvattingen vinden. Gaat het om een vage erfenis die je van thuis hebt meegekregen? Dan ben je wellicht bereid tot het sluiten van compromissen. Anders ligt het wellicht wanneer het om een diep doorvoelde persoonlijke opvatting gaat. Willen jullie beiden een verschillende religieuze invulling geven aan jullie huwelijksdag, dan hoeft dat nog geen onoverkomelijk probleem te zijn. Soms kunnen verschillende religies in één ceremonie hun plek vinden, bijvoorbeeld wanneer het gaat om twee strekkingen binnen het christendom, zoals de katholieke en de protestantse. Je kunt ook kiezen voor twee plechtigheden, eentje binnen elk geloof. Dat is aangewezen wanneer het om twee zeer van elkaar verschillende godsdiensten gaat. Als jullie het vooral belangrijk vinden een religieuze dimensie te geven aan jullie huwelijk, meer dan dat jullie *binnen* de geloofsgemeenschap trouwen, kunnen jullie ook zelf een plechtigheid of relatieviering ontwerpen waarin plek is voor rituelen en tradities uit beide religies.

Hoe dan ook, respecteer steeds elkaars overtuigingen!

CULTURELE VERSCHILLEN

Komen jullie uit een verschillende cultuur? Wellicht zullen je dan heel wat culturele verschillen gaan opvallen bij de organisatie van jullie huwelijk. Dat komt omdat huwelijken beladen zijn met tradities die in elke cultuur verschillen. Laat je daardoor niet afschrikken. Bestudeer integendeel elkaars cultuur en tradities. Hoogstwaarschijnlijk vind je in de cultuur van je verloofde verrassende en mooie tradities, die je graag wilt integreren in jullie trouwdag. Op die manier kun je in je huwelijk het beste uit twee culturen combineren!

Knowing Me, Knowing You
Doe een inspanning om de cultuur van je verloofde beter te leren kennen. Leer zijn moedertaal, lees boeken over zijn culturele achtergrond, volg een avondcursus over zijn cultuur of godsdienst.

VERANDERING

Verandering is een van de meest genoemde factoren in het ontstaan van stress — en wat is een huwelijk anders dan een levensgrote verandering in je leven? Het is helemaal niet vreemd dat sommige toekomstige bruiden en bruidegoms die verandering met enige angst of bezorgdheid tegemoet zien.

Veranderen is verliezen

Elke grote verandering in je leven houdt ook een verlies in. Bij een huwelijk is dat niet anders. Je verliest een vroegere manier van leven, je vrijgezellenleven, een stuk vrijheid misschien. Dat je dat verlies ook voelt, is niet vreemd. Verlies is echter nog iets anders dan spijt, het betekent niet noodzakelijk dat je de verkeerde beslissing hebt genomen.

Een laatste keer

Je vrijgezellenleven zit er bijna op. Misschien wil je er nog één keer van genieten, door iets te doen wat je al jaren niet meer gedaan hebt en wat onlosmakelijk verbonden is met dat deel van je leven dat bijna achter je ligt – een avondje uit met vriendinnen, met je zussen? Niet aarzelen, doen en genieten maar!

Koudwatervrees

Voel je twijfels over je voorgenomen huwelijk? Neem ze serieus. Iedereen kent wel een moment waarop hij gezonde twijfels voelt over een aankomend huwelijk. Het houdt dan ook een erg grote verandering in. Bovendien kan het ook eenvoudigweg zenuwachtigheid zijn die je parten speelt, of onzekerheid over het nieuwe leven dat je tegemoet gaat. Maar het kan ook zijn dat je twijfelt aan je beslissing om in het huwelijksbootje te stappen. Probeer daarom goed uit te maken wat het precies is dat je doet twijfelen. Is het je verloofde zelf, of is het eerder het idee van getrouwd te zijn? Stel je je vragen bij het huwelijk zelf, misschien omdat je er zovele stuk ziet gaan? Uiteindelijk zul jij moeten uitmaken waar je twijfels vandaan komen en wat je ermee moet aanvangen. Het is daarbij altijd nuttig jezelf de vraag te stellen waarom je destijds besloten hebt dat je met je partner wilde trouwen en je vervolgens af te vragen of daaraan iets veranderd is.

PERFECTIONISME

Het organiseren van een huwelijk brengt in menig bruidegom en vooral in menige bruid de perfectionist naar boven. Iedereen wil dat zijn trouwdag perfect wordt, een perfecte afspiegeling van zijn ideeën over een perfect evenement. Daar is op zich niks mis mee. Maar vaak loopt het streven naar perfectie uit de hand. Je huwelijk wordt er niet minder onvergetelijk of fantastisch om als de kleur van je trouwschoenen niet perfect overeenstemt met de kleur van de servetten, of als de bloemen waarmee jullie bus versierd is niet helemaal dezelfde zijn als die in jouw bruidsboeket.

Verlies jezelf niet te veel in details. Kijk nog eens naar het lijstje met prioriteiten dat jullie aan het begin van de rit hebben opgesteld: dit zijn de elementen die jullie trouwdag voor jullie 'perfect' zullen maken.

TIJDSDRUK

Ook tijdsdruk kan een belangrijke oorzaak van stress zijn. Naarmate jullie trouwdatum dichterbij komt, wordt die tijdsdruk groter. Een goede voorbereiding en organisatie kunnen hier wonderen doen. Begin daarom tijdig met de voorbereiding en spreid je deadlines over de kalender in plaats van ze samen te ballen in een korte tijdsperiode. Heb je toch het gevoel dat je het niet meer onder controle hebt, doe dan een beroep op de hulp van anderen, of huur professionele hulp in.

DE DRUK VAN TRADITIES

Bij een huwelijk komen er veel tradities kijken. Die zijn zo ingebed in onze cultuur dat het wel lijkt alsof je al die tradities *moet* volgen wanneer je je trouwdag organiseert. Niets is minder waar. Tradities kunnen een extra dimensie geven aan een trouwdag, maar dan moet je je er wel goed bij voelen. Is dat niet het geval, dan kun je ze beter overboord gooien. Je hoeft helemaal niet in het wit te trouwen, een sluier te dragen en na de plechtigheid je bruidsboeket weg te gooien in de richting van je ongetrouwde vrouwelijke gasten. En het is al evenmin een wet van Meden en Perzen dat jij en je verloofde elkaar de ochtend van jullie huwelijk niet mogen zien, of dat de bruidegom zijn bruid na het trouwfeest over de drempel moet dragen. Afgezien van enkele wettelijke formaliteiten moet er helemaal niks bij een huwelijk!

STAP VOOR STAP

De papierberg
Over de nodige formaliteiten, huwelijkscontracten en verzekeringen

FORMALITEITEN BIJ EEN BURGERLIJK HUWELIJK

Voor het huwelijk kan worden voltrokken, moet het aanstaande bruidspaar eerst officieel aangifte doen van het voornemen om in het huwelijk te treden. Dat wordt ook wel 'in ondertrouw gaan' genoemd. Wanneer je aangifte doet, kun je meteen ook met de ambtenaar van de burgerlijke stand bespreken hoe een burgerlijke huwelijksplechtigheid in jullie gemeente verloopt en of een eigen inbreng van het bruidspaar mogelijk is.

België
Bruid en bruidegom moeten elk naar de dienst burgerlijke stand gaan van het gemeentehuis van hun officiële woonplaats. Op beide plekken wordt dan het voorgenomen huwelijk afgekondigd. Woon je nog geen zes maanden in die gemeente, dan wordt het huwelijk ook afgekondigd in de vorige verblijfplaats.
Voor de afkondiging van een huwelijk heb je verschillende documenten nodig:
— identiteitsbewijs van beide partners;
— uittreksel uit het geboorteregister van beide partners (verkrijgbaar op het gemeentehuis van je geboorteplaats);
— domicilieattest of bewijs van woonst van beide partners (verkrijgbaar op het gemeentehuis van je officiële woonplaats);
— namen, adres, geboortedatum en beroep van de twee meerderjarige getuigen;
— eventueel ouderlijke toestemming (wanneer een van jullie beiden nog geen achttien is);
— eventueel een bewijs van echtscheiding: een afschrift van de overschrijving van het vonnis van de echtscheiding (verkrijgbaar in de gemeente waar het huwelijk voltrokken werd);
— eventueel een uittreksel uit de overlijdensakte van een vorige echtgenoot of echtgenote (verkrijgbaar in de gemeente waar het overlijden plaatsvond of in de woonplaats op het ogenblik van het overlijden);
— eventueel het certificaat van jullie huwelijkscontract als jullie niet onder het wettelijk stelsel trouwen.
Wanneer je een woonplaats buiten België hebt, komt daar nog een officieel document bij met vermelding van de burgerlijke stand, aan te vragen in de officiële woonplaats. Buitenlanders moeten bovendien een bewijs van nationaliteit aanvragen op het consulaat van hun land in België of in hun woonplaats als ze niet in België wonen, en moeten eveneens een gewoonterechtverklaring voorleggen, verkrijgbaar via het consulaat in België.

Dat is een hele rompslomp, begin daarom tijdig met het vergaren van de documenten. Doe dat ook weer niet te vroeg, want dan zijn ze op de dag van je huwelijk misschien vervallen! Je kunt het best even op het gemeentehuis van je officiële woonplaats informeren wanneer je al die documenten moet aanvragen en voor welke ervan een fiscale zegel vereist is. Wanneer de documenten zijn opgesteld in een vreemde taal, moeten ze worden vertaald door een beëdigd vertaler.

Houd er ook rekening mee dat in België een huwelijk ten vroegste veertien dagen en ten laatste zes maanden na de afkondiging voltrokken kan worden.

Nederland

De huwelijksaangifte moet worden gedaan in de woonplaats van de bruid of de bruidegom, ten minste twee weken en ten hoogste een jaar voor de geplande huwelijksdatum. Dat kan schriftelijk of door een van de partners, maar veel stellen vinden het leuk om samen aangifte te gaan doen. Het is immers de eerste officiële stap naar jullie huwelijk. Het is altijd handig om vooraf even te bellen met het gemeentehuis: in sommige gemeenten kun je je ondertrouw gewoon meteen aan de balie regelen, in andere moet je een afspraak maken. Voor de huwelijksaangifte heb je een aantal documenten nodig:
— uittreksels uit het persoons- én geboorteregister van bruid en bruidegom (verkrijgbaar bij de afdeling burgerlijke stand van jullie geboorteplaats);
— naam, adres en beroep van de getuigen;
— eventueel uittreksels uit het echtscheidings- of overlijdensregister wanneer je reeds eerder getrouwd was;
— eventueel de schriftelijke toestemming van de ouders of voogden, wanneer die niet bij het huwelijk aanwezig zullen zijn en een van jullie beiden minderjarig is.
Wil je in een andere gemeente trouwen dan waar jullie of een van jullie wonen, dan moet je dat bij de ondertrouw melden aan de ambtenaar van de burgerlijke stand. Als je later van gedachten zou veranderen en op een andere plek wilt trouwen, moet je opnieuw in ondertrouw gaan.

Misschien willen jullie een feestelijk tintje geven aan het in ondertrouw gaan, bijvoorbeeld door achteraf samen te gaan uit eten. Zo kunnen jullie deze eerste stap in de richting van jullie huwelijk alvast vieren.

Trouwen in het buitenland
Je kunt ook in het buitenland trouwen. Misschien wil je wel een glitterbruiloft in Vegas, of een romantisch huwelijk in een pittoresk Toscaans kerkje. Als je in het buitenland trouwt, moet je huwelijk in elk geval conform de eigen nationale wetgeving zijn. Het is raadzaam om vooraf contact op te nemen met de ambassade of het consulaat van het land waar jullie willen trouwen en met de burgerlijke stand van jullie eigen gemeente.

FORMALITEITEN BIJ EEN RELIGIEUS HUWELIJK

Een religieus huwelijk kan pas worden voltrokken na het burgerlijk huwelijk. Ook hiervoor moeten vooraf vaak een aantal formaliteiten worden geregeld. Bruid en bruidegom nemen daarvoor contact op met de geestelijke van de eigen parochie.

In België gebeurt het in rooms-katholieke kringen vaak dat je een verloofdencursus moet volgen voor je kerkelijk in het huwelijk mag treden. Die cursussen worden meestal een paar keer per jaar georganiseerd door de parochie. In sommige Nederlandse kerken wordt van het bruidspaar dan weer geëist dat ze vooraf een geloofsbelijdenis afleggen. Neem daarom tijdig contact op met de priester van je parochie.

Waarschijnlijk zal de geestelijke die jullie huwelijk gaat voltrekken of inzegenen, een aantal gesprekken met jullie willen hebben. Ook daarom is het handig om in een vroeg stadium contact met hem op te nemen. Wanneer jullie normaal gesproken nooit in de kerk komen maar wel voor de kerk willen trouwen, zou het wel eens kunnen dat de geestelijke een ernstig gesprek zal willen hebben om jullie motivatie te peilen. Doen jullie het niet louter om de romantiek of om de sfeer? Wees daarop voorbereid.

Tijdens het gesprek kun je meteen ook met de geestelijke doornemen hoe de huwelijksplechtigheid kan verlopen en of een persoonlijke inbreng van jullie beiden mogelijk is, bijvoorbeeld in de keuze van de voorgelezen teksten, de muziek of in de verwoording van jullie huwelijksbelofte.

AL EERDER GETROUWD GEWEEST?

Als een van jullie beiden al eerder getrouwd is geweest (of allebei), volstaat het om bij de huwelijksaangifte voor het burgerlijk huwelijk een bewijs voor te leggen van echtscheiding of van overlijden van de vorige echtgenote/echtgenoot.

Voor een religieus huwelijk kan het, in het geval van een voorafgaande scheiding, wat ingewikkelder liggen. Wanneer het eerste huwelijk enkel voor de burgerlijke stand werd voltrokken, volstaat ook hier een bewijs dat het is geëindigd in een officiële scheiding. Is het eerdere huwelijk echter ook voltrokken binnen de rooms-katholieke kerk, dan is het niet zo eenvoudig. In dat geval betekent een officiële scheiding nog niet dat ook het kerkelijk huwelijk ontbonden is: 'wat God verbonden heeft, zal de mens niet scheiden'. Om te kunnen hertrouwen binnen de rooms-katholieke kerk, moet het vorige huwelijk kerkelijk ontbonden zijn. Dat is mogelijk wanneer aan een aantal voorwaarden is voldaan, maar de procedure, die nogal ingewikkeld is, kan enige tijd vergen. Ook binnen de joodse religie moet een eerder huwelijk eerst religieus ontbonden zijn voor een nieuw huwelijk kan worden aangegaan.

HUWELIJKSCONTRACT OF HUWELIJKSVOORWAARDEN

Wanneer jullie trouwen, heeft dat meteen ook gevolgen voor de samenstelling van jullie persoonlijke en gemeenschappelijke vermogen. Wat daar precies mee gebeurt is wettelijk vastgelegd. Wil je afwijken van de wettelijke regeling, dan kan dat door middel van een huwelijkscontract of huwelijksvoorwaarden.

België
In België trouw je normaal gezien volgens het wettelijk stelsel. Dat komt erop neer dat de persoonlijke goederen die je voor het huwelijk bezat jouw persoonlijke eigendom blijven, terwijl alle aanwinsten die tijdens het huwelijk verworven worden gemeenschappelijk bezit worden, behalve de goederen die worden verworven door schenking, erfenis of testament. Die blijven persoonlijk bezit. Je kunt echter ook van deze regeling afwijken door een huwelijkscontract op te stellen. Dat doe je bij de notaris.

Zo'n huwelijkscontract is eigenlijk een uitputtende lijst van wat precies gemeenschappelijk is en wat eigen vermogen is en van wat er gebeurt met goederen die verworven worden of schulden die gemaakt worden tijdens het huwelijk. Ook kan worden vastgelegd hoe ze moeten worden verdeeld bij een eventuele scheiding of bij overlijden. De wet is daarbij erg flexibel: een huwelijkscontract kan naar eigen wensen worden opgesteld. De notaris kan jullie hierbij adviseren welke regeling het interessantst is voor jullie eigen situatie. De meest voorkomende stelsels die afwijken van het wettelijk stelsel zijn de universele of algehele gemeenschap van goederen, waarbij alles – zowel wat voor als wat tijdens het huwelijk is verworven – gemeenschappelijk bezit wordt, en de scheiding van gemeenschap, waarbij elke echtgenoot apart instaat voor zijn goederen, inkomsten en schulden en er dus helemaal geen gemeenschappelijk bezit bestaat. Tussen beide uitersten zijn echter nog verschillende varianten mogelijk.

Een bijkomend voordeel van een huwelijkscontract is dat je er eveneens beschikkingen in kunt opnemen in het voordeel van en ter bescherming van de langstlevende echtgenoot, zowel over de gemeenschappelijke als over de eigen goederen. Het wettelijk stelsel daarentegen voorziet voor de langstlevende echtgenoot, als er afstammelingen zijn, enkel een recht op vruchtgebruik van de nagelaten bezittingen.

Geen van die stelsels is trouwens onherroepelijk: ze kunnen steeds worden herroepen tijdens het huwelijk. Ook wanneer jullie besluiten geen huwelijkscontract op te stellen en gewoon onder het wettelijk stelsel trouwen, kunnen jullie later altijd nog beslissen wijzigingen aan te brengen door een huwelijkscontract op te stellen.

Nederland

In Nederland gaan door een huwelijk alle bezittingen en schulden automatisch één geheel vormen, evenals alles wat de echtgenoten tijdens het huwelijk krijgen of aan schulden maken. Dit noemt men algehele gemeenschap van goederen. Als je dat wilt, kun je hiervan afwijken door bij de notaris huwelijksvoorwaarden te laten maken. In dat geval trouw je op huwelijksvoorwaarden.

Daarbij heb je in beginsel een grote mate van vrijheid. Er zijn heel wat mogelijkheden. De notaris kan jullie informatie geven over de vorm die het meest geschikt is voor jullie en over de voor- en nadelen van de verschillende stelsels. Een eerste notarisconsult (van ongeveer een halfuur) is altijd gratis.

Ook tijdens het huwelijk kunnen huwelijksvoorwaarden worden opgemaakt of opgeheven. De kosten zijn dan echter veel hoger.

HUWELIJKSDAGVERZEKERING

Trouwen is vaak niet goedkoop. Er hangt een fors prijskaartje aan vast. Bovendien zullen jullie in de aanloop naar jullie trouwdag al heel wat voorschotten moeten betalen. Dat kan bijzonder zware financiële gevolgen hebben als jullie trouwdag niet kan doorgaan, bijvoorbeeld door ziekte van een van jullie beiden of van een naast familielid, door een overlijden in de familie of doordat de locatie van jullie huwelijksfeest plots niet meer gebruikt kan worden, bijvoorbeeld door brand. Tegenwoordig kun je je tegen een dergelijke financiële tegenslag verzekeren door een huwelijksdagverzekering af te sluiten. Hierbij zijn verschillende formules mogelijk. Informeer ernaar bij je verzekeringsagent of -maatschappij.

Een helpende hand
Over ceremoniemeesters en bruiloftcoördinatoren

Hoe zorgvuldig jullie je trouwdag ook plannen, een goede voorbereiding kan wel de kans aanzienlijk verkleinen dat er iets misloopt op de trouwdag, maar kan die mogelijkheid nooit helemaal wegnemen. Op de grote dag kunnen jullie ook nooit zelf op alle kleine details letten. Om alles in goede banen te leiden en om kleine tegenvallers op te vangen, kun je een beroep doen op een ceremoniemeester. Hij kan veel zorgen van jullie schouders nemen, zodat jullie ongestoord kunnen genieten van de trouwdag.

> De functie van ceremoniemeester is eeuwenoud en stamt uit koninklijke kringen. Aan de vorstenhoven moesten ceremoniemeesters alle ceremonies – zoals kroningen, huwelijken en begrafenissen – voorbereiden en op het moment zelf in goede banen leiden.

DE PROFESSIONELE CEREMONIEMEESTER

In België is het gebruikelijk dat voor een huwelijk een professionele ceremoniemeester wordt ingehuurd. Zo'n ceremoniemeester staat voornamelijk in voor het goede verloop van de trouwdag zelf, maar hij kan je ook vooraf veel nuttige informatie geven en je eventueel ook helpen met de voorbereidingen.

Wat kun je verwachten van een ceremoniemeester?
De ceremoniemeester zorgt voor een goed verloop van de trouwdag zelf. Hij is de hele dag op de achtergrond aanwezig om alles in goede banen te leiden. Hij is er vanaf het begin bij, staat in voor de ontvangst van de gasten, speldt de leden van de trouwstoet hun boutonnière of corsage op, licht iedereen in over het verloop van de dag en stelt de trouwstoet samen. Hij zorgt ervoor dat het gevolg op correcte wijze plaatsneemt in de vervoermiddelen die jullie gekozen hebben en volgens plan het gemeentehuis en de kerk binnengaat en verlaat. Ook tijdens de huwelijksplechtigheid controleert hij of alles naar wens verloopt.
Meestal stopt de taak van de ceremoniemeester bij het begin van het huwelijksfeest. Vaak neemt de maître d'hôtel van de locatie van jullie feest zijn taak dan over. Soms kun je echter vragen of jullie ceremoniemeester ook kan blijven voor het huwelijksfeest. Zo kun je de continuïteit verzekeren.
Je kunt de ceremoniemeester ook om hulp vragen tijdens de voorbereiding van jullie huwelijksdag. Hij kan je veel nuttige informatie en tips geven over hoe je de organisatie van je bruiloft kunt aanpakken en over de verschillende mogelijkheden om je trouwdag in te vullen. Hij is meestal ook erg goed op de hoogte van allerlei tradities en gebruiken en kan je precies vertellen wat de etiquetteregels voorschrijven – als je die wilt volgen, natuurlijk. Sommige ceremoniemeesters bieden nog een aantal extra diensten aan, zoals het regelen van het trouwvervoer of het verhuren van ceremoniekleding voor de bruidegom en de mannelijke leden van de trouwstoet. Bovendien kunnen zij je door hun jarenlange ervaring op trouwgebied vaak goede bloemisten, fotografen, videomakers enzovoorts aanraden.

Hoe vind je een goede ceremoniemeester?

Je zult het nog vaak merken tijdens de voorbereiding van jullie trouwdag: mond-tot-mond-reclame is een niet te onderschatten bron van informatie. Vraag bij vrienden, familieleden en kennissen die pas getrouwd zijn, of zij een ceremoniemeester hebben ingeschakeld en of ze tevreden waren over hun keuze. Vraag hun ook naar de specifieke aanpak van de ceremoniemeester in kwestie. Hoe verliep de trouwdag onder zijn leiding? Hielp hij ook vooraf al mee met het plannen van de trouwdag? Stelde hij zich flexibel op?

Ceremoniemeesters zijn ook vaak te vinden op huwelijksbeurzen. Daar kun je meteen een praatje met ze maken. Zo krijg je een eerste indruk van wat voor een persoon het is. Ook in de Gouden Gids en in de advertentieruimte van bruidsmagazines kun je op zoek gaan naar ceremoniemeesters.

Wanneer je een afspraak maakt met een ceremoniemeester, laat hem dan honderduit vertellen over zijn aanpak. Niet alleen doe je zo misschien nuttige tips op over dingen waar je nog niet bij stil had gestaan, je krijgt ook een indruk van de stijl van de ceremoniemeester, zodat je meteen weet of hij past bij de trouwdag die jullie voor ogen hebben. Komen zijn ideeën overeen met die van jullie? Confronteer hem vervolgens met jullie wensen. Reageert hij enthousiast? Of heb je de indruk dat hij datgene wat jullie vertellen probeert om te buigen naar zijn eigen manier van werken? Willen jullie een onconventionele trouwdag, maar verwerpt hij jullie ideeën omdat ze niet volgens de regels van de etiquette zouden zijn, dan ben je wellicht aan het verkeerde adres. Vraag hem ook wat er precies tot zijn takenpakket behoort. Zijn jullie op zoek naar iemand die jullie ook kan helpen bij de voorbereiding, dan heb je niets aan een ceremoniemeester die enkel de regie van de trouwdag zelf in handen neemt. Vraag jezelf ook af of het klikt tussen jullie. Jullie zullen immers een hele dag samen moeten optrekken. Het allerbelangrijkste, ten slotte, is dat jullie vertrouwen hebben in de ceremoniemeester van jullie keuze. Je moet erop kunnen (en durven) rekenen dat hij ervoor zal zorgen dat op jullie trouwdag alles naar wens verloopt!

De voorbereiding

Of jullie de ceremoniemeester vragen om mee te helpen met de voorbereiding of niet, zorg dat hij goed op de hoogte is van alles wat met jullie trouwdag te maken heeft. Licht hem in over alle aspecten van de huwelijksplechtigheid en van het huwelijksfeest, en bezorg hem een gedetailleerd overzicht van wat er op jullie trouwdag allemaal te gebeuren staat. Bespreek de tijdsindeling ook met hem – als ervaren ceremoniemeester zal hij je kunnen vertellen of ze realistisch en haalbaar is. Bespreek al jullie wensen met hem. Wees daarbij zo duidelijk mogelijk. Alleen dan kan hij ervoor zorgen dat ze uitgevoerd worden.

DE CEREMONIEMEESTER UIT FAMILIE- OF VRIENDENKRING

In Nederland is het niet zo gebruikelijk om een professionele ceremoniemeester in te huren. Wel wordt vaak iemand uit de familie- of vriendenkring gevraagd om de rol van ceremoniemeester op zich te nemen.

Hoe kies je een ceremoniemeester?

Als ceremoniemeester kun je iemand uit je familie of je vriendenkring vragen. Vraag in elk geval iemand met wie je goed overweg kunt. Je zult immers zowel tijdens de voorbereiding als op de trouwdag voortdurend met hem te maken hebben. Kies ook zeker iemand in wiens organisatorische capaciteiten je vertrouwen hebt. Je moet een aantal voorbereidende taken met een gerust hart aan hem kunnen toevertrouwen. Ook improvisatievermogen is zeker een pluspunt: als er een probleem is, moet de ceremoniemeester immers meteen kunnen ingrijpen en zeker niet in paniek raken. Bovendien moet de ceremoniemeester op jullie trouwdag de perfecte gastheer zijn. Goed met anderen kunnen omgaan, tact en kennis van etiquette zijn dan ook mooi meegenomen. Heb je het gevoel dat degene die je gevraagd hebt er niet echt zin in heeft, dan kun je beter uitkijken naar een andere kandidaat. Bedenk ten slotte dat het een hele eer is om als ceremoniemeester te worden gevraagd, maar ook een hele belasting!

> Vind je de taak te zwaar voor één persoon, dan kun je ook twee ceremoniemeesters vragen, eventueel eentje uit elke familie. Zij kunnen de taken dan onderling verdelen. Kies dan wel mensen die goed met elkaar overweg kunnen en goed met elkaar kunnen samenwerken.

Wat kun je verwachten van een ceremoniemeester?

In de eerste plaats is de ceremoniemeester betrokken bij het plannen en organiseren van de trouwdag. In welke mate hij daarbij betrokken wordt, hangt af van de wensen van het trouwpaar. Sommige bruidsparen laten zowat de hele voorbereiding over aan de ceremoniemeester, anderen vragen hem slechts een paar kleine details te regelen.

Op jullie trouwdag zelf is de ceremoniemeester werkelijk jullie steun en toeverlaat. Hij zorgt ervoor dat alles volgens plan verloopt, zodat jullie nergens naar om hoeven te kijken en ongestoord kunnen genieten. Hij ontvangt de gasten, bezorgt ze hun boutonnière of corsage en zorgt ervoor dat iedereen weet wat er wanneer zal gebeuren. Hij regelt de volgorde van de trouwstoet en laat iedereen op de juiste plek plaatsnemen in het gemeentehuis en eventueel de kerk. Op het huwelijksfeest zorgt hij ervoor dat elke gast iets in het gastenboek schrijft en bepaalt hij de volgorde van de speeches en de eventuele sketches, liedjes en toneelstukjes. Hij houdt de planning in de gaten en zorgt ervoor dat alles op tijd plaatsvindt. Hij staat ook in voor de betalingen die de dag zelf moeten gebeuren en fungeert als aanspreekpunt voor iedereen. Op het eind van het feest zorgt hij ervoor dat bruid en bruidegom veilig kunnen vertrekken. Daarna ziet hij er nog op toe dat de bloemen en cadeaus die jullie hebben gekregen op de juiste plek terechtkomen, dat gehuurde spullen teruggebracht worden en dat het bruidsboeket eventueel bezorgd wordt bij een firma die het gaat drogen.

Vaak doet de ceremoniemeester nog meer en neemt hij vooraf contact op met jullie gasten om een leuke of originele verrassing voor jullie te regelen, bijvoorbeeld in de vorm van een gezamenlijk cadeau. Hij kan jullie gasten ook informatie bezorgen over overnachtingsmogelijkheden in de buurt van jullie huwelijksfeest en tips in verband met jullie cadeauwensen. Het is daarom handig dat jullie hem een volledige gastenlijst met adressen bezorgen. Op de ceremoniemeester rust vaak ook de taak de vrijgezellenavond te organiseren.

De voorbereiding

Als jullie willen dat de ceremoniemeester de trouwdag vlekkeloos laat verlopen, is het nodig dat hij goed op de hoogte is van al jullie wensen. Spreek ze daarom met hem door en wees daarbij zo duidelijk mogelijk. Bespreek uitgebreid wat jullie van hem verwachten en wat zijn taken zijn en houd hem op de hoogte van alle beslissingen die jullie zelf nemen. Een goed overleg is onontbeerlijk.

Hoeveel je je ceremoniemeester betrekt bij de organisatie en bij het verloop van de trouwdag bepaal je helemaal zelf. Geef alleen uit handen wat je uit handen *wilt* geven!

DE BRUILOFTCOÖRDINATOR

Wil je niet alleen professionele hulp op je trouwdag zelf, maar ook bij de voorbereiding? Dan kun je overwegen om een bruiloftcoördinator aan te spreken.

Het concept van de bruiloftcoördinator of huwelijksspecialist is komen overwaaien uit de Angelsaksische wereld. Daar worden al sinds jaar en dag *wedding consultants, bridal planners* en *wedding planners* ingehuurd, die zowat elk onderdeel van de planning en de voorbereiding op zich kunnen nemen, van het opstellen van een realistische begroting tot het vinden van de perfecte bloemist, van het samenstellen van de huwelijksplechtigheid tot het versturen van de uitnodigingen, van het helpen uitkiezen van een menu voor het huwelijksfeest tot het boeken van de huwelijksreis.

Overweeg je om in het buitenland te trouwen? Daar komt veel bij kijken dat niet bepaald makkelijk te regelen is op afstand. Het is dan ook niet onverstandig om een bruiloftcoördinator in te schakelen die ervaring heeft met het land of de streek waar jullie willen trouwen.

Wat kun je verwachten van een bruiloftcoördinator?

Een bruiloftcoördinator kan je bijstaan gedurende de hele voorbereiding van je huwelijksdag. Aan de hand van een aantal gesprekken met jullie kan hij de huwelijksdag ontwerpen. Hij kan zich over al de details buigen en jullie vervolgens een aantal voorstellen voorleggen. Door de knowhow en de relaties die hij heeft opgebouwd op het vlak van huwelijksorganisatie kan hij jullie vaak ook geld en vooral veel tijd besparen. Dat kan bijzonder handig zijn als jullie allebei een druk leven leiden. Hoeveel werk – en verantwoordelijkheden! – hij je uit handen neemt, bepaal je echter helemaal zelf. Zijn er bepaalde aspecten van je trouwdag waar je je liever zelf over ontfermt, doe dat dan ook! En besef dat je, wanneer je de hele voorbereiding zou uitbesteden, er ook wel eens minder van zou kunnen genieten en dat je een deel van het anticiperende plezier zou moeten missen...

Sommige bruidsparen vragen hun bruiloftcoördinator ook als zogenaamde trouwdagregisseur. In dit geval is hij de hele trouwdag lang aanwezig om alles in goede banen te leiden, een beetje zoals de professionele ceremoniemeester in België.

Hoe vind je een goede bruiloftcoördinator?

Bruiloftcoördinatoren zijn langzaam in opmars in onze contreien. Echt veel zijn er nog niet. Je vindt hen voornamelijk op trouwbeurzen, of in advertenties in trouwbladen.

Wanneer je een afspraak maakt met een bruiloftcoördinator, neem dan de tijd om uitgebreid te spreken over hoe jullie je trouwdag zien. Pols naar zijn ideeën en kijk of die overeenkomen met de jouwe. Let tijdens zo'n eerste gesprek ook op hoe de huwelijkscoördinator reageert op wat jullie vertellen over hoe jullie je trouwdag willen. Reageert hij enthousiast en begint hij verder te borduren op wat jullie aanbrengen? Prima! Heb je echter de indruk dat jullie verhaal niet echt in goede aarde valt, of dat de bruiloftsplanner jullie een richting probeert uit te duwen die jullie niet helemaal bevalt, dan kunnen jullie beter uitkijken naar een andere. Houd steeds in je achterhoofd dat je een trouwspecialist inhuurt om jouw ideale trouwdag mee te helpen waarmaken. Als je het gevoel hebt dat je dat beter zelf kunt, doe dat dan ook.

> Een goede bruiloftcoördinator levert geen 'standaardpakket', maar werkt jullie wensen uit en zorgt ervoor dat alles gebeurt zoals jullie het willen.

Vraag ook expliciet hoe hij jullie denkt te kunnen helpen, en ga voor jezelf na of je die inbreng voldoende waardevol vindt. Informeer ook welk prijskaartje eraan vasthangt. Er zijn verschillende mogelijkheden om een huwelijkscoördinator te betalen: met een percentage van het totale budget van de trouwdag, per prestatie of per uur. In dat laatste geval kan de rekening snel oplopen... Ga na of je de prijs in verhouding vindt tot de diensten die geleverd worden.

Pols ook naar de ervaring die de bruiloftcoördinator heeft met het organiseren van huwelijken en vraag eventueel naar voorbeelden van bruiloften die hij georganiseerd heeft. Wanneer hij beschikt over een certificaat of een diploma van een erkende organisatie zoals ABC (Association of Bridal Consultants) of Weddings Beautiful Worldwide, is dat een extra kwaliteitsgarantie.

Het allerbelangrijkste is dat het klikt tussen jullie en de huwelijksorganisator. Hij wordt immers een belangrijke partner in de hele voorbereidingstijd van jullie huwelijk en ook op de trouwdag zelf speelt hij een grote rol. Je moet hem dan ook helemaal kunnen vertrouwen.

> Met wie jullie ook in zee gaan, vergeet nooit dat jullie te allen tijde 'vetorecht' hebben. Je hoeft de dingen niet zus of zo te doen omdat jullie ceremoniemeester of bruiloftcoördinator beweert dat het zo hoort. En al evenmin hoef je je verplicht te voelen om de fotograaf of de bloemist in te huren die hij voorstelt. Houd steeds in het achterhoofd dat het om *jullie* huwelijk gaat en dat alles geregeld moet worden zoals *jullie* dat graag willen.

The place to be

Over de perfecte locaties voor jullie huwelijksplechtigheid en jullie huwelijksfeest

Vroeger wilde de traditie dat het huwelijk plaatsvond in de gemeente of stad waar de bruid woonde. Omdat de bruid traditioneel van huis uit trouwde, was dat meteen ook de woonplaats van haar ouders. Ook vandaag nog houden velen die traditie in ere, maar heel wat andere stellen kiezen voor een andere locatie: de stad waar de bruidegom is opgegroeid, de stad waar ze – misschien wel samen – hebben gestudeerd, de stad waar ze nu wonen. Je kunt er zelfs voor kiezen om te trouwen op de bestemming van je huwelijksreis!

Welke plek je uiteindelijk kiest, hangt samen met een aantal factoren. Hoe belangrijk zijn tradities voor jullie? Waar wonen de familieleden en vrienden die jullie willen uitnodigen? Zijn jullie bijzonder gehecht aan een bepaald stadhuis of kerkje? En ook: hoe praktisch is het allemaal? Het kan aanlokkelijk klinken om in dat prachtige kerkje aan de andere kant van het land te gaan trouwen, of zelfs op de plek van jullie huwelijksreis, maar houd er dan wel rekening mee dat zo'n keuze de organisatie knap lastig kan maken. Je zult heel wat op afstand moeten regelen en dat is niet altijd even handig.

Zodra je hebt beslist in welke stijl je je trouwdag wilt en in welke omgeving je wilt trouwen, kun je beginnen na te denken over de precieze locatie van je huwelijksplechtigheid en van je trouwfeest. Je kunt er maar beter meteen werk van maken – veel locaties worden lang vooraf geboekt, sommige zelfs meer dan een jaar van tevoren!

Er is nog een andere reden om met het zoeken naar een locatie te beginnen: heel veel andere onderdelen van de trouwdag worden mede bepaald door de plek waar je trouwt en waar je je feest geeft.

DE LOCATIE VOOR DE BURGERLIJKE HUWELIJKSPLECHTIGHEID

In België wordt een huwelijk voltrokken op het stadhuis van de gemeente waar bruid of bruidegom gedomicilieerd is. Veel keuze heb je hier dus niet.

In Nederland heb je meer vrijheid. Je kunt er trouwen in het gemeentehuis of stadhuis van een gemeente van je keuze of in een zogenaamd Huis der Gemeente. Huizen der Gemeente zijn bijzondere locaties die speciaal zijn uitgezocht om er huwelijken te voltrekken. Er zijn heel wat uiteenlopende Huizen der Gemeente, van een open plek in het bos, romantische kastelen en mooie musea, tot schepen en dierentuinen. Vaak is het in een Huis der Gemeente ook mogelijk om er aansluitend op de huwelijksvoltrekking je feest te laten plaatsvinden. Er zijn overigens ook gemeenten in Nederland waar het is toegestaan om je huwelijk eender waar te laten voltrekken, zolang maar aan een aantal voorwaarden is voldaan. Je kunt daarom het best contact opnemen met de gemeente waar je wilt trouwen om naar de verschillende mogelijkheden te informeren.

DE LOCATIE VOOR DE RELIGIEUZE HUWELIJKSPLECHTIGHEID

Ook voor religieuze huwelijksplechtigheden zijn je keuzemogelijkheden beperkt. Dergelijke vieringen moeten immers plaatsvinden in kerkelijke gebouwen. Ook hier geldt weer de regel dat het huwelijk in principe wordt voltrokken in de kerk van de parochie van de bruid of de bruidegom. Wil je in een andere kerk trouwen, dan moet de priester van je eigen parochie daartoe toestemming geven. Wil je dus graag in dat pittoreske plattelandskerkje een paar dorpen verderop trouwen, dan loont het zeker de moeite om bij je parochie na te vragen of dat mag. Krijg je van je parochiepriester de toestemming, dan moet je nog contact opnemen met de parochie waar je wilt trouwen. Pas als iedereen akkoord gaat, kun je je huwelijk daar laten plaatsvinden.

DE LOCATIE VOOR JE HUWELIJKSFEEST

In tegenstelling tot locaties voor een huwelijksplechtigheid zijn de keuzemogelijkheden hier werkelijk onbeperkt. Je kunt het zo gek niet bedenken of je kunt er een trouwfeest organiseren: van een chic kasteel tot een hippe ijsbaan, van een theaterzaal tot een vuurtoren, van een museum tot een dierentuin, van een boot in de haven tot een bibliotheek. Of misschien wil je wel graag in de tuin van je ouders trouwen, of op het strand. Pin je vooral niet vast op de gebruikelijke locaties zoals feestzalen, kastelen en landhuizen, maar laat even je verbeelding de vrije loop. In welke omgeving zou jij graag trouwen?

Als je bij een minder gebruikelijke locatie uitkomt, zoals een vuurtoren of een museum, zul je voor jezelf, eventueel met behulp van internet en Gouden Gids, een lijstje moeten maken met plekken die in aanmerking komen en vervolgens contact opnemen om te kijken of je er een trouwfeest kunt organiseren. Houd er wel rekening mee dat het organiseren van een trouwfeest op zo'n plek ingewikkelder kan zijn dan op een gebruikelijkere locatie. Daar kun je immers terugvallen op de ervaring en de knowhow van het personeel, dat al talloze trouwfeesten heeft georganiseerd. Op een minder voor de hand liggende locatie zal dat niet het geval zijn en zul je veel meer moeten uitzoeken wat er allemaal kan, mag en moet.

Kies je voor een gebruikelijkere locatie zoals een feestzaal of kasteel, dan heb je keuze te over. Probeer voor jezelf uit te maken wat je belangrijk vindt aan een locatie. Wil je een historische omgeving, zoals een kasteel? Wil je een feestzaal die ruimte kan bieden aan tweehonderd gasten? Of droom je van een receptie in een prachtig aangelegde tuin op een warme zomerdag? Zodra je je prioriteiten hebt vastgelegd, kun je op zoek gaan.

Wacht niet te lang met het zoeken naar een locatie. Veel plekken zijn maanden en soms zelfs jaren van tevoren al volgeboekt!

Hoe vind je een locatie?
Neem de tijd om een locatie te zoeken, steek je licht op via verschillende kanalen. Alleen zo krijg je een goed – en redelijk volledig beeld – van de mogelijkheden.
– *Mond-tot-mondreclame.* Informeer bij vrienden en kennissen. Vergeet daarbij vooral de pasgetrouwde stellen niet. Vraag hen naar de locaties die zij gezien hebben en naar trouwfeesten waarop zij zijn uitgenodigd. Zij zullen je met plezier over de pro's en contra's vertellen. Voor je het weet heb je een schat aan informatie verzameld.

- *De Gouden Gids.* Neem een kijkje onder het trefwoord 'feestzalen'.
- *Trouwbladen.* In tijdschriften die specifiek gewijd zijn aan huwelijken vind je niet alleen advertenties van locaties die zichzelf profileren als trouwlocatie, maar vaak ook redactionele informatie.
- *Huwelijksbeurzen.* Op huwelijksbeurzen vind je vaak stands van trouwlocaties. Je kunt er meteen een praatje maken met de verantwoordelijke, om zo een eerste indruk te krijgen.
- *Internet.* Gun jezelf een avondje voor de computer. Start je zoektocht vanuit een zoekrobot, maar vergeet bijvoorbeeld ook niet de toeristische sites van de omgeving waar je wilt trouwen te raadplegen. Steeds meer trouwlocaties beschikken over een eigen website, waarop je heel wat informatie en foto's vindt.
- *Cateringfirma's.* Als je het feest graag wilt laten verzorgen door een bepaalde cateraar of traiteur, kun je ook hem om raad vragen. Omdat ze meestal buitenshuis werken, kennen cateraars de goede locaties uit een bepaalde streek.

Waar je op moet letten

Zodra je een aantal potentiële locaties hebt gevonden, kun je een afspraak maken om ze te gaan bekijken. Geef bij zo'n bezoek je ogen goed de kost. Heel belangrijk is natuurlijk de algemene indruk die een locatie op je maakt. Is die teleurstellend, dan zal er heel wat nodig zijn om je toch te overtuigen voor deze plek te kiezen. Is het echter liefde op het eerste gezicht, dan is de kans groot dat je de voor jou perfecte locatie gevonden hebt.

Toch kun je maar beter ook de details in het oog houden. Wij geven je alvast een lijstje van dingen waar je op moet letten.

- *Ruimte.* Is er voldoende plek voor het aantal gasten dat je wilt uitnodigen? Spring daarbij niet te zuinig om met ruimte – je wilt niet dat je gasten de hele avond oncomfortabel dicht op elkaar gepakt zitten. En blijft er dan nog ruimte voor de deejay, de dansvloer, een eventueel buffet...? Kijk ook of er niet te veel ruimte is. Als je met een klein, intiem gezelschap in een immense zaal zit, is de gezelligheid soms ook ver te zoeken.
- *Parkeergelegenheid.* Beschikt de locatie zelf over voldoende parkeergelegenheid voor het aantal gasten dat je verwacht? Of zijn er parkeermogelijkheden in de directe omgeving?
- *Privacy.* Hoe ongestoord kun je je gang gaan op je eigen trouwdag? Ga vooral na of op deze locatie op een en dezelfde dag verschillende feesten worden gegeven, en hoe gescheiden die feesten dan verlopen. Moet je bij mooi weer de tuin delen met een ander trouwpaar? Liggen de feestzalen voldoende ver van elkaar opdat jullie elkaar niet zouden hinderen? Als er op je trouwdag verschillende feesten plaatsvinden, vraag dan of je vooraf eens een kijkje mag komen nemen op een moment dat er inderdaad meer dan één feest aan de gang is.
- *Licht.* Hoe het licht op een bepaalde plek binnenvalt kan erg bepalend zijn voor de sfeer. Een te donkere ruimte heeft al gauw iets deprimerends, terwijl een mooie lichtinval een plek iets extra feestelijks kan geven. Probeer de locatie daarom ook steeds te bezoeken op het tijdstip van de dag waarop je je feest wilt houden.
- *Tuin of terras.* Beschikt de locatie over een mogelijkheid om (een deel van) het feest buiten te laten plaatsvinden? Bij mooi weer kan dat een groot pluspunt zijn.
- *Overnachtingsmogelijkheden.* Beschikt de locatie zelf over overnachtingsmogelijkheden? Dat kan niet alleen handig zijn voor jullie zelf (hebben ze een bruidssuite?), maar ook voor gasten die van ver komen.

Je moet niet alleen je ogen goed de kost geven. Maak van de gelegenheid gebruik om ook met de verantwoordelijke van de locatie te spreken. Bespreek de mogelijkheden en de prijs en aarzel niet hem te confronteren met al je wensen en bedenkingen. Je mag daarbij gerust enige soepelheid van zijn kant verwachten. Je trouwfeest gaat tenslotte een flinke hap uit jullie budget kosten.

Vragen die je zou kunnen stellen:
- Is de locatie beschikbaar op de trouwdatum die jullie voor ogen hebben?
- Hoeveel kost het om deze locatie te huren? Wat is er allemaal in die prijs inbegrepen?
- Wat gebeurt er in geval van annulering?
- Is de locatie verzekerd voor ongevallen en diefstal?
- Hoeveel uren kun je over de locatie beschikken? Kun je je feest eventueel langer laten duren? Hoeveel moet je dan bijbetalen?
- Is er voor jullie trouwfeest die dag nog een feest op dezelfde plek? Is er voldoende tijd om de locatie naar jullie wensen te versieren?
- Is er op het moment van jullie trouwfeest nog een ander feest aan de gang? Hoe wordt ervoor gezorgd dat jullie gasten daar geen hinder van ondervinden?
- Hebben jullie inspraak in hoe de locatie versierd wordt, of moeten jullie de gebruiken van de plek volgen?
- Zijn er tafels, stoelen, borden, glazen en bestek aanwezig, of moeten die door jullie worden gehuurd?
- Is er een dansvloer aanwezig, en een geluidsinstallatie, of moeten die gehuurd worden?
- Beschikt de locatie over eigen catering? Ben je verplicht die te gebruiken of mogen/moeten jullie voor catering zorgen?
- Als de locatie niet over eigen catering beschikt, wat zijn dan de aanwezige keukenfaciliteiten?
- Is er een vestiaire?
- Zijn er voldoende toiletten?
- Kunnen jullie als bruidspaar beschikken over een aparte kamer, waar jullie je na de plechtigheid even kunnen terugtrekken om je op te frissen?
- Is er een kalme ruimte waar eventueel enkele kleine kinderen te slapen kunnen worden gelegd?
- Hoeveel personeel zal er aanwezig zijn op jullie trouwfeest?
- Kan een deel van het feest, bijvoorbeeld de receptie, bij goed weer buiten doorgaan? Waar gaat de receptie door bij slecht weer? Moet de zaal in dat geval daarna weer worden omgebouwd voor het feest? Hoeveel tijd is daarvoor nodig?

Vraag de verantwoordelijke ten slotte naar de ervaring die de locatie heeft met trouwfeesten. Vraag ook of ze een fotoboek hebben met foto's van eerdere feesten. Zo krijg je al een beetje een idee van hoe ze trouwfeesten aanpakken en van hun specifieke stijl.

Neem een fototoestel mee en maak enkele foto's van de locatie. Nadat je op een korte tijdsspanne tien verschillende locaties bezocht hebt, herinner je je misschien niet meer welk detail bij welke plek hoort. Foto's kunnen dan een grote hulp zijn.

Als de locatie over eigen catering beschikt, bespreek dan meteen ook daarvan de mogelijkheden en beperkingen (zie blz. 78 e.v.).

Thuis best?

Het kan verleidelijk en romantisch klinken, thuis trouwen. Misschien beschikken je ouders wel over een uitgestrekte tuin of een immens huis waarin je inderdaad moeiteloos veel gasten kwijt kunt. Beschikbare ruimte is echter niet het enige belangrijke criterium wanneer je moet beslissen of je je trouwfeest thuis kunt organiseren. Houd ook rekening met de volgende vragen:

– Is er in de keuken voldoende plek voor een cateraar? Hoe krachtig is de elektriciteit? Kan die de zware toestellen van een cateraar aan?
– Zijn er voldoende toiletten voor de gasten?
– Is er parkeergelegenheid voor de gasten?

Overweeg je om je feest te geven in je eigen tuin of in die van je ouders of van een vriend of een familielid? Zo'n tuinfeest kan bijzonder romantisch zijn. Houd wel rekening met de volgende punten:

– Je zult een of meer tenten moeten huren. Dat kun je doen bij gespecialiseerde verhuur-bedrijven. Zelfs bij heldere hemel kan er toch een regen- of onweerswolk komen opzet-ten, en je wilt niet dat al je gasten op stel en sprong van de feesttafel moeten vluchten voor de regen. Zorg er steeds voor dat de tent ruim genoeg is en dat er een stevige vloer ligt, om te voorkomen dat je gasten natte voeten krijgen.
– Welke mogelijkheden heb je als het weer het echt laat afweten?
– Zorg voor voldoende toiletten, zodat je gasten niet in lange rijen moeten staan wachten.
– Is er in de buurt voldoende parkeergelegenheid voor je gasten?
– Controleer de plaatselijk geldende regels betreffende muziek, nachtlawaai en burenhin-der. Vraag indien nodig een vergunning aan om eenmalig van deze regels te mogen afwij-ken.

Misschien wil je thuis trouwen om te besparen op de kosten van een feestlocatie. In dat geval kun je beter twee keer nadenken. Als je je feest thuis organiseert, zul je van alles moe-ten huren, van een tent en servies-, bestek- en linnengoed tot stoelen, tafels en een dans-vloer. Dat een feest in eigen tuin een goedkope optie is, zal dan al snel een illusie blijken.

Houd er ook rekening mee dat thuis trouwen qua organisatie behoorlijk complex kan zijn. Je kunt immers geen beroep doen op de ervaring en de deskundigheid van de manager van een feestlocatie. Je zult het helemaal zelf moeten doen. Omdat de hele organisatie op jul-lie schouders zal rusten, kan het de moeite waard zijn om een ceremoniemeester of brui-loftcoördinator in te schakelen, niet alleen voor hulp bij de planning en de voorbereiding, maar ook om erop toe te zien dat op jullie trouwdag alles naar wens verloopt.

Als je een locatie vindt die je aanspreekt, bijvoorbeeld voor je feest, vraag dan of je er een optie op kunt nemen voor een bepaalde datum. Check vervolgens met de loca-tie waar je je plechtigheid wilt houden of ook daar die datum nog vrij is. In dat laatste geval kun je beide locaties meteen vastleggen. Omgekeerd werkt het net zo.

VOORAFGAANDE AFSPRAKEN

Om jullie feest zoveel mogelijk naar jullie wensen te laten verlopen, is het belangrijk om goede afspraken te maken met de verantwoordelijke van de locatie. Pas als zij weten wat jullie willen, kunnen ze immers optimaal tegemoetkomen aan jullie wensen. Geef hun zoveel mogelijk informatie over jullie trouwdag (de exacte tijdsindeling, het aantal gasten, wat er precies te gebeuren staat, wanneer en waar er foto's gemaakt worden, wie voor de bruidstaart zorgt, of er gespeecht wordt enzovoorts) én over jullie wensen.

Om van te smullen
Over cateraars, menu's en bruidstaarten

In veel gevallen slorpt het eten dat wordt geserveerd op het trouwfeest zowat de helft van het volledige trouwbudget op. Bovendien heeft het vaak een belangrijk aandeel in de indruk die je gasten bewaren van je feest: krijgen ze erg lekkere dingen voorgeschoteld, dan zullen ze er vast nog lang over praten.

WELKE FORMULE?

Voor je met een cateraar gaat praten, kun je je het best al een beeld proberen te vormen van wat je aan je gasten wilt aanbieden.

In onze contreien wordt meestal gekozen voor een receptie en/of een diner. Maar er zijn ook andere mogelijkheden. Als je in de voormiddag trouwt, kun je bijvoorbeeld een uitgebreide brunch organiseren, of zelfs een ontbijt vooraf. En in plaats van het klassieke diner 's avonds kun je in de namiddag een dessertreceptie geven met een uitgebreid dessertbuffet.

Receptie
Tijdens een receptie bied je je gasten drankjes en kleine hapjes aan. Dat kunnen koude en warme, hartige en zoete hapjes zijn. Ze worden op tafels gepresenteerd of opgediend door obers. Hoeveel verschillende hapjes er worden aangeboden, hangt af van de lengte van de receptie en van het aantal gasten. Voor eentje van twee uur heb je al gauw zes à acht verschillende hapjes per persoon nodig.

Buffet
Bij een buffet bied je je gasten een volledige maaltijd aan, waarbij ze ook nog eens uit een ruim aanbod kunnen kiezen wat ze het liefst eten. Zowel een koud als een warm buffet als een combinatie van beide is mogelijk. Doordat bij een buffet de gasten naar de buffettafels moeten gaan om zich te bedienen, in plaats van gedurende het hele diner aan tafel te blijven zitten, ontstaat er een ongedwongen sfeer. Vaak wordt voor een buffet gekozen omdat dat goedkoper zou zijn. Ga daar niet zomaar van uit. Een uitgebreid buffet met luxueuze gerechten kan soms duurder uitvallen.

Diner aan tafel
De maaltijd kan ook aan tafel worden opgediend. Dat kan op verschillende manieren. Ofwel worden de schotels op tafel geplaatst en bedienen de gasten zichzelf, ofwel wordt het eten opgediend door kelners, op individuele borden of op schotels, waarbij de kelners iedereen bedienen. Een aan tafel opgediend diner geldt voor sommigen als het toppunt van feestelijkheid.

WIE VERZORGT DE CATERING?

Als je een locatie hebt gekozen voor je huwelijksfeest, kun je daar het beste even informeren hoe het zit met de catering. Misschien is er een vaste chef verbonden aan deze locatie, die je dan ook moet gebruiken. In dat geval heb je natuurlijk weinig keuze.

Als er geen vaste kok is, zul je zelf voor een cateraar moeten zorgen. Misschien kan de eigenaar van de feestlocatie je tips geven over goede cateraars in de buurt met wie hij regelmatig samenwerkt. Informeer ook bij vrienden, familieleden en kennissen en kijk even in de Gouden Gids. Vraag ook even na bij je lievelingsrestaurant, of misschien wel het restaurant waar het voor jullie allemaal begonnen is. Sommige restaurants beschikken immers over een eigen traiteurservice. Probeer bij de cateraars die in aanmerking komen een aantal gerechten te proeven voor je definitief je keuze maakt.

Je kunt er ook voor kiezen zelf voor het eten te zorgen. Of beter: het eten laten verzorgen door iemand uit je omgeving. Misschien wil je moeder wel een buffet verzorgen, of willen een paar vrienden de barbecue brandend houden. Dit is zeker een geldbesparende optie, maar houd er wel rekening mee dat het niet altijd eenvoudig is voor niet-professionelen om voor een heel groot gezelschap te koken. En bedenk ook dat het hun pret die dag niet mag bederven: je familie of je beste vrienden willen je trouwdag niet missen door de hele dag achter het fornuis te staan!

Waar je op moet letten bij de keuze van een cateraar
– Is de cateraar gespecialiseerd in bepaalde soorten eten?
– Hoe vrij ben je in de keuze van een menu?
– Is de cateraar bereid om een recept te bereiden dat hij gewoonlijk niet maakt, maar waar jullie bijzonder aan gehecht zijn?
– Voorziet hij alternatieven voor vegetarische of veganistische gasten?
– Beschikt de cateraar over een groep obers? Hoeveel kan hij er inschakelen voor jullie huwelijksfeest?
– Zorgt de cateraar voor het dekken en versieren van de tafels of moet je dat zelf doen?
– Als je dingen moet huren (denk aan tafels, stoelen, serviezen, tafellinnen...), kan dat dan bij hem, of kan hij ervoor zorgen?
Vraag ook naar zijn ervaring met huwelijksfeesten, en vraag hem naar voorbeelden van menu's en buffetten die hij al georganiseerd heeft. Misschien kan hij je ook foto's laten zien van eerdere huwelijken. Zo krijg je een idee van hoe hij zijn eten serveert. Het oog wil immers ook wat!

DE KEUZE VAN EEN MENU

Wanneer je een cateraar gekozen hebt, kun je gaan nadenken over wat er precies geserveerd zal worden. Overleg hiervoor altijd met je cateraar en toets je eigen ideeën aan de zijne. Misschien heeft hij een lijst met gerechten en/of buffetten waaruit je kunt kiezen. Als je zelf heel erg je zinnen hebt gezet op een ander gerecht, aarzel dan niet om dat met hem te bespreken. Luister ook naar zijn commentaar. Dat is immers vaak gebaseerd op een ruime ervaring en vakkennis. Misschien heb jij de heerlijkste voor-, tussen- en hoofdgerechten gekozen, maar zal hij je vertellen dat die combinatie niet werkt. Houd bij de keuze van je gerechten ook rekening met het seizoen waarin je huwelijksfeest valt.

Vaak kun je bij de cateraar gaan proeven. Sommige cateraars organiseren een proefdag voor de mensen die hen geboekt hebben voor de komende maanden en waar je een groot deel van hun gerechten kunt proberen. Andere cateraars nodigen je graag uit voor een etentje, eventueel samen met de twee ouderparen, om een beperkt aantal gerechten te proeven. In dat laatste geval kun je het best vooraf hun volledige lijst doornemen en die dingetjes kiezen die je het lekkerst lijken. Je kunt dan voor iedere persoon van het gezelschap een ander gerecht laten bereiden en van elkaars bord nemen. Zo'n proefmoment maakt de uiteindelijke keuze vaak veel makkelijker. Als je cateraar deze proefmogelijkheid niet uit zichzelf aanbiedt, aarzel dan niet om ernaar te informeren.

De keuze van het eten dat geserveerd wordt, bepaalt in enige mate de stijl en de sfeer van je trouwfeest. Je kunt klassieke gerechten kiezen, maar je kunt het ook over een heel andere boeg gooien en bijvoorbeeld een volledig Italiaanse of Indiase maaltijd aanbieden. Zeker wanneer je opteert voor een buffetformule zijn de mogelijkheden legio. Of wat dacht je van een pastabuffet met verschillende soorten pasta en verschillende sauzen, een sushibuffet, een burritobuffet met tortilla's en verschillende soorten verse vullingen of een grillbuffet?

Hoogstwaarschijnlijk zal jullie keuze mede bepaald worden door de prijs van de verschillende mogelijkheden en menu's. Let daarbij altijd goed op wat in een bepaalde prijs inbegrepen is: enkel het eten, of ook de drank en de bediening? Alleen zo kun je de verschillende mogelijkheden echt met elkaar vergelijken.

Vaak heb je de keuze uit een all-inprijs en een prijs voor enkel het eten. All-informules bieden het voordeel dat je goed weet waar je, financieel, aan toe bent. Als je echter veel gasten verwacht die weinig wijn en sterke drank nemen, kan zo'n formule minder interessant zijn dan het apart afrekenen van de werkelijk geschonken drank.

Zijn er onder jullie gasten vegetariërs of mensen die om gezondheidsredenen een bepaald dieet volgen? Zij zullen het erg waarderen als je voor hen een aangepast menu regelt. Kies je voor een buffet, zorg dan dat er ook gerechten bij zijn die zij kunnen eten.

DRANK

Tijdens de receptie

Op een huwelijksreceptie wordt wel eens champagne geserveerd, vanwege het feestelijk karakter van die drank. Omdat dat, zeker bij een groot aantal gasten, wel eens een peperdure aangelegenheid kan zijn, kun je overwegen om een andere drank te serveren, zoals een lekkere schuimwijn of witte wijn. Een goede (schuim)wijn smaakt vaak lekkerder dan een goedkope champagne.

Vergeet ook niet te zorgen voor enkele niet-alcoholische alternatieven. Vooral op een warme zomerdag is daar soms meer vraag naar dan naar alcohol.

Tijdens het diner

Tijdens diners wordt gewoonlijk water en wijn geschonken. De wijn moet zijn aangepast aan het eten dat wordt geserveerd. Overleg daarom met de cateraar welke wijn geschikt is bij het menu dat je hebt samengesteld. Ben je zelf een wijnkenner – of is bijvoorbeeld een van jullie ouders dat – aarzel dan niet om de wijn van jouw keuze voor te leggen aan de cateraar.

Tijdens het dansfeest

Na de maaltijd, wanneer het dansfeest begint, kunnen de gasten meestal kiezen uit een brede waaier van dranken, gaande van sterke pousse-cafés over biertjes tot frisdranken zoals cola en limonade. Wanneer je gasten de hele avond door sterke drank nemen, kan jullie rekening natuurlijk aardig oplopen. Wil je dat liever niet, dan kun je het assortiment waaruit ze kunnen kiezen beperken en de sterke dranken bannen. Vaak is het eleganter om die dranken wel aan te bieden, maar met de obers af te spreken dat ze die alleen schenken wanneer iemand ernaar vraagt.

DE BRUIDSTAART

De traditie van de bruidstaart gaat terug tot het oude Griekenland. Daar deelden de jonggehuwden kleine, knapperige koekjes, bedekt met sesam, die symbool stonden voor hun vruchtbaarheid. In de Middeleeuwen verkruimelden de gasten tarwegebakjes boven de hoofden van het jonge stel, alweer om hun een rijke kroost te wensen. In de loop der tijden werd het tarwegebak vervangen door zoet dessertgebak. Die traditie ontstond in het zestiende-eeuwse Engeland. De Fransen maakten daarvan de meerlagige, met suiker bedekte bruidstaart zoals wij die nu ook kennen.

Voor veel bruidsparen hoort de bruidstaart onlosmakelijk bij een huwelijksfeest. Sommige cateraars kunnen er zelf voor zorgen, maar je kunt hiervoor ook terecht bij de meeste banketbakkers. Sommige bakkers hebben er zelfs hun specialiteit van gemaakt. Als je iets bijzonders wilt, kun je het best een gespecialiseerde bakker in de arm nemen.

De klassieke bruidstaart bestaat uit twee of meer verdiepingen, is wit van kleur en versierd met marsepein, met daaroverheen een glanzend laagje fondant en helemaal bovenaan een figuurtje van een bruidspaar. Tegenwoordig is de keuze echter veel ruimer. Een bruidstaart hoeft niet langer wit te zijn, of uit verdiepingen te bestaan, of bekroond te worden met een bruidspaartje. Zowel de kleur, de grootte als de vorm en de versieringen kunnen helemaal worden aangepast aan de wensen van het bruidspaar.

Wil je een donkere chocoladetaart, versierd met dieprode rozen? Of een bruidstaart waarop details van de versiering van je bruidsjurk terugkomen? Wil je liever een taart in de vorm van een ster of een hart? Of wil je een *croquembouche*, zo'n heerlijk hoge toren soesjes à la française? Of misschien ben je wel een computerfreak en wil je een taart in de vorm van een computer? Je kunt het zo gek niet bedenken of het kan.

Ook voor de vulling van de taart is er keuze te over. Meestal wordt gekozen voor een luchtige, niet al te zoete vulling. Maar heb je liever een taart van donkere chocolade met frambozen- of sinaasappellikeur of marsepeingebak, dan kan ook dat. Misschien zijn jullie beiden verzot op een van de zondagse taarten van de bakker in de buurt. Informeer dan even of hij daar een bruidstaart van kan maken. Als je een bruidstaart in verdiepingen wilt, kun je elke laag ook een andere vulling geven.

Vaak bevat de vulling van een bruidstaart een scheutje (of meer) van een of andere likeur. Verwacht je veel kinderen of gasten die geen alcohol mogen gebruiken, vraag de bakker daar dan rekening mee te houden.

De traditionele Engelse bruidstaart heeft een symbolische betekenis. De eerste laag, die bestaat uit erg zoete ingrediënten, verwijst naar de liefde. De tweede laag is bedekt met marsepein, een mengsel van suiker en amandelen, of met andere woorden zoet en bitter, wat symbool staat voor de bruidstijd. De derde laag bestaat uit typisch Engelse, zware fruitcake, een zoet smakend gebak dat soms echter zwaar op de maag kan liggen! Dat zou een verwijzing naar het huwelijk zelf zijn.

Het obligate bruidspaarfiguurtje dat de taart bekroont, is ook niet langer een must. Wil je toch een figuurtje, dan heb je alweer veel keuzemogelijkheden: huwelijksbootjes, beertjes, engeltjes... Maar in plaats van met een bruidspaar kun je je taart ook laten afwerken met verse bloemen (eventueel dezelfde die gebruikt zijn in je bruidsboeket), vers fruit, marsepeinen fruit of figuurtjes, een ingelijste foto van jullie beiden, enz.

Bedenk voor jezelf wat je graag zou hebben als bruidstaart. Leg die ideeën voor aan je cateraar of aan enkele bakkers en bespreek de haalbaarheid ervan.

Bruidstaarten zijn vaak duur. De prijs wordt meestal berekend aan de hand van het aantal gasten waarvoor de taart gemaakt wordt. Houd in het achterhoofd dat je niet per se voor je totale aantal gasten bruidstaart hoeft te nemen. Zeker wanneer je naast de bruidstaart ook nog een dessertbuffet aanbiedt, is dat niet nodig. In plaats van één grote bruidstaart kun je ook een aantal kleinere taarten bestellen. Of je kiest voor een heleboel verschillende eenpersoonstaartjes.

De groom's cake

In het zuiden van de Verenigde Staten is het de gewoonte om niet alleen een bruidstaart maar ook een *groom's cake* te serveren, een bruidegomstaart dus. Traditioneel was dat, in tegenstelling tot de witte bruidstaart, een donkere chocoladetaart. Sinds ook bruidstaarten er anders zijn gaan uitzien, is er ook meer keuzevrijheid voor de *groom's cake*. Tegenwoordig wordt die vaak uitgevoerd in een vorm die gerelateerd is aan een hobby of een voorkeur van de bruidegom: een voetbal, een schaakbord, een computer... Wil je als bruid je bruidegom verrassen, dan kun je zo'n taart voor hem laten maken. Bovendien bied je je gasten zo meteen twee verschillende taarten aan waaruit ze kunnen kiezen.

Een eerste in-druk
Over uitnodigingen en ander drukwerk

De trouwuitnodiging is vaak het eerste wat de gasten te zien krijgen van jullie huwelijk en geeft aan hoe jullie zelf de trouwdag beschouwen. Met een weldoordachte uitnodiging is vaak de toon al gezet.

DE STIJL VAN HET DRUKWERK

Laten we wel wezen, *drukwerk* is in deze tijden een misleidend woord. Trouwuitnodigingen worden tegenwoordig lang niet altijd meer *gedrukt*. Vaak is dat nog wel zo, maar steeds meer mensen nemen hun toevlucht tot printers van een uitstekende kwaliteit.

Neem de tijd om te beslissen in welke stijl je het drukwerk wilt. Vooral je uitnodigingen creëren vaak al als eerste een bepaalde sfeer en het zou jammer zijn als die later niet bij de sfeer van je trouwdag zouden blijken te passen.
De stijl van het drukwerk kan van een aantal factoren afhangen:
- *Stijl van jullie huwelijk.* Bij een erg formeel trouwfeest past een klassieke, formele uitnodiging beter dan een humoristische. Willen jullie het daarentegen heel informeel houden, dan zet een zeer formele uitnodiging de gasten op het verkeerde been.
- *Jullie persoonlijke stijl.* Staan bij jou de regels van de etiquette hoog in het vaandel, volg ze dan ook bij het kiezen van de stijl van je drukwerk. Ben je eerder iemand die vrienden en kennissen steeds weer verrast met originele kerstkaartjes en cadeautjes, maak dan ook van je trouwdrukwerk iets unieks.
- *Thema van jullie trouwdag.* Als jullie je trouwdag willen opbouwen rond een bepaald thema, kan het leuk zijn dat ook al te verwerken in het trouwdrukwerk. Staat jullie trouwdag bol van de rozerode hartjes, laat ze dan ook terugkomen op je drukwerk. En zijn jullie van plan alles in het teken te plaatsen van mooie teksten over de liefde, gebruik er dan ook al een op jullie uitnodiging.
- *Kleur van jullie trouwdag.* Als jullie bepaalde kleuren willen laten primeren op jullie huwelijk, is het aardig die kleuren ook al te gebruiken voor het trouwdrukwerk.

WIE ZORGT ER VOOR JE DRUKWERK?

Drukkers
Je kunt langsgaan bij een drukker. Die kun je vinden in de Gouden Gids. Drukkers beschikken meestal over boeken vol voorbeelduitnodigingen waaruit je kunt kiezen. Vind je het aanbod nogal overweldigend? Vraag de drukker dan of je de boeken met voorbeelden een avondje mag lenen, zo kun je thuis in alle rust een keuze maken.

Zo'n ontwerp kun je aanvullen met je eigen tekst. Je kunt ook met een eigen ontwerp naar de drukker stappen en de haalbaarheid daarvan met hem bespreken. Vraag zeker ook naar wat voorbeelden van trouwuitnodigingen die hij heeft gedrukt. Zo kun je meteen de kwaliteit van zijn werk beoordelen. Maak ook van de gelegenheid gebruik om een antwoord te krijgen op al je vragen. Vragen die je zou kunnen stellen:
– Op welke termijn kan hij jullie uitnodigingen drukken?
– Maakt hij een proefdruk? Is die in de prijs inbegrepen? Wanneer kan die proefdruk klaar zijn?
– Wordt er een toeslag berekend als je op de proefdruk wijzigingen aanbrengt?

> Zelfs als het extra geld kost om een proefdruk te laten maken, is het verstandig om dat toch te doen. Op een proefdruk kunnen fouten nog worden rechtgezet, want zodra de uitnodigingen gedrukt zijn kan dat niet meer. Lees de proefdruk daarom zeer zorgvuldig na en zorg dat je absoluut zeker bent van alle vermelde tijdstippen en adressen.

– Hoe lang duurt het, na het goedkeuren van de proefdruk, voor het drukwerk klaar is?
– Kun je de bijbehorende enveloppen vooraf krijgen?
– Uit welke papiersoorten kun je kiezen?
– In welke inktkleuren kan er gedrukt worden?
– Welke druktechnieken kunnen er gebruikt worden?
– Wat is er allemaal in de prijs inbegrepen?

Grafisch ontwerpers

Wil je een werkelijk unieke trouwuitnodiging? Dan kun je er, speciaal voor jullie, een laten ontwerpen door een grafisch ontwerper die rekening houdt met jullie wensen en voorkeuren. De originele uitnodiging die hij ontworpen heeft kan vervolgens worden gedrukt door een drukker. Omdat grafische ontwerpers vaak samenwerken met drukkers, zal hij je wellicht ook een goede, betrouwbare drukker kunnen aanraden. Bedenk wel dat deze optie duurder is dan de vorige, omdat je in dit geval niet alleen het werk van de drukker, maar ook dat van de ontwerper moet betalen – tenzij je in je vriendenkring een ontwerper hebt rondlopen natuurlijk, die als huwelijksgeschenk je trouwdrukwerk wil ontwerpen.

Internet

Op het internet vind je een aantal sites met voorbeelden van uitnodigingen die je on line kunt bestellen. De prijzen zijn vaak zeer voordelig en de levertijden erg kort. Daartegenover staat dat er wel eens wat mis kan lopen met een on line geplaatste bestelling.

Jezelf

Je kunt je uitnodigingen ook helemaal zelf ontwerpen en maken. Met goede grafische opmaaksoftware (zoals Quark Xpress, Pagemaker of Publisher) kom je al een heel eind. Het resultaat kun je in een goede copyshop laten afdrukken op een laserprinter. Je kunt het ook over een heel andere boeg gooien en creatieve technieken zoals embossing of stempelen aanwenden voor handgemaakte uitnodigingen. Wil je graag die ambachtelijke toer opgaan, dan kun je veel inspiratie opdoen in hobbywinkels. Hoe je het ook aanpakt, je hebt volledige creatieve vrijheid en je kunt werkelijk je eigen uitnodigingen maken. En als jullie ze samen maken, is dit meteen een leuk gemeenschappelijk project. Het nadeel is wel dat deze werkwijze erg veel tijd vraagt.

Zelf je uitnodigingen maken betekent niet altijd dat je ook geld bespaart. Als je bijvoorbeeld eerst een duur softwareprogramma moet aankopen en bovendien bij het uitproberen nog ettelijke vellen van een of andere kostbare papiersoort verspilt, kan de rekening ook hoog oplopen.

WELK DRUKWERK?

Willen jullie in het kader van jullie huwelijk niet alleen uitnodigingen maar ook andere dingen, bijvoorbeeld bedankkaartjes, laten drukken? Bestel al je drukwerk dan samen. Doordat alles dan in één keer kan worden gedrukt, bespaar je flink wat geld op de drukkosten.

Save-the-dates
In Amerika, waar gasten vaak ver moeten reizen om een huwelijk bij te wonen, is het gebruikelijk om *save-the-dates* te versturen: kaartjes die lang voor de trouwdag verstuurd worden en waarop het bruidspaar aan de gasten vraagt om alvast de datum van hun huwelijksdag vrij te houden. Tegenwoordig zie je dit soort aankondigingen ook bij ons opduiken, bijvoorbeeld wanneer een bruidspaar in de vakantiemaanden gaat trouwen. Een *save-the-date* kan er dan voor zorgen dat een deel van je gasten hun vakantie afstemt op jullie trouwdag. Maar ook als je gewoon gelukkig bent met het nieuws dat je gaat trouwen, kun je er sturen.

De uitnodiging en de trouwaankondiging
Een uitnodiging moet niet alleen mooi, maar ook informatief zijn. Ze moet dus ook goed leesbaar zijn en de belangrijkste informatie bevatten: jullie namen, de trouwdatum, adres en tijdstip van de plechtigheid en van het feest, RSVP-informatie, eventuele kledingvoorschriften en eventueel de namen van jullie ouders (en grootouders).

Vaak bestaat een uitnodiging uit enerzijds een trouwaankondiging, en anderzijds de echte uitnodiging voor receptie of avondfeest. Die werkwijze heeft het voordeel dat je de trouwaankondiging ook kunt sturen naar mensen die je niet uitnodigt maar wel op de hoogte wilt brengen van je huwelijk.

Vroeger bestonden er strikte regels voor het opstellen van de aankondiging en de uitnodiging. In België was het traditie om de aankondiging van het huwelijk en de uitnodiging voor de receptie of het avondfeest op aparte kaarten te drukken.

Wil je het heel formeel houden, dan is dit nog steeds de standaard. Het huwelijk wordt dan aangekondigd door de ouders van bruid en bruidegom. De ouders van de bruid doen dat op de linkerhelft van de aankondiging, de ouders van de bruidegom op de rechterhelft. Leven de grootouders van het bruidspaar nog, dan worden ook zij vermeld, eerst die van vaderszijde, dan die van moederszijde. Voor een dergelijke aankondiging wordt een kaart van geschept papier gebruikt, met als formaat 20,5 cm x 16 cm.

Mevrouw Dewijnants-Opdebeeck
De heer en mevrouw Dewijnants-Versmessen
hebben het genoegen u kennis te geven
van het voorgenomen huwelijk
van hun kleindochter en dochter Eline
met de heer Simon Geukens.

De heer en mevrouw Geukens-Marly
De heer en mevrouw Geukens-Desmet
hebben het genoegen u kennis te geven
van het voorgenomen huwelijk
van hun kleinzoon en zoon Simon
met mejuffrouw Eline Dewijnants.

Het huwelijk zal worden ingezegend
door Eerwaarde Heer Liebaert
in de Heilige Geestkerk te Leuven
op zaterdag 16 augustus 2003 om 14.30 uur.

Een bruidspaar dat al lang samenwoont of dat al wat ouder is, kan het huwelijk ook zelf aan-kondigen.

Eline Dewijnants en Simon Geukens
hebben het genoegen u kennis te geven
van hun voorgenomen huwelijk
dat op zaterdag 16 augustus 2003 om 14.30 uur
zal worden voltrokken in de Heilige Geestkerk te Leuven.

Bij zo'n formele trouwaankondiging hoort uiteraard een even formele uitnodiging. De uit-nodiging voor de receptie wordt meestal op een kleiner kaartje gedrukt, uiteraard in dezelf-de papiersoort als de aankondiging. De uitnodiging voor de receptie bevat de datum, het tijdstip en het adres waar de receptie plaatsvindt. Officieel zijn het de moeders die de receptie geven, zij zijn het dan ook die uitnodigen. Wordt het trouwfeest volledig georga-niseerd door de familie van het meisje, dan staat op de uitnodiging alleen de naam van de moeder van de bruid. Organiseren de ouders van bruid en bruidegom samen het feest, dan worden de namen van beide moeders vermeld.

Mevrouw Dewijnants-Versmessen
en mevrouw Geukens-Desmet
hebben het genoegen u uit te nodigen voor de huwelijksreceptie
die zal plaatsvinden in kasteel Bellevue,
op zaterdag 16 augustus 2003 van 17.00 tot 19.00 uur.

R.S.V.P. voor 1 augustus 2003.

De uitnodiging voor het trouwdiner of het avondfeest volgt dezelfde regels, maar wordt gedrukt op een kaart van 15 cm x 10,5 cm en gaat uit van beide ouders van de bruid of van beide ouders van bruid en bruidegom.

De heer en mevrouw Dewijnants-Versmessen
en de heer en mevrouw Geukens-Desmet
hebben het genoegen u uit te nodigen voor het huwelijksfeest
dat zal plaatsvinden in kasteel Bellevue,
op zaterdag 16 augustus 2003 om 19.30 uur.

Black tie.

A.A.U.B. voor 1 augustus 2003.

Wil je je huwelijk helemaal volgens de regels van de etiquette aankondigen, dan hoor je het dus te doen zoals in bovenstaande voorbeelden. Maar tegenwoordig hoeft dat niet meer en ben je (gelukkig?) veel vrijer in de keuze van de tekst. In het boek met uitnodigingen dat je bij de drukker kunt inkijken, vind je zeker een aantal voorbeelden van standaardteksten die je zelf ook kunt gebruiken. Wil je de uitnodiging een persoonlijker tintje geven, dan kun je een eigen tekst opstellen.

Je kunt je gasten het beste vragen om te antwoorden op je uitnodiging, zodat je weet wie er wel en niet komen. Als je dat wilt, kun je daarvoor volstaan met de afkorting R.S.V.P. (réponse s'il vous plaît), v.g.a. (verzoeke gunstig antwoord) of A.A.U.B. (antwoorden alstublieft), gevolgd door een datum en het adres waar ze kunnen antwoorden. Op de traditionele formele uitnodigingen komt die afkorting rechts onderaan te staan.

Bestel altijd meer uitnodigingen dan er gasten op je gastenlijst staan. Zo heb je een reserve, mocht je op het laatste moment toch nog wijzigingen aanbrengen op je gastenlijst. Bovendien is het leuk als jullie en beide ouderparen enkele uitnodigingen kunnen bewaren als herinnering.

Vraag bij het bestellen van je uitnodigingen of je de bijbehorende enveloppen al mee kunt nemen. Zo kun je tijdig beginnen met het schrijven van de adressen, wat vaak een hele klus is! Vraag meteen een flink pak enveloppen extra, want bij het schrijven van de adressen kan er wel eens wat fout gaan...

Schrijf de adressen op de envelop van de uitnodigingen met de hand. Weersta de verleiding om met geprinte etiketten te werken. Dat laatste is misschien wel efficiënt, maar het komt ook heel onpersoonlijk over.

Gebruik waterproef inkt voor het schrijven van de enveloppen, zodat alles er nog keurig uitziet wanneer het bij de bestemmeling aankomt.

Uitnodigingen verstuur je zes weken voor de huwelijksdatum. Nodig je ook buitenlandse gasten uit, verstuur je uitnodigingen dan eerder. Niet alleen zullen de brieven er langer over doen om op de plaats van bestemming te raken, de genodigden moeten wellicht ook enkele praktische schikkingen treffen om aanwezig te kunnen zijn, en dat kost tijd.

Weeg je uitnodiging in de envelop, met alles erop en eraan. Zo voorkom je dat ze te weinig gefrankeerd zijn en dat de geadresseerden portkosten moeten betalen. Koop postzegels met een mooie afbeelding in plaats van de standaardzegels.

Kaartjes en routebeschrijvingen

Wil je het je gasten makkelijk maken om de weg naar de locatie(s) van jullie huwelijks-plechtigheid en jullie huwelijksfeest te vinden? Dan kun je aan je uitnodiging een wegen-kaartje of een routebeschrijving toevoegen. Je kunt die op een aparte kaart laten drukken, of op de uitnodiging zelf.

Programmaboekjes

Zijn jullie van plan om de gasten tijdens de huwelijksplechtigheid een programmaboekje te overhandigen? In dat boekje staat het verloop van de plechtigheid, zodat de gasten die goed kunnen volgen. Bovendien is het een blijvende herinnering aan jullie huwelijk. Hoe uit-gebreid je het boekje maakt, kies je helemaal zelf. Het kan een echt boekje worden, maar evengoed kan het beperkt blijven tot één blaadje. Vaak is het wel leuk om het programma te laten aansluiten bij de stijl van het overige drukwerk. In veel gevallen wordt niet het hele programmaboekje, maar enkel de cover gedrukt, en wordt het binnenwerk gekopieerd. De cover kun je dan laten mee drukken met de rest van het drukwerk.

Menu's, tafelkaartjes en naamkaartjes

Wil je de stijl van je uitnodigingen doortrekken naar je huwelijksfeest zelf? Dan kun je over-wegen om ook de menu's, tafelkaartjes en eventuele naamkaartjes in dezelfde stijl te laten drukken. Je moet er wel rekening mee houden dat je op het moment dat je de uitnodigin-gen bestelt waarschijnlijk nog niet weet wat het precieze menu wordt. Je kunt wel blanco menu's laten drukken die aansluiten bij jullie uitnodiging en er dan later zelf het menu in aanbrengen, handgeschreven of geprint. Ook naamkaartjes voor op tafel zul je blanco moe-ten laten drukken, de namen van de gasten zullen jullie er zelf op moeten schrijven of printen.

Extraatjes

Je kunt nog veel meer in de stijl van de uitnodigingen laten drukken. Denk maar aan servet-ten, onderzetters en wijnetiketten die je op het feest kunt gebruiken, of luciferdoosjes of notitieblokken die je als bedankje aan je gasten kunt meegeven.

Bedankkaartjes

De etiquette wil dat jullie na de trouwdag een bedankkaartje sturen aan de gasten en aan iedereen die jullie een cadeau heeft gegeven. Dat doe je binnen de zes weken na het huwe-lijk. Voor die bedankkaartjes kun je een foto van jullie trouwdag gebruiken. Dan kun je ze natuurlijk pas laten drukken na het huwelijk. Je kunt echter ook bedankkaartjes gebruiken die aansluiten bij je uitnodigingen. In dat geval kun je ze vooraf laten mee drukken. Bestel in elk geval voldoende bedankkaartjes. De kans is groot dat je cadeaus zult krijgen van men-sen van wie je dat niet verwacht had.

De jurk van je leven
Over trouwjurken, sluiers en andere accessoires

De trouwjurk... veel meisjes en vrouwen dromen al jarenlang van die ene jurk die ze op die ene bijzondere dag in hun leven gaan dragen. Dat is ook niet zo verwonderlijk: je trouwdag is een heel speciale dag, waarop jij helemaal in het middelpunt van de belangstelling staat. Natuurlijk wil je er dan stralend uitzien!

KEUZE TE OVER

Trouwjurken zijn er in alle soorten en stijlen. De tijd dat trouwjurken allemaal op elkaar leken ligt – gelukkig – ver achter ons. Omdat de keuze zo ruim – en soms zelfs overweldigend – is, is het zaak je goed te oriënteren. Als je je enigszins een idee hebt gevormd van het soort jurk dat je wilt, wordt de zoektocht al een stuk makkelijker.

> De etiquette schrijft eigenlijk voor dat een bruid een enkellange, tot aan de hals gesloten jurk met lange mouwen hoort te dragen. Het mag duidelijk zijn dat van deze regel zeer vaak wordt afgeweken.

Kleur
Tegenwoordig zijn de meeste trouwjurken wit. Dat is wel eens anders geweest: honderd jaar geleden trouwden onze overgrootmoeders nog in het zwart. De witte bruidsjurk kwam in de mode nadat de Engelse koningin Victoria bij haar huwelijk in 1840 voor wit koos. Wit stond daarbij symbool voor de maagdelijkheid van de bruid. Die symbolische betekenis wordt nog steeds verbonden met een witte trouwjurk, maar dat betekent al lang niet meer dat alleen maagden een witte jurk mogen dragen!

Witte trouwjurken bestaan er in verschillende tinten, van sneeuwwit tot ecru.

De laatste jaren is het monopolie van de witte trouwjurk echter doorbroken. Geregeld zie je jurken in andere kleuren opduiken. Goudkleur komt regelmatig voor, en ook rode tinten lijken aan een opmars begonnen, al dan niet in combinatie met het traditionele wit. En sommige bruiden kiezen resoluut voor nog andere kleuren en geven de voorkeur aan een feestjurk boven een klassieke witte trouwjurk.

Stof
Als het om trouwjurken gaat, heb je de keuze uit verschillende stoffen, de ene nog feestelijker dan de andere.
– *Brokaat*. Brokaat is een zwaardere stof, die feestelijk en kostbaar oogt en soms zelfs iets vorstelijks heeft.
– *Chiffon*. Chiffon is een zachte, lichte, nogal doorzichtige satijnachtige stof, die vaak gebruikt wordt voor overrokken en doorzichtige mouwtjes.
– *Kant*. Kant geeft een trouwjurk vaak iets heel romantisch.

– *Linnen*. Linnen is een natuurlijke stof, die zeer goed past bij een wat alternatieve of sportieve uitstraling. Nadeel is wel dat er snel kreuken in komen.

– *Organza*. Organza is een lichte, soepele, doorschijnende en lichtjes glanzende stof, die wat stijver is dan chiffon en die steeds meer gebruikt wordt voor trouwjurken.

– *Satijn*. Satijn, een zachte, glanzende stof die erg soepel valt, is een klassieker onder de voor bruidsjurken gebruikte stoffen.

– *Tule*. Tule is niet weg te denken uit de bruidsmode. Het wordt vaak gebruikt voor de sluier, maar soms ook voor een uit meerdere lagen bestaande rok, die daardoor iets fragiels en teers krijgt.

– *Zijde*. Zijde is van oudsher een zeer feestelijke en tegelijk ook zeer vrouwelijke stof. Ze is dan ook uitermate geschikt voor een trouwjurk. Er bestaan trouwens vele soorten, van hele soepele zijde tot de ruwere wilde zijde.

Stijl

Trouwjurken bestaan er werkelijk in alle stijlen, van barokke jurken met veel parels en strikken over sobere, soepel vallende jurken en korte zomerse jurkjes tot unieke, extravagante creaties. En wie zei er dat het een trouw*jurk* moet zijn? Trouwen in een stijlvol pakje kan evengoed. Werkelijk alles kan, zolang jij je er maar goed in voelt.

Trouwen jullie ook kerkelijk? Vraag dan even aan de geestelijke die jullie huwelijk zal inzegenen of er kledingrestricties gelden. In sommige kerken en synagoges worden blote schouders beschouwd als onrespectvol. Wil je toch een strapless jurk of een jurk met spaghettibandjes, draag dan tijdens de huwelijksplechtigheid een stola of een manteltje.

Trouw je op verschillende dagen voor de wet en in de kerk? Dan draag je alleen in de kerk je 'echte' trouwjurk. Voor je burgerlijke trouw kun je een feestelijk jurkje of een pakje dragen, of zelfs een heuse feestjurk. Misschien kun je er zelfs een bijpassend bruidsboeket bij dragen. Zo maak je van die dag meteen ook iets extra feestelijks.

Bruidsjurken-ABC

Modellijnen

– A-lijn. Met een strak aansluitend lijfje en wijd uitstaande rok lijkt deze jurk wat op de letter A. Dit model is voor de meeste vrouwen erg flatteus en past bijzonder goed bij vrouwen met een kort bovenlijf.

– Baljurk. Een uiterst vrouwelijke jurk met een strak bovenlijfje en een volle rok, die bij jongensachtige vrouwen de indruk van wat meer rondingen kan creëren.

– Bustierjurk. Jurk met een mouwloos, corsetachtig bovenlijfje, dat vooraan in een punt uitloopt. Deze jurken hebben, net zoals baljurken, meestal een volle rok. Dit model is zeer geschikt voor wat rondere vrouwen, omdat het een verslankend effect heeft op je taille en je heupen niet in de kijker zet.

– Empire. Jurk met een kort lijfje en een hoge taille, die meteen onder de boezem begint. Dit model verdoezelt je taillelijn. Voor vrouwen met een zware boezem is het meestal minder geschikt.

– Zeemeermin. Jurk die nauw aansluit op de heupen en de dijen en pas op kniehoogte breder wordt. Minder geschikt voor vrouwen met brede heupen of dijen, omdat die erg benadrukt worden. Het kan ook moeilijk knielen en zitten zijn met een dergelijke jurk.

– Prinses. Een klassieke jurk met verticale naden, die strak om het lichaam sluit en waarvan de taille naadloos is.

– Rechte jurk. Een jurk zonder taillelijn en met een rechte rok die de natuurlijke lijn van je lichaam volgt. Vooral geschikt voor slanke vrouwen. Sommige vrouwen vinden het moeilijk om in een dergelijke jurk te knielen of te gaan zitten.

Rokmodellen

– Baljurk. Lange, wijd uitstaande rok, waaronder vaak een hoepelrok wordt gedragen en die meestal wordt gecombineerd met een nauw aansluitend lijfje.

– Tournure. Rok die achteraan, net onder de taillelijn, is opgevuld zodat hij naar achteren uitstaat.

– Klokrok. Rok die onderaan eindigt in een wijde klokvorm.

– Rechte rok. Rok die recht naar beneden valt.

Roklengtes

– Zakdoek. De jurk loopt voor- en achteraan uit in punten, meestal tot halverwege de kuit.

– Mini. De jurk houdt net boven de knie op.

– Straatlengte. De jurk valt net onder de knie.

– Midi. De jurk reikt tot net boven de kuit.

– Theelengte. De jurk reikt tot aan de kuit.

– Ballerina. De jurk reikt tot net boven de enkels.

– Ballet. De jurk valt tot op de enkels.

– Vloerlengte. De jurk reikt tot net boven de grond.

Halslijnen

– Asymmetrische halslijn. Een halslijn waarbij één schouder bloot gelaten wordt en de andere bedekt is met een mouw of een schouderbandje, waardoor vooraan een diagonale lijn ontstaat.

– Bootlijn. Een ronde, bootvormige halslijn die langs het sleutelbeen loopt en die vaak ook terugkomt aan de rugzijde van de jurk. Geschikt voor zowat iedereen.

– Halterlijn. Halslijn waaruit een haltervorm is gesneden, vaak gecombineerd met een open rug. Vooral geschikt voor mooi gebouwde vrouwen met brede schouders.

– Juweel. Een hoge en ronde halslijn, die langs de onderkant van je hals loopt. Ook wel de T-shirthalslijn genoemd. Minder geschikt voor vrouwen met een zware boezem.

– Portret. Halslijn die om de schouders heen valt en waarvan de mouwen een deel van de bovenarm bedekken. Deze halslijn laat je sleutelbeen vrij, wat een mooi en soms sexy effect kan hebben.

– Sabrina. Een hoge bootlijn die de lijn van het sleutelbeen volgt, bijna tot bij de punt van de schouders. Doordat het weinig van je decolleté toont, is het zeer geschikt voor vrouwen met weinig boezem.

– Sweetheart. De halsuitsnijding lijkt op de bovenste helft van een hart. Bijzonder geschikt voor vrouwen met een zwaardere boezem omdat het de aandacht vestigt op je decolleté.

Mouwen – vorm
- Spaghettibandjes. Dunne bandjes die van de jurk recht omhoog lopen en over de schouders vallen.
- Portret. Met een portrethalslijn zijn de mouwen vaak gewoon een stukje stof dat een deel van de bovenarmen bedekt.
- Kapmouwen. Korte, aansluitende mouwtjes die net de schouders bedekken.
- Bishop. Golvende mouwen die tot de manchetten reiken.
- Gauntlet. Lange, nauw aansluitende mouwen die over de hand heen in een punt uit-lopen.
- Pofmouwen. Korte mouwen met bolstaande plooien.

Mouwen – lengte
- Portret. Met een portrethalslijn zijn de mouwen vaak gewoon een stukje stof dat een deel van de bovenarmen bedekt.
- Kapmouwen. Korte mouwtjes die net de schouders bedekken.
- T-shirtlengte. Mouwtjes die even ver komen als die van een T-shirt.
- Driekwartmouwen. Rechte mouwen die tot halverwege elleboog en pols komen.
- Lange mouwen. Mouwen die tot aan je pols reiken.

WAAR VIND JE EEN TROUWJURK?

Trouwboetieks en bruidsmodehuizen

Als het gaat om het kopen van een trouwjurk, denken de meeste mensen in de eerste plaats aan een trouwboetiek of een bruidsmodehuis. In een trouwboetiek vind je trouwjurken van verschillende merken en ontwerpers. De keuze is er uitgebreid en vaak vind je er jurken in verschillende stijlen. Adressen van trouwboetieks vind je in de Gouden Gids onder de rubriek 'Bruidskleding'. Veel trouwboetieks adverteren in bruidsmagazines en een aantal ervan vind je ook op trouwbeurzen. Daar kun je meteen al een eerste blik werpen op hun collectie.

Zijn vriendinnen van je net getrouwd? Vraag hun naar hun ervaringen met verschillende trouwboetieks en bruidsmodehuizen. Wat vonden zij van de service en begeleiding die er geboden werden, en van de collectie?

Modeontwerpers en couturiers

Wil je een exclusieve creatie, dan kun je je wenden tot een modeontwerper of couturier. Een groot aantal bekende ontwerpers heeft een eigen bruidscollectie. Daarnaast bestaan er ook ontwerpers die zich specifiek hebben toegelegd op bruidsmode. Houd er wel rekening mee dat alleen al de naam van een ontwerper vaak gepaard gaat met een hoger prijskaartje.

Naaisters

Vind je de trouwjurken die je in de verschillende winkels gezien hebt allemaal toch wel erg duur? Of kun je de jurk van je dromen die je al helemaal in je hoofd hebt eenvoudigweg niet vinden? Dan kan een naaister een oplossing bieden. Toon haar foto's van jurken die je mooi vindt of waarvan je bepaalde onderdelen mooi vindt, of probeer haar je droomjurk te beschrijven. Op basis daarvan zal zij de jurk van je dromen proberen te maken.

Tweedehandswinkels

Omdat trouwjurken vaak erg duur zijn, gebeurt het wel eens dat een bruid de hare na de trouwdag verkoopt aan een tweedehandswinkel. Anders dan veel tweedehandskleren is zo'n jurk dan nog maar één keer gedragen en dus meestal in prima staat.

Moeders trouwjurk

Misschien vind je het wel een romantisch idee om de jurk te dragen waarin je moeder met je vader getrouwd is. De kans is groot dat zij het al een even geweldig idee vindt. Als je voor deze optie kiest, zal er hoogstwaarschijnlijk wel een en ander aan de jurk moeten gebeuren. Daarvoor kun je het best een ervaren naaister inschakelen.

Zelf maken

Je kunt je trouwjurk ook zelf maken. Dat betekent meteen een hele besparing op je trouwbudget. Denk echter goed na voor je deze beslissing neemt. Je moet al echt een volleerd naaister zijn om een perfecte trouwjurk te kunnen maken. En je wilt natuurlijk dat je jurk die ene dag perfect is... Besluit je toch om hem zelf te maken, voer hem dan eerst eens uit in een goedkope stof. Dat zie je meteen of het resultaat ook echt is wat je voor ogen had.

Besluit je een jurk te (laten) maken, maar ben je niet helemaal zeker welk model het best bij jou past? Degene die je jurk gaat maken kan je misschien adviseren, maar je kunt vooraf ook eens een trouwboetiek binnenlopen er een aantal verschillende modellen passen. Zo zie je meteen wat je wel en niet staat.

DE ZOEKTOCHT NAAR EEN TROUWJURK

Voorbereiding

Voor je erop uittrekt om een trouwjurk te gaan zoeken, doe je er goed aan je eerst wat te oriënteren. De keuze is zo groot dat het wel handig is om vooraf al enig beeld te hebben van het soort trouwjurk dat je zoekt. Een goed uitgangspunt vormen de bruidsbladen, waarin je massa's foto's van trouwjurken vindt. Ook catalogi van bruidsmodemerken kunnen erg handig blijken. Leg een verzameling foto's aan van jurken die jij mooi vindt. Let daarbij niet alleen op wat je op de foto's ziet, maar ook op wat bij jou past én bij het soort huwelijksdag dat je voor ogen hebt. Voor een huwelijk midden in de winter wil je wellicht een warmere jurk dan voor een zomers trouwfeest. Al kan het natuurlijk ook anders – met een warm jasje of een stola erbij kom je ook al een heel eind. En als je voor de kerk trouwt, moet je er rekening mee houden dat een te blote jurk vaak niet kan.

Wanneer?

Een trouwjurk wordt vaak op maat gemaakt, of wordt besteld en vervolgens helemaal aan-gepast aan jouw figuur. Dat proces neemt tijd in beslag, zeker als je weet dat er verschil-lende pasbeurten nodig zijn voor je jurk 'als gegoten' zit. Daarom kun je het best vroeg beginnen met het zoeken naar een jurk. Reken hiervoor een halfjaar tot negen maanden.

Heb je op kortere termijn een jurk nodig? Geen nood, ook dat kan. Waarschijnlijk zal je keuze wel beperkter zijn. Als het echt helemaal snel moet gaan, kun je je keuze maken uit modellen die in jouw maat in de winkel voorradig zijn.

Shoppen geblazen!

Tijd om een afspraak te maken met trouwboetieks of ontwerpers nu. Maak altijd eerst een afspraak voor je eropuit gaat. Als je zonder afspraak langsgaat, is de kans groot dat de ver-koopsters geen tijd voor je hebben, omdat ze met andere klanten bezig zijn. Maak gerust een afspraak met verschillende winkels. Het kan immers geen kwaad om eerst te kijken wat er zoal te koop is, voor je een definitieve keuze maakt. Vermijd het om, als het even kan, in een weekend langs te gaan. Op die momenten kan het extreem druk zijn in bruidsboetieks, zeker als je in een populaire maand trouwt.

Vraag, wanneer je een afspraak maakt, ook even of je iets moet meebrengen. Als je bij-voorbeeld een strapless jurk wilt passen, zul je een strapless beha of bustier nodig hebben. Veel bruidsboetieks beschikken echter over lingerie en schoenen die je kunt dragen bij de jurken die je er past. In dat geval hoef je natuurlijk niets mee te nemen.

Veel toekomstige bruiden gaan liever niet in hun eentje op zoek naar een trouwjurk. Vaak valt de moeder van de bruid de eer te beurt om haar dochter hierbij te vergezellen. Maar je kunt ook je vader of bijvoorbeeld je schoonmoeder meevragen. Of trek je er liever op uit met je beste vriendin? Ook dat kan heel bijzonder zijn. Neem echter niet te veel mensen mee. Als ze zich allemaal met jouw keuze gaan bemoeien, zie je misschien door de bomen het bos niet meer...

Passen maar!

In een bruidsboetiek gaat het er anders aan toe dan wanneer je in een gewone kledingzaak een nieuw truitje of jurkje gaat kopen. Je wordt er sowieso al bijgestaan door een verkoop-ster. Wellicht zal die eerst informeren naar het soort trouwdag dat je wilt, naar je persoon-lijke stijl, naar hoe je eruit wilt zien op je trouwdag enzovoorts. Misschien vraagt ze je ook uit een verzameling foto's die jurken te halen die jou het meeste aanspreken. Als je vooraf voor jezelf foto's hebt verzameld van jurken die je mooi vindt, aarzel dan niet om ook die te tonen. De verkoopster krijgt zo een nog beter idee van datgene waarnaar jij op zoek bent.

Wanneer ze zich een beeld heeft gevormd, zal ze je een aantal jurken laten zien waarvan zij denkt dat ze aan jouw stijl voldoen. Ze zal daarbij ook letten op je figuur, je huidskleur en dergelijke, en jurken laten zien die bij jouw stijl en uiterlijk passen. Uit ervaring weet zij immers welke modellen het best staan bij welke bruiden.

Sta open voor haar adviezen. Ook al heb je het gevoel dat je droomjurk niet meteen tus-sen haar keuze zit, pas toch maar de jurken die ze je heeft gebracht. Door verschillende trouwjurken aan te trekken, kun je je zelf een idee vormen van wat jou wel en niet aan-spreekt. Bovendien is het vaak moeilijk om een jurk te beoordelen zonder die aan te trek-ken. Je zou de eerste bruid niet zijn die haar droomjurk op de kapstok niet herkend had!

Misschien weet je zelf al helemaal welk model je wilt. Dan nog kan het handig zijn om ook andere jurken te passen. Ben je helemaal weg van het effect van een strapless jurk, pro-beer dan toch ook even een jurk met schouderbandjes. Pas wanneer je zelf een model aantrekt, weet je ook echt hoe het je staat – een jurk kan er op een foto immers helemaal anders uitzien dan in werkelijkheid en kan een heel ander effect hebben bij een fotomodel met andere vormen dan de jouwe!

Vertel de verkoopster ook wat je denkt over de jurken die je aantrekt en wat je erbij voelt. Het helpt haar om die jurken te selecteren die het dichtst aansluiten bij jouw smaak.

Zie je in de winkel zelf een jurk hangen die je aanspreekt? Vraag dan zeker of je die ook even mag passen!

Luister naar de raad van de verkoopster. Zij is dag in dag uit in de weer met trouwjurken en toekomstige bruidjes en heeft zo wellicht een ruime ervaring opgebouwd. Bedenk echter dat haar woord daarom nog geen wet is! Houd ook rekening met wat je zelf van de jurken vindt en luister en kijk naar de reacties van degenen die je vergezellen. En laat je vooral nooit ompraten. In de eerste plaats moet jij je goed voelen in je trouwjurk! Vaak is jouw eerste indruk toch de allerbelangrijkste! Ben je meteen verliefd op wat je in de spiegel ziet? Dan zit het wel goed! Heb je het gevoel dat je de geruststelling van anderen nodig hebt dat deze jurk jou inderdaad mooi staat, stel jezelf dan even de vraag hoe mooi je hem zelf vindt.

Een jurk voor een bol buikje
Voor zwangere bruiden bestaan er speciale trouwjurken. Je kunt ook speciaal een jurk voor jou laten maken, die tot op het laatste moment kan worden aangepast aan je bolle buikje. Meld in elk geval altijd aan de verkoopster, ontwerper of naaister dat je in blijde verwachting bent, zodat zij er rekening mee kunnen houden.

Een jurk voor een maatje meer
Heb je een maatje meer, laat je dan niet afschrikken door al de kleine maatjes die je in bruidszaken in de rekken ziet hangen. Veel modellen zijn ook in grotere maten verkrijgbaar. Zelfs al kun je niet in het maatje 36 dat in de winkel aanwezig is, toch kunnen de verkoopsters je de jurken zo voorhouden en aanpassen dat je je een goed beeld kunt vormen van hoe ze jou staan.

Probeer je bij de keuze van een jurk ook niet te fixeren op die kantjes van je lichaam waar je minder gelukkig mee bent, maar concentreer je daarentegen op wat jij – of je aanstaande bruidegom! – mooi vindt aan je lichaam en probeer een jurk te zoeken die dat accentueert. Vestig bijvoorbeeld de aandacht op je mooie decolleté, op je fraaie schouders of op je lange hals. En vergeet niet dat rondingen op en top vrouwelijk zijn en dus zeker gezien mogen worden bij een bruid!

Heb je een volle boezem, houd er dan rekening mee dat je zeer goede, ondersteunende lingerie moet dragen. Een strapless beha is dan niet altijd de beste keuze. Houd daarmee rekening bij de keuze van je jurk.

GEVONDEN?!

Zeker van je zaak?

Daar sta je dan, voor de spiegel, in de jurk van je dromen. Wat nu? Misschien voel je je zo zeker dat je de jurk meteen wilt bestellen. Bedenk wel dat die keuze definitief is en dat het om een dure aankoop gaat. Nog steeds overtuigd? Meteen bestellen dan!

Je kunt jezelf ook wat bedenktijd gunnen. Slaap er een nachtje over. Ben je dan nog steeds even enthousiast, dan is de kans groot dat dit inderdaad je droomjurk is. Je kunt ook nog enkele andere boetieks bezoeken. Als dit echt de jurk van je dromen is, zul je merken dat het passen van andere jurken die overtuiging alleen maar versterkt. Of breng gewoon een tweede bezoekje aan de boetiek waar je die prachtige jurk gezien hebt, maar neem nu iemand anders mee.

Vraag of je een staaltje kunt zien van de stof waaruit de jurk van je keuze gemaakt is. De pasmodellen die in de winkel hangen, zijn soms al vaak gepast en daardoor wat groezeliger. Op een staaltje zie je de werkelijke kleur van de jurk.

Bestellen dan!

Of je nu gekozen hebt voor een jurk die besteld wordt, een die op maat gemaakt wordt of eentje die zelfs helemaal voor jou ontworpen wordt, dit is het moment om alles goed door te spreken met de winkel waar je de jurk koopt. Stel al de vragen die in je opkomen en bespreek elk detail dat je belangrijk lijkt. Enkele aandachtspunten:

– Zou je graag een detail veranderd zien aan je jurk? Bespreek dan nu al of dat kan.

– Bespreek de prijs van de jurk en vraag wat in die prijs inbegrepen is. Vaak moet je bijbetalen wanneer de jurk nog moet worden aangepast. Hanteert de winkel daarvoor een vaste prijs, of is die afhankelijk van hoeveel er moet worden veranderd?

– Spreek de timing door met de verkoopster. Je jurk moet natuurlijk perfect af zijn op je trouwdag, een goede timing is dan ook onontbeerlijk.

Vraag de verkoopster ook een staaltje van de stof van je trouwjurk. Dat is bijzonder handig wanneer je bijvoorbeeld schoenen gaat kopen, maar ook om de kleur van de kleding van de bruidegom, van de bruidskindjes, en van de bloemen op af te stemmen. Je kunt ook aan je gezelschap vragen om even een foto van jou te maken in je trouwjurk. Vaak koop je een trouwjurk maanden vooraf en soms sla je aan het twijfelen of je wel de juiste keuze hebt gemaakt. Een blik op jezelf in die prachtige jurk kan je twijfel dan meteen wegnemen.

De perfecte maten

Wanneer je de jurk bestelt, zal de verkoopster ook je maten nemen. Een trouwjurk moet immers perfect passen. Schommelt jouw gewicht nogal? Meld dit dan even, zo kun je onaangename verrassingen vermijden. Ook als je nog van plan bent af te vallen voor je trouwdag kun je dit het best even zeggen, zodat daarmee rekening wordt gehouden.

Ben je echt van plan om nog af te vallen? Weersta toch maar de verleiding om een kleiner maatje te bestellen. Het is heel wat makkelijker om een te grote jurk in te nemen, dan om een te krappe jurk nog passend te maken.

PASBEURTEN

De meeste trouwjurken moeten aangepast worden aan de bruid, zelfs wanneer ze op maat gemaakt zijn. Meestal zijn daarom op zijn minst twee pasbeurten nodig. Plan die niet te dicht bij je trouwdatum: misschien is er op het laatste ogenblik nog een extra aanpassing nodig! Een allerlaatste pasbeurt een week voor jullie trouwdag kan wel handig zijn. Als je gewicht in de tussentijd veranderd zou zijn, kunnen er nog aanpassingen gebeuren.

Wanneer je je jurk gaat passen, is het handig om ook al je bruidslingerie en je trouwschoenen mee te nemen. Zo kan alles perfect op elkaar worden afgestemd.

Let er bij het passen op dat
- de schouders niet scheef hangen;
- de armsgaten niet te eng zijn;
- de jurk niet te strak zit;
- de taille niet te hoog of te laag zit;
- je je prima kunt bewegen in je jurk.

DE ACCESSOIRES

Wanneer je dacht aan hoe je eruit zou zien op je trouwdag, heb je waarschijnlijk vooral gedacht aan het soort trouwjurk dat je wilde. Maar bij die jurk heb je ook bijpassende accessoires nodig. Voor veel van die accessoires kun je terecht in de trouwboetieks en bruidsmodezaken. Koop je ze op de plek waar je ook je jurk hebt besteld, dan zie je meteen of ze erbij passen. Heb je ze elders gekocht, neem ze dan mee naar de eerstvolgende pasbeurt om te checken of alles goed op elkaar is afgestemd.

Sleep
Lange tijd was het traditie om een trouwjurk met een sleep te dragen. Hoe chiquer de trouwpartij, hoe langer de sleep, werd wel eens gezegd. Een sleep is tegenwoordig zeker niet meer verplicht. Wil je er toch een, bedenk dan dat steeds iemand je zal moeten helpen bij het in- en uitstappen van de wagen en bij het gaan zitten. Meestal wordt die taak waargenomen door de bruidsmeisjes. Ook bij het dansen op het avondfeest is een sleep soms lastig. Tegenwoordig heb je echter ook afneembare slepen die je 's avonds kunt losmaken van je jurk. Andere ontwerpers bevestigen een lusje aan de sleep – de zogenaamde danslus – dat je bij het rondwandelen en het dansen om je vinger kunt doen.

Sluier
De sluier is, naast de trouwjurk zelf, een van de meest traditionele onderdelen van de outfit van een bruid. Hij wordt met een tiara, een diadeem, bloemen, een versierd kammetje of een ander accessoire in het haar bevestigd.

Oorspronkelijk droeg de bruid een sluier omdat de bruidegom niet geacht werd haar te zien voor de huwelijksplechtigheid. Bovendien beschermde de sluier haar tot het moment van de huwelijksvoltrekking tegen 'het boze oog'. Pas na de voltrekking van het huwelijk mocht de bruidegom de sluier terugslaan, zodat hij als eerste het gezicht van zijn bruid te zien kreeg.

Tegenwoordig staat het je helemaal vrij om te kiezen of je wel of niet een sluier wilt. Die keuze wordt gedeeltelijk mee bepaald door de stijl van je trouwjurk. Meestal vind je sluiers in de winkel waar je je trouwjurk koopt. De verkoopster kan je helpen een sluier te kiezen die bij je jurk en je gelaatsvorm past: een korte of een lange, eentje uit een of meer lagen, een sobere of een rijkelijk versierde...

Heeft je jurk een mooi bewerkt rugstuk of een bijzondere ruguitsnijding, kies dan niet voor een lange sluier. Die zou het effect van je jurk immers verloren kunnen laten gaan. Let er ook op dat je sluier niet te overweldigend is en dat je er niet in verdrinkt. De nadruk moet steeds op de trouwjurk liggen, je gasten mogen niet de indruk krijgen dat je een en al sluier bent.

Volgens sommigen verwijst de sluier traditioneel naar de ondergeschiktheid van de vrouw aan de man. Het opslaan van de sluier na het geven van het jawoord krijgt dan een symbolische dimensie. Doet de man dit, dan benadrukt hij zijn mannelijke dominantie. Doet de vrouw het zelf, dan beklemtoont ze haar zelfstandigheid.

Ben je bijgelovig, laat dan je sluier vooraf niet dragen door een vriendin. Het volksgeloof wil namelijk dat zij er dan later met je man vandoor zal gaan.

Tiara's en diademen

Tiara's en diademen kunnen worden gebruikt om de sluier in je haar te bevestigen. Maar ook als je niet voor een sluier kiest, kun je een tiara of diadeem dragen. Zo'n hoofdversiering heeft vaak iets heel feestelijks. Als je je haar los draagt, kun je een diadeem of tiara ook gebruiken om je haar uit je gezicht te houden.

Draag je de tiara of diadeem in combinatie met een sluier, dan is het vaak mogelijk om de sluier 's avonds af te doen en op het feest enkel nog de tiara of diadeem te dragen. Zo houd je toch nog een mooie hoofdversiering over.

Hoeden

Sommige bruiden geven de voorkeur aan een hoed. Met hoeden kun je werkelijk alle kanten op: traditioneel, theatraal, romantisch, avant-gardistisch... Vooral bij een kort kapsel kan een hoed net dat ietsje extra geven. De keuze is, alweer, ruim: van minuscule hoedjes tot creaties die niet zouden misstaan op de paardenrennen van Ascot. Sommige hoeden kunnen ook gecombineerd worden met een sluier. Een hoed luistert echter nauw. Je kunt daarom het best een uiteenlopende selectie hoeden passen om uit te vinden welk model het best bij jou, bij je gezicht en bij je jurk past.

Het dragen van een hoed vergt enige oplettendheid. Vooral bij het in- en uitstappen van een auto moet je opletten, want voor je het weet, bots je tegen de bovenrand van de portierlijst en zakt je hoed scheef of valt hij zelfs af. Het is daarom vaak handig om je hoed op zulke momenten van achteren even vast te houden.

Haarspelden

Vroeger werd wel eens één (grote) haarspeld gebruikt bij bruiden. Tegenwoordig kun je er ook meerdere dragen en heb je de keuze uit een nagenoeg onbeperkt aantal modellen, materialen en versieringen zoals kunstbloemetjes, parels of lintjes.

Lingerie

Je ziet haar niet, maar ze is wel ontzettend belangrijk: de lingerie die je onder je trouwjurk draagt. Misschien heb je, met het oog op je huwelijksnacht, iets romantisch of opwindends in gedachten? Daar is helemaal niets op tegen, zolang je maar in het achterhoofd houdt dat je lingerie onder je jurk moet passen en dat comfort erg belangrijk is. Lingerie moet in de eerste plaats lekker zitten. Op je trouwdag wil je niet gehinderd worden door slecht zittende of te weinig steun biedende lingerie. En een jarretel is misschien wel erg verleidelijk, maar als hij voortdurend losschiet is het plezier er ook snel af.

Het model van je jurk speelt een grote rol bij de keuze van je lingerie. Vooral de keuze voor een bepaald type beha of bustier wordt erdoor beïnvloed. Bij een strapless jurk, of een jurk met spaghettibandjes of een ver uitgesneden decolleté, moet je een strapless beha of bustier hebben. Heeft je jurk een blote rug, dan zijn ook daar speciale beha's voor te vinden, die de rug en de schouders bloot laten en waarvan de bandjes in de taille worden vastgemaakt. Er bestaan ook multifunctionele beha's met verstelbare schouderbandjes, die je perfect kunt aanpassen aan het model van je jurk.

Je lingerie moet onzichtbaar zijn onder je trouwjurk. Daarom moet je opletten met de kleur ervan. Lingerie in exact dezelfde kleur van je jurk is natuurlijk de allerbeste keuze, maar lingerie die lichter is van kleur kan meestal ook. Donkerdere lingerie daarentegen zou wel eens door de stof van je jurk heen kunnen schijnen. Is de stof van je jurk erg licht en ben je bang dat je lingerie er sowieso door zal schijnen, kies dan huidkleurige.

Je moet echter niet alleen oppassen met de kleur. Zeker als je een soepel vallende en misschien zelfs wat transparante jurk hebt, moet je uitkijken met rijkelijk versierde lingerie. Ook die is wel eens door een jurk te zien... In dat geval kies je beter voor sobere, niet bewerkte, gladde lingerie. Let er ook op dat je lingerie perfect past, anders zijn inkepingen van te strakke schouderbandjes of slipjes, en bobbels en rimpels veroorzaakt door te ruime beha's en slipjes genadeloos zichtbaar.

Wacht niet te lang met het kopen van de juiste lingerie. Wellicht moet je ze al meenemen voor de eerste pasbeurt van je trouwjurk. Dan kun je meteen zien of ze onder je jurk past.

Ben je van plan om op je trouwdag een ander soort lingerie te gaan dragen dan je gewend bent? Trek haar dan al eens vooraf aan, zodat ze vertrouwder aan gaat voelen.

Kousen

Bij een bruidsoutfit horen ook kousen. Hoe warm de zomerdag waarop jullie trouwen ook is, weersta de verleiding om geen kousen aan te trekken. Kousen staan veel verzorgder onder een trouwjurk dan blote benen en bovendien krijg je er minder snel zere voeten mee.

Je kunt huidkleurige kousen aantrekken, maar meestal wordt gekozen voor kousen in de kleur van je trouwjurk omdat dat je benen langer doet lijken. Bruidskousen bestaan in alle tinten wit, van stralend sneeuwwit tot zacht parelmoerwit. Je kunt bovendien kiezen uit doorzichtige of ondoorzichtige en uit matte of glanzende kousen. Matte kousen zijn meer geschikt voor wat dikkere benen.

Je hebt de keuze tussen gewone panty's, stay-ups met een plakrand en jarretelkousen. Kijk echter uit met stay-ups en jarretelkousen: als je een strakke jurk of een jurk in een erg lichte stof gaat dragen, kunnen ze eronder aftekenen.

Goed aansluitende kousen voorkomen dat er zich ladders of rimpels vormen. Zorg dat je een extra paar kousen bij de hand hebt op je trouwdag. Een ladder in een kous is snel gemaakt, maar gelukkig ook snel verholpen door een nieuw paar aan te trekken.

In Engeland dragen de meeste bruiden een kousenband. Tijdens het feest maakt de bruidegom die los en gooit hem tussen de ongetrouwde mannelijke gasten. Degene die hem vangt, zal als eerstvolgende trouwen.

Handschoenen

Handschoenen hebben vaak iets feestelijks en dat is meteen de reden waarom ze ook door bruiden worden gedragen. Ook hier geldt weer dat de keuze om wel of niet handschoenen te dragen mede bepaald wordt door de stijl en het model van je trouwjurk. Wanneer je de jurk koopt, pas dan gelijk ook enkele stijlen van handschoenen, zodat je ziet wat het effect van die combinatie is. Er bestaan immers veel verschillende modellen: lang of kort, glad of opgerimpeld, sober of rijkelijk bewerkt, versierd met kant, pareltjes, lovertjes, knopen of bloemetjes. Alle hebben ze een ander effect.

Bij een wat barokke jurk passen vaak eenvoudige handschoenen, terwijl een soberder jurk soms wel om wat meer bewerkte handschoenen vraagt. Bij een jurk met korte mouwen passen meestal handschoenen die tot aan de pols komen, een strapless jurk vraagt soms om lange handschoenen die tot over de elleboog reiken. Die laatste soort kun je echter beter vermijden als je mollige bovenarmen of korte armen hebt.

Let ook op de stof en de kleur van jurk en handschoenen. Kies ofwel voor dezelfde stof en kleur, ofwel voor een duidelijk contrast. Als je een witte jurk wilt combineren met witte handschoenen, zorg er dan voor dat ze echt dezelfde tint hebben. Het ene wit is immers het andere niet.

Je handschoenen draag je vooral voor en tijdens de huwelijksplechtigheid. Bij de ontvangst van de gasten en onder het eten en drinken draag je ze niet.

Bij het uitwisselen van de ringen draag je je handschoenen uiteraard niet. Korte handschoenen zijn op dat moment wat makkelijker om uit te trekken dan lange. Wil je lange handschoenen, maar wil je problemen met het aan- en uittrekken ervan en met het omdoen van de ring vermijden, dan kun je eventueel kiezen voor mitaines: lange handschoenen zonder vingers die op een punt uitlopen en met een lusje om een vinger op hun plaats worden gehouden.

Schoenen

Ook in trouwschoenen bestaat er een enorme verscheidenheid: schoenen met hoge of lage hakken, met brede of smalle hakken, open of gesloten schoenen, gladde of bewerkte schoenen, schoenen in leer of in stof... Je kunt zelfs bruidslaarsjes kopen. Welk model je kiest, zal in grote mate afhangen van je trouwjurk. Het kan daarom verstandig zijn om de verkoper van je trouwjurk om advies te vragen.

Bij de keuze van je trouwschoenen is het handig om een staaltje stof van je trouwjurk mee te nemen. Zo weet je zeker dat de kleuren overeenkomen. Vaak kun je in de winkel waar je de jurk koopt ook terecht voor trouwschoenen. Dan kun je jurk en schoenen samen passen en zie je meteen of het totaalbeeld je bevalt. Vind je echt niet de geschikte schoenen, dan kun je overwegen om de schoenen van je keuze te laten bekleden met de stof van je trouwjurk.

Laat je bij de keuze van schoenen niet louter leiden door hoe ze eruitzien, ook het draagcomfort is erg belangrijk. Op je trouwdag zul je immers veel moeten staan en lopen! En pijnlijke voeten zijn dan wel het laatste wat je wilt!

Draagcomfort houdt in dat je schoenen noch te klein noch te groot zijn. Te kleine schoenen kunnen gaan knellen, te grote schoenen willen wel eens losschieten. Ben je van plan kousen te dragen, neem die dan mee wanneer je je schoenen gaat kopen. Ze kunnen immers een heel verschil maken qua schoenmaat.

Ben je in het dagelijkse leven niet gewend om op hoge hakken rond te lopen? Kies dan ook nu niet voor een te hoge hak, om te vermijden dat je de hele dag gaat lopen wankelen. Wil je toch een hogere hak, omdat je bijvoorbeeld een korte trouwjurk draagt en een hoge hak sowieso de beenspieren aanspant waardoor het been strakker en slanker lijkt, koop dan nog een paar schoenen met dezelfde hakhoogte om alvast te oefenen.

Loop je schoenen vooraf ook in. Doe dat wel bij voorkeur binnen, om te voorkomen dat ze groezelig worden.

Een Turkse traditie wil dat de bruid aan alle aanwezige ongetrouwde vrouwelijke gasten vraagt om hun naam op de zool van haar schoen te schrijven. Het meisje wier naam op het eind van de avond het meest vervaagd is, zou de volgende zijn die gaat trouwen.

Jasje, cape of stola

Trouw je in een minder warm of ronduit koud seizoen, dan heb je zeker buiten wellicht niet genoeg aan je jurk alleen. Vraag in de zaak waar je de jurk koopt naar warme accessoires, zoals een jasje, een cape of een stola die bij je jurk passen.

Juwelen

Bij een bruid horen ook juwelen. Overdrijf echter niet en houd het sober. Vaak wordt gekozen voor goudgele juwelen met parels, of voor kleine diamanten, maar het kan natuurlijk ook anders. Laat je in de keuze van de juwelen die je gaat dragen steeds leiden door de stijl, de kleur en het model van je trouwjurk. Of je een halssnoer zult dragen, zal in grote mate afhangen van de halsuitsnijding van je trouwjurk. De vorm ervan bepaalt vaak de lengte van je halssnoer. En als je jurk een prachtig uitgewerkte halsuitsnijding heeft, is het misschien zonde om de aandacht ervan af te leiden met een halssnoer.

Bruiden dragen traditiegetrouw geen uurwerk. Op hun trouwdag horen ze immers niet op de tijd te letten...

Something old...

Something old,
something new,
something borrowed,
something blue
and a sixpence in your shoe.

Zo luidt een Engels rijmpje. Als je als bruid op je trouwdag iets ouds, iets nieuws, iets geleends en iets blauws draagt, zou je verzekerd zijn van een gelukkig huwelijksleven. Iets ouds symboliseert de band van de bruid met haar verleden, terwijl iets nieuws voor de toekomst staat. Iets blauws verwijst naar de Maagd Maria en staat voor zuiverheid, oprechtheid en trouw. Iets lenen kun je het best van iemand die zelf een gelukkig huwelijk heeft – dat zou jullie meteen datzelfde geluk in het huwelijk brengen. En met een muntstukje in je schoen ten slotte zul je nooit op zwart zaad komen te zitten.

Hoe je dat allemaal precies invult, mag je helemaal zelf beslissen. Een parelsnoer van je oma (iets ouds), een nieuwe trouwjurk (iets nieuws), een zakdoek van je beste vriendin (iets geleends) en een blauwe kousenband (iets blauws), om maar een voorbeeld te noemen.

Op je trouwdag ben je waarschijnlijk heel anders gekleed dan je in het dagelijkse leven gewend bent. Het kan daarom geen kwaad om je volledige outfit vooraf al eens aan te trekken en erin proberen te 'bewegen': lopen, opstaan, gaan zitten, draaien, de trap op- en aflopen, dansen enzovoorts. Zo gaat alles vertrouwder – en dus comfortabeler – aanvoelen.

De kleren maken de man
Over jacquetten, trouwpakken en passende accessoires

Toegegeven, op een trouwdag is het toch wel de bruid die in het middelpunt van de belangstelling staat. Zij ziet er stralend uit, zij krijgt de hele dag complimentjes... Maar ook de bruidegom wil er goed uitzien.

HET TROUWKOSTUUM

Vroeger wilde de traditie dat de man in jacquet trouwde: een pak met een grijze krijtstreepbroek, een wit overhemd met blinde sluiting en een omgeslagen boord, een grijs vest en een lange, zwarte of grijze, pandjesjas. Er horen ook een stropdas, een hoge hoed, grijze handschoenen en gladde zwarte schoenen bij. De hoed wordt niet opgezet maar in de linkerhand gedragen. Ook de handschoenen moeten niet echt gedragen worden: de bruidegom houdt ze losjes in zijn vrije hand. Na de huwelijksplechtigheid hoeft hij ze helemaal niet meer bij zich te hebben. Het hoeft niet gezegd dat een dergelijke uitdossing een enigszins formeel karakter geeft aan je trouwdag.

Als de bruidegom een jacquet draagt, wordt van de belangrijkste andere mannelijke gasten, zoals de vaders van bruid en bruidegom, de broers en de getuigen, hetzelfde verwacht. Wel is het gepast dat de bruidegom enigszins afwijkt van de andere leden van het gevolg, bijvoorbeeld door een cummerbund, een vest of een hemd in een andere kleur te dragen, een andere das of andere accessoires.

Een jacquet werd vroeger trouwens niet de hele dag door gedragen: de Engelsen noemen het dan ook een *morning dress*. 's Avonds werd dit kostuum verwisseld voor een smoking (in het Engels logischerwijze dus een *dinner jacket* genoemd). Een smoking bestaat uit een bandplooibroek met satijnen banden over de buitennaden, een smokingoverhemd en een smokingjasje. Bij een smoking worden een vlinderdas of strikje, een cummerbund en een pochet gedragen. Vroeger was een smoking bij uitstek 'avond'kleding, tegenwoordig kiezen sommige bruidegoms er ook voor om een smoking te dragen tijdens de huwelijksplechtigheid.

Een andere traditionele en formele outfit is het rokkostuum: een zwarte broek, een wit overhemd met staande boord en daaromheen een losse boord, een wit strikje, een wit gilet en een pandjesjas.

De bruidegom kan er ook voor kiezen een mooi pak te dragen, met daaronder een overhemd en (eventueel) een das. De traditionele kleuren voor zo'n pak zijn zwart, blauw en grijs, maar tegenwoordig zie je naast de bruid steeds vaker andere kleuren opduiken. De bruidegom kan ook variëren met de kleur van zijn overhemd, vest en/of das. Soms is het erg mooi wanneer een van deze accessoires dezelfde kleur heeft als de jurk van de bruid.

Wat je ook kiest, let in elk geval op het draagcomfort. Je moet je steeds goed kunnen bewegen in je hemd, je jas en je broek. Controleer dit door wat rond te lopen en te bewegen wanneer je een pak past. De mouwen van het jasje en van het hemd mogen bovendien niet te lang of te kort zijn en hetzelfde geldt voor de broekspijpen.

Ben je bij het leger? Dan kun je ervoor kiezen om je militaire (gala-)uniform te dragen.

Een verrassing voor de bruid?
Vroeger zorgde de bruidegom, vaak bijgestaan door zijn moeder, zelf voor zijn trouwkleren. Die waren voor de bruid een even grote verrassing als haar jurk voor de bruidegom. Tegenwoordig willen de meeste bruiden wel een grotere vinger in de pap als het om de kleding van hun aanstaande gaat. Hoe ze ingrijpen, verschilt van bruid tot bruid. Sommigen lichten discreet de vader, de moeder, de broer of de beste vriend van hun verloofde in over hun wensen en voorkeuren en geven hun een foto van hun jurk mee, anderen sturen hun eigen moeder mee wanneer hun verloofde een pak gaat zoeken, nog anderen gaan gewoon zelf mee.

Kopen of huren?
Weinig mensen hebben een jacquet of smoking in hun kleerkast hangen. Er een kopen is vaak een dure zaak, zeker omdat zo'n pak meestal slechts eenmaal gedragen wordt. Maar geen nood! Dergelijke kostuums kun je ook huren, in ceremoniewinkels. In dergelijke zaken kun je ook andere pakken huren. Dat is vooral handig wanneer je wilt dat alle mannen van de bruidsstoet een soortgelijk pak dragen als de bruidegom. Je kunt al die pakken dan op een en dezelfde plek huren, zodat je weet dat ze perfect overeenkomen. Ook de accessoires kunnen daar worden gehuurd.

De bruidegom kan er ook voor kiezen zijn trouwpak te kopen: een mooi pak dat hij voor het eerst draagt op zijn trouwdag, maar dat hij daarna ook voor andere (feestelijke) gelegenheden kan gebruiken.

Heb je gekozen voor een formele outfit zoals een jacquet of een rokkostuum, houd er dan rekening mee dat daar steeds een bepaald soort schoenen bij hoort. Laat je daarom adviseren door de zaak waar je het pak koopt of huurt.

SCHOENEN

Ook de schoenen van de bruidegom moeten passen bij zijn trouwkostuum. Dat betekent meestal dat ze zeker dezelfde kleur moeten hebben. Sommige pakken vragen ook een bepaald model. Maar net als bij de bruid geldt dat ze vooral comfortabel moeten zitten, want ook de bruidegom zal op zijn trouwdag veel staan en lopen. Het kan dan ook zeker geen kwaad de schoenen vooraf wat in te lopen.

Ook de kousen van de bruidegom moeten trouwens bij de schoenen en het kostuum passen. Bij een donker pak en donkere schoenen horen donkere kousen. Witte sokken in zwarte schoenen zijn helemaal uit den boze!

ACCESSOIRES

Ook de bruidegom kan zijn kleding aanvullen met mooie accessoires, zoals een dasspeld en manchetknopen. Dergelijke accessoires kunnen hem een chique of gedistingeerde look bezorgen. Draag je een sober pak, dan kan het geen kwaad om accessoires uit te kiezen die door hun kleur of vorm de aandacht trekken. Is je trouwpak zelf al opvallend, kies dan liever voor sobere accessoires.

Feestelijk uitgedost
Over de kleding van de bruidskindjes, de bruidsstoet en de gasten

Als je op je trouwdag vergezeld wordt door een bruidsstoet, wil je misschien ook wat inspraak in de kleding van wie er allemaal meeloopt. En als je je trouwfeest een formeel karakter wilt geven – of net niet –, wil je dat misschien ook laten weten aan je gasten, zodat zij zich daarnaar kunnen kleden.

DE BRUIDSKINDJES

Kleding
Bruidskindjes zijn vaak blikvangers in de bruidsstoet. Er wordt dan ook vaak veel aandacht besteed aan wat ze die dag dragen. Alles kan, van *casual* tot feestelijk. Bedenk wel dat je bruidskindjes in de eerste plaats kindjes zijn en dat ze wellicht willen rondrennen en spelen tijdens het trouwfeest. Comfort is dus erg belangrijk! Houd ook rekening met de smaak van de kindjes: zij moeten er zich in de eerste plaats goed in voelen! Kinderen die een hele dag moeten rondlopen in kleren die ze niet mooi vinden of die het gevoel hebben voor gek te lopen in hun feestelijke uitdossing, zullen vast niet de vrolijke of schattige bruidskinderen zijn die je in gedachten had. Daarom kun je ze beter meenemen wanneer je op zoek gaat naar hun outfit, zodat ze mee kunnen beslissen. Denk je veel winkels te moeten aflopen voor je een definitieve keuze maakt? Ga dan eerst alleen shoppen en neem de kinderen pas mee wanneer je je keuze hebt beperkt tot een paar winkels.

> Oorspronkelijk gingen de (volwassen) bruidsmeisjes net zo gekleed als de bruid zelf. Dat moest de boze geesten, die het op de bruid gemunt hadden, op een dwaalspoor brengen. Zo wisten die niet meer wie de echte bruid was en moesten ze met de staart tussen de benen afdruipen.

Vooral in de periode die voorafgaat aan de kerkelijke communiefeesten vind je veel feestelijke kinderkleding. Let er wel op dat ook communiekleertjes tegenwoordig vaak lang vooraf worden gekocht: als je uit deze collecties wilt kiezen, kun je beter niet te lang wachten.

Sommige bruidsparen kiezen ervoor om de bruidskindjes uit te dossen in de kleur van de trouwjurk van de bruid, omdat dat een harmonieus geheel vormt. Je kunt ook juist voor contrasterende kleuren kiezen, die de bruidsstoet meteen iets heel levendigs geven.

Als je de kleren van de bruidskindjes ruim van tevoren koopt, houd er dan rekening mee dat (vooral jonge) kinderen op korte tijd flink kunnen groeien. Vraag daarom advies aan de ouders van de kinderen in kwestie en aan de verkoopsters van de kinderkledingzaak. Laat de kinderen de kleren een paar weken voor jullie trouwdag nog eens passen. Indien nodig kan dan nog een en ander veranderd worden.

Schoentjes
Ook voor de schoentjes van de bruidskindjes geldt dat draagcomfort op de allereerste plaats komt: ze moeten vooral makkelijk zitten. Als schoenen te strak zitten of blaren veroorzaken, is het voor de bruidskindjes snel uit met de pret.

Accessoires
Besteed ook aandacht aan de keuze van de accessoires van de kindjes. Speciale schoentjes en sokjes, mooie handschoentjes, een bijzondere hoofdversiering, een strooimandje of een klein boeketje zorgen niet alleen voor een visuele finishing touch, ze geven de bruidskindjes vaak ook een extra feestelijk gevoel. Vooral kleine meisjes kunnen hiervoor erg gevoelig zijn en vinden het vaak geweldig om een dag lang als 'prinsesje' rond te lopen.

Heb je zelf je zinnen gezet op kleertjes voor de bruidskindjes en laat je hen niet mee kiezen? Laat ze dan meebeslissen wat de keuze van de accessoires betreft.

DE LEDEN VAN DE BRUIDSSTOET

Traditioneel dragen de mannen in de bruidsstoet hetzelfde soort pak als de bruidegom. Die regel is niet langer dwingend, maar wordt toch nog erg veel toegepast. In dat geval worden de pakken vaak op een en dezelfde plek gehuurd, zodat ze mooi overeenkomen en zodat ook iedereen over dezelfde accessoires beschikt.

Soms dragen alle mannen in het gevolg hetzelfde pak, behalve de bruidegom, die een ander, vaak feestelijker of moderner pak draagt.

Even vaak echter wordt de mannen in het gevolg meer vrijheid gelaten en kunnen ze zelf kiezen welk pak ze dragen. Het spreekt vanzelf dat dat laatste vooral gebeurt wanneer gekozen wordt voor een gewoon kostuum. Bij jacquet en smoking is het nog veel gebruikelijker dat alle mannen er eender bijlopen.

De vrouwen die meelopen in de bruidsstoet hebben doorgaans veel meer keuzevrijheid. Vaak wordt wel door het bruidspaar beslist over de lengte van de kleren van de dames: iedereen kort, of iedereen lang, maar daar blijft het vaak bij. Soms worden ook afspraken gemaakt in verband met het al of niet dragen van een hoed. Het kan ook handig zijn om te overleggen over de kleur van de jurken, om te voorkomen dat alle dames in de bruidsstoet bijvoorbeeld in het rood komen opdagen.

DE GASTEN

Vaak wordt de gasten de vrijheid gelaten om te kiezen wat ze aantrekken. Wil je echter een formeel huwelijksfeest, dan kun je dat aan je gasten laten weten door op je uitnodiging 'black tie', 'dinner jacket' of 'cravate noire' te vermelden. Dat betekent dat de mannen een smoking dragen en de vrouwen een feestelijk avondtoilet. Daaronder wordt traditioneel een lange, mouwloze jurk in een soepele stof verstaan, die voor- of achteraan gedecolleteerd is. Eventueel worden er lange handschoenen bij gedragen. Overdag worden vrouwen volgens dit kledingvoorschrift verondersteld een 'little black dress', een korte cocktailjurk of een lange avondjurk te dragen.

Staat er 'white tie' of 'cravate blanche' op de uitnodiging, dan horen de vrouwen in een lange, feestelijke avondjurk te verschijnen en de mannen in rokkostuum.

'Tenue de ville' ten slotte betekent dat de mannen een donker pak dragen en de vrouwen een mantelpakje of een feestelijke jurk: nette kleding voor overdag dus, maar geen 'avond'-kleding.

Voor vrouwelijke gasten op een huwelijksfeest geldt één onontkoombare regel: wit, in alle schakeringen van sneeuwwit tot ecru, is uit den boze! Die dag is die kleur immers helemaal voorbehouden voor de bruid! Bovendien is het niet gepast feestelijker of opzichtiger voor de dag te komen dan de bruid zelf. Niemand hoort haar die dag naar de kroon te steken, niemand mag haar overtreffen.

In de ban van de ring
Over trouwringen, juweliers en inscripties

De trouwring, een cirkel zonder begin of eind, is hét symbool van de belofte van twee mensen om samen door het leven te gaan. De trouwringen zullen jullie hele leven lang het symbool blijven van de verbintenis die jullie op jullie trouwdag zijn aangegaan. Het uitzoeken ervan is dan ook een bijzonder moment.

DE TRADITIE VAN DE TROUWRING

Mannen geven hun echtgenote al eeuwenlang een ring. Eerst verwees de ring naar het feit dat de vrouw nu zijn 'bezit' was, later werd hij het symbool van de levenslange verbintenis die de man met haar was aangegaan. De ronde ring, een lijn die begin noch eind heeft, symboliseert daarbij de eeuwigdurende liefde en trouw. Het gebruik om ook de bruidegom een ring te schenken, is van veel recenter datum: het raakte pas aan het eind van de negentiende eeuw ingeburgerd.

WELKE TROUWRINGEN?

Wacht niet tot jullie bezoek aan de juwelier om je een beeld te vormen van wat er zoal bestaat aan trouwringen. Ga je de stad in, werp dan een blik in de etalages van juwelierszaken. Zo kom je er snel achter wat je wel en niet mooi vindt. Dat zal de uiteindelijke keuze een flink stuk gemakkelijker maken.

Een eerste belangrijke keuze die je zult moeten maken betreft het materiaal van jullie trouwringen. Vanwege de duurzaamheid wordt meestal gebruikgemaakt van edelmetalen.
– *Goud.* Goud is traditioneel veruit het meest gebruikte materiaal voor trouwringen. Ook vandaag nog is het bijzonder populair. De reden is niet ver te zoeken. Goud is heel duurzaam, het gaat letterlijk een eeuwigheid mee. Het is dan ook uitermate geschikt voor een symbool van een altijddurende verbintenis. Bovendien blijft goud zijn glans behouden en is het goed smeedbaar.
Let echter op. Het ene goud is het andere niet. Er bestaan verschillende soorten goud. Voor een trouwring, die per definitie heel lang moet meegaan, is zuiver goud te zacht. Daarom worden er andere – edele of onedele – metalen aan toegevoegd, met als resultaat een veel duurzamere legering. Omdat er verschillende legeringen mogelijk zijn, moet je bij een aankoop steeds op het aantal karaat letten. Dat wordt bepaald door het aandeel van het zuivere goud in de volledige legering. Hoe hoger het aantal karaat, hoe meer zuiver goud er in de legering zit. In België en Nederland zijn de goudlegeringen 14, 18, 20 en 22 karaat toegelaten. Legeringen onder de 14 karaat mogen geen goud genoemd worden. De verschillende legeringen geven overigens aanleiding tot verschillende kleuren goud: geel, wit, roze en rood goud.

– *Zilver.* Zilver is, net als goud, een edelmetaal. Het is een zacht en dus makkelijk verwerk-baar metaal met een zuivere witte kleur. Doordat het niet roest is het erg duurzaam. Zilver wordt net als goud samengesmolten met andere metalen tot een legering. De hoeveelheid zuiver zilver in de legering bepaalt het zilvergehalte. In Nederland en België worden drie zilverlegeringen aanvaard: 1ste gehalte zilver (925/000), 2de gehalte zilver (835/000) en 3de gehalte zilver (800/000).

Zilver is minder duur dan het traditioneel voor sieraden gebruikte goud. Daardoor is het al geruime tijd in trek bij jonge, vaak experimentele edelsmeden en sieradenontwerpers.

Zilveren juwelen vragen enig onderhoud. Als zilver in contact komt met zwavelver-bindingen, wordt het immers zwart. Daarom moet het regelmatig gepoetst worden en moet je zilveren voorwerpen en juwelen steeds zorgvuldig wegbergen. De juwelier kan je hierover het best adviseren.

– *Platina.* Platina is het zeldzaamste en duurzaamste onder de edelmetalen. Het verkleurt niet en wordt ook niet dunner, waardoor het zeer geschikt is voor trouwringen, die dag in dag uit worden gedragen. De mooie witte glans ervan vormt vaak een mooie combina-tie met edelstenen zoals diamanten. Platina is bovendien erg puur, zodat ook mensen met een zeer gevoelige huid het kunnen dragen.

– *Een combinatie van edelmetalen.* Tegenwoordig wordt steeds vaker gekozen voor een combinatie van verschillende edelmetalen. Vaak gaat het dan om metalen met een ver-schillende kleur – geel goud in combinatie met platina, of geel goud in combinatie met wit goud bijvoorbeeld. Dat geeft een bijzonder effect.

Ook moet je beslissen of er in de trouwring van de bruid een of meer edelstenen verwerkt zullen worden of niet. Ringen met edelstenen worden meestal enkel door de vrouw gedra-gen. De man draagt in dat geval een ring die er eender uitziet, maar dan zonder de stenen. Bij de keuze van de edelsteen kun je je laten leiden door het uiterlijk, door de waarde ervan, of door de betekenis die aan sommige edelstenen wordt toegeschreven. Diamant is een klassieker, maar er zijn nog veel andere mogelijkheden.

De betekenis van edelstenen

Agaat: gezondheid, een lang leven, voorspoed
Amethist: intelligentie, oprechtheid, beschermt tegen slechte gedachten
Aquamarijn: huwelijksgeluk, trouwe vriendschap, levensvreugde
Diamant: standvastigheid, zuiverheid, helder oordeel
Granaat: trouw, succes, macht en gezag
Maansteen: tevredenheid
Onyx: huwelijksgeluk
Opaal: opgewektheid
Parel: gezondheid
Robijn: aanzien, gezag, moed, levensvreugde
Rozenkwarts: bekoorlijkheid, innerlijke en uiterlijke schoonheid
Saffier: oprechtheid, trouw, kalmte, gemoedsrust
Sardonyx: huwelijksgeluk

Smaragd: hoop
Toermalijn: eeuwigdurende gezondheid, lang leven
Topaas: een lieflijk karakter
Turkoois: wilskracht
Zirkoon: mensenkennis, vreugde, vriendschap

Voor eeuwig en altijd
Het is de bedoeling dat jullie je trouwringen voor de rest van jullie leven gaan dragen. Houd dit steeds in het achterhoofd bij het kiezen van de ringen. Vraag jezelf steeds af of je een bepaalde ring over twintig, dertig, veertig jaar nog altijd zult willen dragen. Op te modieuze, trendgevoelige of opzichtige ringen raak je misschien sneller uitgekeken.

Voor bruid en bruidegom dezelfde ring?
Op de vraag of jullie als bruid en bruidegom dezelfde trouwringen gaan dragen, ben je misschien geneigd om meteen en volmondig 'ja, natuurlijk!' te antwoorden. Maar wat als jullie het niet eens raken over wat jullie mooi vinden? Overweeg in dat geval om toch twee verschillende ringen te kopen, liever dan dat een van jullie beiden levenslang opgezadeld zit met een ring die hij of zij niet mooi vindt.

WAAR KOOP JE TROUWRINGEN?

Bij elke juwelier vind je een uitgebreide collectie trouwringen, van de klassieke, sobere, geelgouden trouwring tot eigentijdse ontwerpen in platina. Keuze te over dus. Bedenk wel dat het veelal om collecties van bekende sieradenfabrikanten gaat, die je dus ook in de meeste juwelierszaken zult terugvinden.

Wil je liever geen trouwring die je in de etalages van verschillende juweliers ziet? Tegenwoordig hebben heel wat goud- en edelsmeden en sieradenontwerpers zich op de markt van de trouwringen geworpen. Zij bieden vaak originele en aparte juwelen aan en bij sommigen van hen kun je ook terecht om een unieke creatie te laten ontwerpen en vervaardigen. Dergelijke ontwerpers vind je vaak op huwelijksbeurzen en in de advertentieruimte van bruidsmagazines.

Wil je een uniek ontwerp, praat dan met de ontwerper uitgebreid over jullie smaak en voorkeuren. De ringen die hij gaat ontwerpen, gaan jullie tenslotte heel jullie leven dragen! Vraag hem ook wat er gebeurt wanneer jullie zijn ontwerp niet mooi zouden vinden. Zijn jullie verplicht de ringen dan toch te kopen, of maakt hij een nieuw ontwerp?

DRAAGCOMFORT

Let bij het uitzoeken van jullie trouwringen steeds goed op het draagcomfort. Een ring die aan de binnenkant mooi glad is afgewerkt, zit veel aangenamer aan je vinger dan een ring met een oneffen binnenkant. En een ring met veel oneffenheden en uitsteeksels aan de buitenkant kan je in de weg gaan zitten bij je dagelijkse bezigheden.

Zorg er ook voor dat de ringen perfect passen. Dat wil zeggen dat je ze gemakkelijk aan je vinger moeten kunnen schuiven. Ze zitten perfect als je tussen ring en vinger een tandenstokertje kunt steken.

Pas de trouwringen enkele dagen voor de trouwdag nog een keer. Als de ring niet meer zou passen, kan de juwelier er misschien nog wat aan doen.

JE TROUWRINGEN LATEN GRAVEREN

Aan de binnenzijde van trouwringen wordt meestal een inscriptie gegraveerd. Zo worden de ringen meteen unieke stukken, die de uniciteit van jullie relatie symboliseren.

Het graveren gebeurt met de hand of machinaal. Een inscriptie die met de hand is aangebracht, zit meestal dieper dan een machinaal gegraveerde inscriptie en verdient daarom de voorkeur in het geval van trouwringen, waarbij ring en inscriptie tenslotte een leven lang moeten meegaan.

Omdat de ruimte in een trouwring beperkt is, wordt voor de inscriptie vaak gekozen voor een combinatie van de trouwdatum en de voornamen of de initialen van bruid en bruidegom. Een korte, persoonlijke tekst of bijvoorbeeld de betekenisvolle titel van een liedje kan echter ook. Je kunt de ruimte binnen in de ring nog op andere, originelere manieren benutten. In plaats van de klassieke inscriptie kun je er ook een vingerafdruk van je partner of een afdruk van de hartslag van je partner in laten graveren.

Houd wel steeds in het achterhoofd dat de inscriptie, net als de ring, een leven lang moet meegaan. Weersta daarom de verleiding om voor een al te tijdsgebonden – of leeftijdsgebonden! – inscriptie te kiezen.

Houd er rekening mee dat het extra tijd kost om jullie ringen te laten graveren. Begin daarom tijdig met het uitzoeken van de ringen.

Draag je nu al een ring aan de vinger waar straks je trouwring komt te zitten? Doe die er dan tijdig af, om te voorkomen dat je een witte ringrand hebt op voor de rest zongebruinde handen.

Wie mooi wil zijn
Over kapsels, zonnebanken en diëten

Op haar trouwdag staat de bruid in het middelpunt van de belangstelling. Bovendien zal ze waarschijnlijk nooit in haar leven zo vaak worden gefotografeerd als die dag. Het is dan ook niet verwonderlijk dat ze er op die ene dag op haar best uit wil zien...

KAPSEL

Veel bruiden willen op hun trouwdag een ander, vaak feestelijker kapsel dan ze dag in dag uit dragen. Het is raadzaam om hierover zo vroeg mogelijk met je kapper te spreken. Als je je haar wilt laten groeien, heb je immers wel wat tijd nodig. En als je een drastische verandering van kapsel wilt, bijvoorbeeld een volledig andere kleur, dan kun je dat ook het best lang van tevoren uitproberen. Als het resultaat toch niet zou meevallen, heb je nog de tijd voor wat anders.

Heb je de trouwjurk al gekocht, laat je kapper er dan een foto van zien. Vertel hem er ook bij of je een sluier, een tiara, diadeem, hoed of bloemen in je haar wilt dragen. Zo kan hij de stijl van je kapsel daar zo goed mogelijk aan aanpassen.

Heb je zelf een kapsel in gedachten, aarzel dan niet om de haalbaarheid daarvan met je kapper te bespreken. Je kunt ook uit bruidsmagazines foto's verzamelen van kapsels die je mooi vindt en die aan je kapper laten zien. Zo kan hij zich een beeld vormen van wat jij voor ogen hebt.

Als je van plan bent een hoed te dragen op je trouwdag, mag je niet uit het oog verliezen dat je die 's avonds tijdens het feest wellicht zult willen afzetten. Vraag de kapper daarmee rekening te houden: je hebt een kapsel nodig dat niet alleen mooi is met maar ook zonder je hoed!

Heel handig is het om enkele weken vooraf een proefkapsel te laten maken. Bij die afspraak kun je het beste de hoofdaccessoires meenemen die je van plan bent op je trouwdag te dragen. Bevalt het kapsel je niet, dan heb je nog tijd om samen met je kapper op zoek te gaan naar een alternatief.

Laat het proefkapsel maken op de dag dat je een afspraak hebt om de jurk te gaan passen, dan krijg je een volledig beeld van hoe je eruit gaat zien op je trouwdag en weet je zeker of het kapsel dat je gekozen hebt past bij de jurk. Draag dat kapsel de hele dag. Zo weet je meteen of het gedurende langere tijd goed blijft zitten.

Pols bij je kapper of hij op de trouwdag het kapsel bij je thuis kan verzorgen. Dat is vaak veel makkelijker en meer ontspannen dan wanneer je eerst nog langs de kapsalon moet.

Vraag je kapper of je je haar de dag zelf nog mag wassen. De kans is groot dat hij je vraagt dit niet te doen, maar het de avond tevoren te wassen. Zeker als je het haar wilt opsteken, is te glad, pas gewassen haar geen goed idee: je kapsel houdt dan minder goed.

SCHOONHEIDSVERZORGING EN MAKE-UP

Bij een perfecte uitstraling op je trouwdag hoort meestal ook enige make-up. Misschien voel je je zeker genoeg om daar zelf voor te zorgen, of misschien wil je toch liever dat dit op die bijzondere dag door een professional wordt gedaan. Je kunt dan een beroep doen op een schoonheidsspecialiste.

Een goede schoonheidsspecialiste zal niet alleen een mooie make-up aanbrengen, maar er ook voor zorgen dat die goed overkomt op foto's.

Een schoonheidsspecialiste zal vooraf ook je huid grondig reinigen en indien nodig behandelen. Als je tijdig bij haar langsgaat, kan ze je ook tips geven voor een optimale verzorging van je huid, zodat die in prima conditie raakt voor jullie trouwdag.

Naast de verzorging van je huid kun je bij een schoonheidsspecialiste onder meer ook terecht voor het epileren van je wenkbrauwen, het verven van je wimpers en het ontharen van je gelaat en benen.

Een bezoek aan de schoonheidsspecialiste kan erg ontspannend zijn. Zeker in de hectische aanloop naar jullie trouwdag kan dat mooi meegenomen zijn. Vraag haar eventueel om een gezichtsmassage, om even helemaal te genieten en te ontspannen...

Traditioneel wordt de make-up van een bruid sober gehouden. Een bruid hoort er zo natuurlijk mogelijk uit te zien, de make-up die gebruikt wordt dient enkel om haar natuurlijke schoonheid te onderstrepen. Je make-up moet ook afgestemd zijn op de stijl en kleur van je trouwjurk en op je bruidsboeket. Een sneeuwwitte jurk zal bijvoorbeeld koelere tinten van make-up vragen, terwijl bij een ivoorkleurige jurk dan weer net warmere tinten passen. Licht je schoonheidsspecialiste daarom zo goed mogelijk in over hoe je er op je trouwdag uitziet en laat haar eventueel een foto van je jurk of een staaltje van de stof zien.

Enkele weken voor je trouwdag kun je al eens bij de schoonheidsspecialiste langsgaan voor een proefmake-up. Dan krijg je meteen een idee van hoe je eruit gaat zien. Indien mogelijk kun je het aanbrengen van die proefmake-up laten samenvallen met het maken van een proefkapsel en met een pasbeurt voor je trouwjurk. Dan weet je helemaal zeker of alles goed op elkaar is afgestemd. Als je die proefmake-up een hele dag draagt, weet je gelijk of hij een dag lang mooi blijft. Houdbaarheid is immers een erg belangrijke eigenschap van een goede trouwmake-up, die in alle omstandigheden vlekkeloos moet blijven zitten.

Pols ook bij je schoonheidsspecialiste of ze je trouwmake-up op je trouwdag bij je thuis kan aanbrengen.

Vraag aan je schoonheidsspecialiste een stick van de lippenstift die ze voor je make-up gebruikt heeft. Zo kun je je lippen in de loop van de dag nog een beetje bijkleuren. En dat kan wel eens nodig zijn, na het vele zoenen en drinken!

EEN KLEURTJE

Bij een witte trouwjurk staat een gebruinde huid meestal prachtig. Heb je van jezelf niet zo'n bruine huid, dan kun je je toevlucht nemen tot de zonnebank. Een paar beurten volstaan meestal al om een mooie tint te krijgen. Overdrijf hier zeker ook niet mee en blijf jezelf – als je van jezelf een bleek type bent, zal iedereen de wenkbrauwen fronsen bij het zien van een door en door bruine bruid. Begin ook tijdig met een zonnebankkuur. Als je in de week voor je trouwdag nog te vaak onder de zonnebank gaat, loop je het gevaar dat je huid verbrandt. En een knalrode bruid is nou ook niet meteen wat je voor ogen had...

Wil je liever niet in de zon of onder de zonnebank, maar wil je wel een kleurtje, overweeg dan het gebruik van een goede zelfbruiner. Tegenwoordig is hun effect soms nauwelijks te onderscheiden van dat van zon of zonnebank. Kies in elk geval voor een degelijke zelfbruiner – minder goede zelfbruiners geven soms nog af, en dat is wel het laatste wat je wilt als je een witte trouwjurk draagt! Om je te verzekeren van een optimaal effect kun je hem laten aanbrengen door een schoonheidsspecialiste. Doe je het zelf, volg dan nauwkeurig de gebruiksaanwijzing en ga uiterst secuur te werk om een vlekkerig resultaat te vermijden.

Verlies de bruidegom niet uit het oog. Een zongebruinde bruid naast een lijkbleke bruidegom is op zijn zachtst gezegd een vreemd gezicht...

EEN PAAR KILOOTJES ERAF

Veel bruiden proberen voor hun trouwdag nog enkele kilo's kwijt te raken. Wil jij dat ook, begin dan tijdig. De laatste weken voor je trouwdag een crashdieet volgen waarbij je haast niets meer eet, is alleen maar ongezond. Beter kun je geruime tijd op voorhand werk maken van het afvallen. Een combinatie van meer lichaamsbeweging en een verantwoord en gezond dieet is ideaal. Een voedingsdeskundige of diëtiste kan je daarbij helpen.

Als je van plan bent nog wat kilo's te verliezen voor de trouwdag, kun je dat het beste even melden in de winkel waar je je trouwjurk besteld hebt, zodat daar rekening mee kan worden gehouden. Stop zeker met diëten op het moment dat je je laatste pasbeurt hebt gehad. Probeer vanaf dan op gewicht te blijven. Anders loop je het gevaar dat je trouwjurk toch niet perfect zal passen.

Laat je gewicht – en het kwijtraken ervan – geen obsessie worden. Vergeet niet dat je aanstaande van je houdt – van wie je bent, zoals je nu bent!

VERZORGDE HANDEN

Je handen gaan op je trouwdag niet onopgemerkt voorbij. De fotograaf en de videomaker zullen ze uitgebreid in beeld brengen op het ogenblik dat je partner je trouwring aan je vinger schuift. En op je huwelijksfeest zal menige gast vragen om je ring te mogen zien. Je handen zijn dan ook echte blikvangers en moeten er daarom perfect uitzien.

Daarom kun je vooraf langsgaan bij een manicure of een nagelstudio om je handen en nagels in een goede conditie te brengen. Heb je van jezelf geen lange nagels, maar wil je er wel graag op je trouwdag, overweeg dan kunstnagels. Zorg op de dag zelf ook voor een goed aangebrachte én passende nagellak. Houd er rekening mee dat de kleur van nagellak in een potje soms anders is dan op een nagel. Wacht dus nooit tot de trouwdag zelf om de nagellak voor de eerste keer aan te brengen, maar probeer hem al eens eerder uit.

VERZORGDE VOETEN

Op je trouwdag wordt er heel wat gevraagd van je voeten. De hele dag zul je erop moeten rondlopen en staan, en dat in nieuwe schoenen. Om te zorgen dat je voeten in topvorm zijn om deze beproeving te doorstaan, kun je vooraf een voetverzorging laten uitvoeren door een pedicure. Heb je last van eksterogen, likdoorns of eelt, dan zul je er zeker veel baat bij hebben. Maar ook zonder dat kunnen een voetbad en een voetmassage je deugd doen en ervoor zorgen dat je voeten op de trouwdag minder snel vermoeid of pijnlijk zullen aanvoelen. Ben je van plan om open schoenen te dragen op je trouwdag, vergeet dan zeker niet je teennagels te laten verzorgen.

Zeg het met bloemen
Over bruidsboeketten, corsages en andere bloemversieringen

Denk aan een huwelijk en gegarandeerd zie je ergens in het plaatje bloemen. Het bruids-boeket, de bloemversiering in de kerk, de tafelstukjes bij het trouwdiner, de bloemen van de bruidskindjes, de boutonnière van de bruidegom, de bloemetjes in het haar van de bruid... bloemen lijken niet weg te denken van een trouwdag. Dat is niet zo verwonderlijk: bloemen hebben immers iets heel feestelijks.

HOE VIND JE EEN GOEDE BLOEMIST?

Bloemen zijn heel belangrijk in het creëren van de algemene sfeer van je trouwdag. Een goede bloemist is dus onmisbaar. Informeer bij vrienden en kennissen naar goede bloe-misten, raadpleeg de Gouden Gids, neem een kijkje op trouwbeurzen. Vraag ook aan de ver-antwoordelijke van jullie feestlocatie naar goede bloemisten met wie zij regelmatig samen-werken.

Maak vervolgens een afspraak met een aantal bloemisten en bespreek je wensen en dro-men met hen, om te kijken of het klikt. Let ook op het budget. Je kunt gemakkelijk kapita-len besteden aan bloemversieringen, en als je niet op een euro hoeft te kijken is het niet zo moeilijk om je droom te verwezenlijken. De meeste bruidsparen hebben echter een beperkt budget, maar een goede bloemist kan binnen de grenzen van een bepaald bedrag toch de gewenste sfeer oproepen.

Bezorg je bloemist zoveel mogelijk informatie. Laat hem eventueel een foto en een staal-tje stof van je trouwjurk zien en foto's van de locaties van plechtigheid en feest en van boe-ketten en bloemversieringen die jij mooi vindt.

> Verzamel foto's van bruidsboeketten en bloemversieringen die je bevallen. Zo krijgt de bloemist een idee van jouw smaak en stijl.

Vraag hem ook naar foto's van boeketten en bloemversieringen die hij in het verleden gere-aliseerd heeft. Zo kom je er snel achter of de bloemist in kwestie in jouw stijl werkt. Heeft hij de locatie(s) die jullie gekozen hebben al eens versierd? Heeft hij daar foto's van? Vraag ook of hij in de nabije toekomst nog een kerk gaat versieren voor een huwelijk. In dat geval kun je een kijkje gaan nemen en met eigen ogen zien of zijn werk je bevalt. Ook de bloe-menwinkel zelf kan al een indicatie zijn van de stijl van de bloemist.

WELKE BLOEMEN?

Bij het nadenken over hoe je wilt dat je trouwdag eruitziet, heb je je misschien ook al een beeld gevormd van de bloemen die je wilt gebruiken of van de kleur(en) die je wilt laten overheersen.

Bij de keuze van de bloemen kun je rekening houden met de volgende factoren.

– *Kleur.* Als je bepaalde kleuren de toon wilt laten aangeven op je trouwdag, kun je er het best voor zorgen dat die kleuren ook voorkomen in je bruidsboeket en in de verschillende bloemversieringen, of het nu gaat om klassieke trouwtinten zoals wit en crème, of om fellere kleuren.

Ga je voor wit, dan nog heb je de keuze uit verschillende tinten: sneeuwwit, roomwit, wit met een vleugje roze, geel of groen, om maar enkele mogelijkheden te noemen. Dat betekent niet dat je voor één bepaalde tint hoeft te kiezen. Verschillende tinten wit passen meestal ook mooi samen. Wil je het wit van de bloemen echter perfect afstemmen op de jurk, neem dan een stukje stof van je trouwjurk mee naar de bloemist.

– *Seizoen.* Houd ook rekening met het seizoen waarin je trouwt. Sommige bloemen zijn niet het hele jaar door beschikbaar, of kosten een fortuin als je ze buiten het seizoen wilt kopen. Kies je daarentegen voor bloemen van het seizoen, dan heb je meer bloemen voor minder geld. Bovendien heb je meer garantie dat je verse, en dus mooie, bloemen zult hebben.

– *Houdbaarheid.* Je bruidsboeket moet een hele dag meegaan en ook de bloemversieringen moeten er aan het eind van de avond nog fris uitzien. Bloemen die na enkele uren al hun kopje laten hangen, zoals tulpen, zijn dus uit den boze.

– *Persoonlijke voorkeur.* Heb je een persoonlijke voorkeur voor een bepaald soort bloemen? Dan ligt het voor de hand dat je die laat verwerken in bijvoorbeeld je bruidsboeket.

– *Geur.* De geur van bloemen is vaak aangenaam en als je kiest voor bloemen met een bepaalde geur, is de kans groot dat je die geur je leven lang gaat associëren met je huwelijksdag. Geuren roepen immers veel herinneringen op. Kijk echter uit met te sterk ruikende bloemen en met combinaties van te veel verschillende geuren.

De betekenis van bloemen

Door de eeuwen heen hebben bloemen een symbolische betekenis verworven. Misschien wil jij de bloemen op je trouwdag wel een bepaalde boodschap laten overbrengen?

Acacia (roze): elegantie
Akelei: dwaasheid
Anemoon: verwachting
Anjer: toewijding, goddelijke liefde
Blauwe regen: ik blijf bij je
Boterbloem: rijkdom
Calla: prachtige schoonheid
Chrysant (rood): ik heb je lief
Chrysant (wit): waarheid
Fresia: onschuld
Hyacint: standvastigheid
Iris: wijsheid, deugdzaamheid

Jasmijn: tederheid
Kamperfoelie: trouw, toewijding
Klimop: trouw, huwelijksgeluk
Krokus: maak geen misbruik van me
Lelie: puurheid, eerlijkheid
Lelietje-van-dalen: geluk, eenvoud
Madeliefje: onschuld
Magnolia: waardigheid
Narcis: achting, eerbied
Oranjebloesem: vruchtbaarheid
Orchidee: liefde, schoonheid
Pioenroos: schaamte
Roos (geel): jaloezie
Roos (rood): liefde, ik hou van jou
Roos (wit): liefde, onschuld, ik ben jou waardig
Roos (rood en wit samen): eenheid
Sering: prille liefde
Sneeuwklokje: hoop
Stefanotis: huwelijksgeluk
Strohalm: verbintenis
Tulp: liefde, passie
Vergeet-mij-nietje: ware liefde
Viooltje: betrouwbaarheid, nederigheid
Zonnebloem: bewondering, energie, levenslust

HET BRUIDSBOEKET

Geen bruid zonder bruidsboeket. Van alle bloemen die er op je trouwdag te zien zullen zijn, springt het bruidsboeket het meest in het oog. Je draagt het als bruid dan ook de hele dag met je mee.

In het oude Rome droegen bruiden onder hun sluier een bundeltje kruiden. Dat zou geluk brengen. De verschillende kruiden hadden verschillende betekenissen, opdat bruid en bruidegom verzekerd zouden zijn van alles, van geluk en voorspoed tot de vruchtbaarheid van de bruid. Eeuwen later werden de kruiden in Engeland vervangen door oranjebloesems, als symbool van vruchtbaarheid.

Traditioneel behoort het tot de taken van de bruidegom om voor het bruidsboeket te zorgen. Voor veel bruidegoms is dat geen eenvoudige of voor de hand liggende taak, zeker niet als hun toekomstige bruid zo haar eigen idee heeft over hoe het boeket eruit moet zien. Niet alleen heb je als bruid misschien een voorkeur voor bepaalde bloemen of kleuren, je wilt natuurlijk ook dat je boeket bij je trouwjurk past – en die heeft de bruidegom uiteraard nog niet gezien! Allesbehalve een eenvoudige opgave dus.

Om het hem een beetje gemakkelijker te maken, kun je met je aanstaande bespreken welke bloemen en welke kleuren je mooi vindt. Zoek in bruidsmagazines of op het internet naar foto's van boeketten die jou aanspreken. Eventueel kan hij ze meenemen naar de bloemist. Je kunt ook aangeven welke stijl bij je jurk past. Je kunt hem ook voorstellen dat hij samen met je moeder, je schoonmoeder, je beste vriendin of je zus naar de bloemist gaat om je bruidsboeket te bestellen. In dat geval kun je met hen bespreken welk boeket bij je jurk zou passen. Bijzonder handig is het als de bloemist weet hoe je jurk er ongeveer uitziet. Geef daarom – in een gesloten envelop! – eventueel een foto van de jurk en een staaltje van de stof mee. Zo kunnen de bloemen perfect worden afgestemd op je jurk. Bij een strakke, minimalistische jurk past immers een ander boeket dan bij een wijde, romantische of een drukbewerkte, barokke jurk.

Het bruidsboeket kun je het best niet alleen afstemmen op de kleur en het materiaal van je bruidsjurk, maar ook op de stijl ervan. Bij een zeer bewerkte jurk past vaak een eenvoudig boeket, terwijl een sobere jurk soms wel een wat groter boeket mag hebben.

Ben je er toch niet helemaal gerust op, dan kun je voorstellen om het bruidsboeket samen te bestellen. Dat gebeurt steeds vaker, wellicht omdat bruiden steeds beter weten hoe ze er op hun trouwdag uit willen zien en omdat hun bruidsboeket daar nu eenmaal een belangrijk onderdeel van is.

Ook al laat je de keuze van je bruidsboeket helemaal aan je aanstaande over, zoals de traditie het wil, dan nog is het erg mooi als het bruidsboeket en de overige bloemen op elkaar zijn afgestemd. Het is daarom raadzaam ook al de andere bloemen bij dezelfde bloemist te bestellen, zodat die voor een mooie eenheid kan zorgen.

In Wales is mistletoe (maretak), dat een symbool is van de liefde, een belangrijk onderdeel van elk bruidsboeket. Tijdens het huwelijksfeest geeft de bruid aan haar ongetrouwde vrouwelijke gasten een stukje van de mistletoe. Als dat stukje mistletoe, dat in water gezet of geplant wordt, wortel schiet en begint te groeien, zal de vrouw in kwestie zelf snel in het huwelijk treden.

In Amerika en Engeland gooit de bruid tegen het eind van het feest haar bruidsboeket traditiegetrouw tussen de vrijgezelle vrouwelijke gasten. De vrouw die het boeket opvangt, wordt de volgende bruid. Veel bruiden gooien echter niet hun echte bruidsboeket weg, maar een speciaal daarvoor gemaakte kopie.

Bruidsboeketten bestaan er in vele vormen, ingedeeld in vier hoofdstijlen: de druppelvorm, de biedermeier, de waterval en de vrije vorm. Tegenwoordig kiezen steeds meer bruidsparen voor een aparte, niet-traditionele vorm, waarbij soms ook gebruik wordt gemaakt van minder traditionele materialen. Het resultaat is vaak een werkelijk uniek boeket.

Een bruidsboeket hoeft trouwens geen *boeket* in de letterlijke zin van het woord te zijn. Tegenwoordig zie je ook wel eens bruiden die in plaats van een heel boeket één enkele bloem meedragen. Vaak wordt dan gekozen voor een heel 'sprekende' bloem, zoals een orchidee, een zonnebloem of een calla. Dat kan een zeer bijzonder en stijlvol effect hebben.

Bruidsboeketten kunnen ook op verschillende manieren worden samengebonden. Dat heeft veel invloed op de houdbaarheid en de hanteerbaarheid van het boeket. De zogenaamde *bridy* is een boeket dat wordt gemaakt op een bol oasis, die vervolgens wordt bevestigd op een steel van kunststof. Zo'n boeket is snel klaar en bovendien lang houdbaar, maar de steel is niet altijd even mooi en het boeket is ook moeilijk neer te leggen.

Een handgebonden boeket heeft vaak iets spontaans en natuurlijks omdat de gebruikte materialen vrij kunnen bewegen. Een nadeel is wel dat het minder lang houdbaar is. Bovendien moet de bruid bij een handgebonden boeket de bloemstelen in haar hand houden. Oppassen voor vlekken dus!

Bij bruidsboeketten wordt daarom vaak de draadgebonden techniek toegepast, waarbij alle bloemen en andere materialen apart op draad worden gezet. Het is een arbeidsintensieve – en dus dure! – manier van werken, die echter veel ruimte laat voor de creativiteit van de bloemist en de wensen van het bruidspaar. Het handvat van een draadgebonden boeket wordt vaak afgewerkt met tape en lint, soms zelfs in de stof van de trouwjurk, of met andere materialen zoals touw, raffia, kant of parelsnoertjes.

Ben je helemaal weg van je bruidsboeket, dan kun je overwegen om het na je trouwdag te laten drogen. Zo heb je meteen een mooie herinnering aan jullie huwelijksdag. De bloemist kan je wellicht een adres aan de hand doen van een firma die bruidsboeketten droogt. Ook op trouwbeurzen en in de advertentieruimte van bruidsmagazines zijn die te vinden. Regel dit wel steeds vooraf, je bruidsboeket moet namelijk zo snel mogelijk na de trouwdag – vaak dezelfde nacht nog – afgehaald worden.

Wil je het bruidsboeket niet als geheel houden, dan heb je andere mogelijkheden om het te 'bewaren'. Je kunt bijvoorbeeld alle bloemblaadjes plukken en laten drogen en ze vervolgens met lekker ruikende kruiden of stukjes fruitschil vermengen tot een heerlijk geurende potpourri. Bevat je bruidsboeket naast bloemen ook takken groen, dan kun je die in water zetten en wortel laten schieten. Als dat lukt, groeit er uit je bruidsboeket misschien wel een mooie struik. Als dat geen blijvende herinnering is!

De bruid draagt haar bruidsboeket steeds in haar vrije hand: links als ze links van de bruidegom loopt, rechts als ze rechts van hem loopt. Tijdens de huwelijksplechtigheid kun je het boeket voor je neerleggen of aan een van de bruidsmeisjes geven. Tijdens religieuze plechtigheden wordt het bruidsboeket soms op het altaar gelegd.

Arriveert je bruidsboeket een tijdje voor de huwelijksplechtigheid, probeer het dan zo vers mogelijk te houden. Een handgebonden boeket kun je gemakkelijk in een vaas met water plaatsen, een boeket op draad bewaar je het best op een koele plek, zoals bijvoorbeeld de koelkast.

Het bruidsboeket vormt het uitgangspunt waarop de bloemversieringen voor de andere gasten (de bloemen voor de bruidskindjes en de corsages en boutonnières) afgestemd moeten zijn. Vaak is het mooi als ook de rest van de bloemversieringen een eenheid vormt met het bruidsboeket. Vertrouw alles daarom toe aan een en dezelfde bloemist.

DE CORSAGES EN BOUTONNIÈRES

De gasten die meelopen in de bruidsstoet dragen vaak ook een bloemencorsage. Dat geldt ook voor de bruidegom. Blijven de corsages beperkt tot de mannelijke leden van het gevolg, dan spreekt men van boutonnières. Boutonnières worden meestal gemaakt van bloemen die ook in het bruidsboeket gebruikt zijn, om een mooie eenheid te creëren. Vaak draagt de bruidegom een boutonnière die een beetje afwijkt van die van de andere mannelijke gasten. Mannen dragen een boutonnière aan de linkerkant, op de revers of in de zak van hun jasje, met de bloem naar boven.

Soms worden er ook corsages gemaakt voor de vrouwen die meelopen in de bruidsstoet. Zij dragen hun corsage links onder het sleutelbeen, ditmaal met de bloem naar beneden. Indien zij dat wensen, bijvoorbeeld om hun jurk beter tot zijn recht te laten komen, mogen dames hun corsages echter ook op een andere plaats dragen.

Corsages en boutonnières kunnen op verschillende manieren worden bevestigd. Als enkel de mannen boutonnières dragen worden de bloemen wel eens op een kartonnetje bevestigd, dat dan in de zak wordt geschoven. Corsages kunnen ook worden opgespeld of met magneetjes worden aangebracht. Omdat niet iedereen even vaardig is in het aanbrengen van de corsages, kun je vragen of de ceremoniemeester deze taak op zich wil nemen.

HAARVERSIERING

Wil je als bruid bloemetjes in je haar, bespreek de mogelijkheden dan met je kapper. Wil je bloemen dragen in combinatie met een sluier, hoed of diadeem, vermeld dit dan zeker. Vraag hem hoe hij de bloemetjes wil hebben en bespreek vervolgens met de bloemist of dit mogelijk is. Sommige bloemisten zijn erin bedreven bloemetje per bloemetje op een dun ijzerdraadje te bevestigen, dat door de kapper makkelijk in je kapsel kan worden verwerkt. Vaak ook zal de bloemist de bloemetjes speciaal behandelen, zodat ze de hele dag door een verse indruk geven. Wil je helemaal niet het risico lopen dat de bloemen in je haar verwelken, dan kun je ook overwegen om slechts een deel van de dag verse bloemen te dragen en ze daarna te vervangen door kunstbloemen of door een andere haarversiering, zoals een diadeem of een tiara. Ook hier geldt natuurlijk weer dat het mooi is als de bloemetjes in je kapsel zijn afgestemd op je bruidsboeket en op de corsages.

BLOEMEN VOOR DE BRUIDSKINDJES

Vaak dragen ook de bruidskindjes in de bruidsstoet bloemen. Hier heb je verschillende mogelijkheden. Je kunt hun een miniversie van je bruidsboeket laten dragen, of een mandje met bloemen, of een bloemenkransje. Bespreek de mogelijkheden met je bloemist. Hij heeft vast een hoop ideeën die passen bij de stijl van je bruidsboeket.

De laatste jaren raakt ook het gebruik van strooibloemen steeds meer in zwang. De bruidskindjes dragen in dat geval mandjes of emmertjes die zijn gevuld met bloemblaadjes (meestal rozenblaadjes), die ze bij het binnen- of buitengaan van stadhuis of kerk voor het bruidspaar uitstrooien. Je kunt die rozenblaadjes bestellen bij je bloemist. Vind je dat te duur, dan kun je zelf bossen rozen kopen en de blaadjes in mandjes of emmertjes doen.

Niet alle bruidskindjes hoeven trouwens dezelfde bloemversiering te dragen. Zeker als je bruidskindjes nogal verschillen van leeftijd, kun je een onderscheid maken. Zo kun je de jongste bruidskindjes dan bijvoorbeeld de strooibloemetjes laten dragen en een ouder bruidsmeisje een miniversie van je boeket.

Je kunt ook overwegen om het ringkussen te laten versieren met bloemen in de stijl van je bruidsboeket en de overige bloemversieringen. Of als je geen ring*kussen* wilt, kun je de bloemist vragen of hij iets anders kan maken om de ringen aan te bevestigen.

Het kan mooi zijn om ook de bruidsmeisjes bloemetjes te laten dragen in hun haar. Je kunt hiervoor de bloemen gebruiken die je zelf ook gebruikt, maar je kunt hen bijvoorbeeld ook een bloemenkransje laten dragen in hun haar. Bedenk wel dat deze bloemetjes stevig bevestigd moeten kunnen worden – in al hun levendigheid zouden bruidskindjes anders wel eens wat bloemen kunnen verliezen.

BLOEMEN VOOR DE HUWELIJKSPLECHTIGHEID

Je kunt ook bloemen bestellen om de plek van je huwelijksplechtigheid op te vrolijken. Bespreek altijd vooraf met stadhuis of kerk wat er mag en kan.

Vooral bij kerkelijke huwelijken is het gebruikelijk dat de kerk versierd wordt met bloemen. Hoeveel versieringen je wilt, hangt niet alleen af van je persoonlijke smaak en stijl, maar ook van de kerk waarin je trouwt. Een grote kerk heeft misschien veel bloemen nodig om een beetje versierd te lijken, terwijl eenzelfde hoeveelheid bloemen in een intiem kerkje misschien pompeus of grotesk overkomt. Heeft je kerk een heel eigen stijl, let dan op dat je die niet helemaal laat verdwijnen achter gigantische bloemarrangementen. In een kerkje met een bijzonder achtste-eeuws zandstenen altaar zou het zonde zijn zo'n groot bloemstuk te gebruiken dat van dat mooie altaar niks meer te zien is. Het is daarom goed als je bloemist de kerk kent waarin je trouwt.

Informeer ook even of er in de kerk sowieso al bloemversieringen aanwezig zijn. Vooral wanneer je trouwt in de periode rond een kerkelijke feestdag zoals Kerstmis of Pasen, kan dat het geval zijn. Het kan ook zijn dat er eerder op de dag een ander koppel trouwt in dezelfde kerk. In dat geval kun je twee dingen doen. Ofwel neem je de bloemversieringen van het eerste koppel gewoon over (probeer in dat geval vooraf met hen te overleggen, zodat jullie niet alleen de kosten kunnen delen, maar ook een gezamenlijke stijl kunnen bepalen), ofwel laat je hun bloemen verwijderen en vervangen door de jouwe. Bedenk wel dat dat tijd vergt, er zal dus genoeg ruimte moeten zijn tussen hun en jullie plechtigheid.

Er bestaan verschillende manieren om een kerk te versieren. De bloemist zal je hierin raad kunnen geven. Veel voorkomende versieringen zijn:
– een centraal altaarstuk;
– bloemversieringen aan de lezenaar;
– bloemversieringen aan de paaskaars (bijvoorbeeld een kransje eromheen);
– bloemversieringen aan de stoelen van het bruidspaar;
– bloemversieringen aan de stoelen naast het gangpad (eventueel om de twee rijen, om kosten te besparen);
– bloemversieringen aan de kerkdeur (bijvoorbeeld een bloemenkrans);
– bloemversieringen buiten bij de ingang van de kerk (bijvoorbeeld palm- of laurierboompjes, eventueel opgesmukt met bloemen).

Zit er enige tijd tussen het einde van de plechtigheid en het begin van het feest, dan kun je de bloemen die gebruikt zijn voor de plechtigheid misschien ook gebruiken voor het feest. Bespreek dit met je bloemist, en wijs meteen ook iemand aan die verantwoordelijk is voor het vervoeren en weer aanbrengen van de bloemversieringen.

BLOEMEN VOOR HET HUWELIJKSFEEST

Ook de plek waar je het huwelijksfeest houdt, kun je versieren met bloemen. Overleg altijd eerst met de eigenaars wat hierin hun politiek is. Misschien leggen zij bepaalde beperkingen op, of werken ze met een vaste bloemist die je dan verplicht bent te engageren. Vraag ook of er bloemversieringen inbegrepen zijn in de huur van de locatie. Dat is altijd mooi meegenomen.

Ook hier zijn de mogelijkheden onbeperkt. Het vaakst zie je bloemen op de tafels, gaande van echte boeketten, mandjes met bloemstukjes tot één enkele bloem in een mooi vaasje. Maar denk ook aan bloemversieringen bij de ingang (bijvoorbeeld palm- of laurierboompjes), bij de buffettafels, aan de stoelen van het bruidspaar en van de gasten, aan zuilen of muren in de feestzaal, enzovoorts. Laat je verbeelding de vrije loop. Vraag de eigenaars van de locatie ook naar foto's van eerdere huwelijksfeesten. Die kunnen je misschien op heel wat ideeën brengen! Bespreek je wensen vervolgens met je bloemist.

Zorg er steeds voor dat de tafelstukken ofwel laag ofwel hoog zijn, zodat de gasten aan tafel elkaar kunnen zien. Te grote tafelstukken hebben bovendien als nadeel dat je weinig anders meer kwijt kunt in het midden van de tafel, zoals voedsel en drank.

BLOEMEN VOOR THUIS

Vertrekken jullie en de bruidsstoet vanuit het huis van een van jullie ouderparen, of vanuit jullie eigen huis? Dan kunnen jullie ook dat huis met bloemen versieren. Je kunt daarbij denken aan bloemstukken voor binnen, aan een bloemversiering voor aan de voordeur of voor in de tuin. Het geeft jullie vertrekpunt meteen iets heel feestelijks.

BLOEMEN VOOR HET TROUWVERVOER

Ook je trouwvervoer kun je voorzien van een feestelijk accent door er een bloemversiering op aan te brengen, die meteen aangeeft dat het om trouwvervoer gaat. Vraag wel altijd aan het vervoerbedrijf wat toegelaten is. Vraag ook of het vervoerbedrijf zelf voor de versieringen zorgt of dat je die mag laten maken door je bloemist. Zo kun je ervoor zorgen dat ze een mooi geheel vormen met de andere bloemversieringen die op jullie trouwdag gebruikt worden.

ZEG HET... ZONDER BLOEMEN

Bloemen zijn niet de enige mogelijkheid om een kerk, een stadhuis of een feestzaal te versieren. Er zijn er nog vele andere, die je alleen of in combinatie met bloemen kunt gebruiken.

Kaarsen
Wil je een romantische sfeer creëren? Dan zijn kaarsen dé oplossing. Zowel in de kerk als in de feestzaal kun je kaarsen en theelichtjes gebruiken om voor een gedempte, romantische verlichting te zorgen. In de kerk kun je niet alleen kaarsen op het altaar plaatsen, maar bijvoorbeeld ook aan weerszijden van de entree. Op je feest kun je overal in de zaal kaarsen en theelichtjes plaatsen: op de tafels, op de buffettafels, bij de ingang. Je kunt de kleur van de kaarsen aanpassen aan de kleur van je jurk of van je boeket, je kunt ook geur- of drijfkaarsen gebruiken.

Ballonnen
Ballonnen zijn een leuke en speelse manier om een plek te versieren. Tegenwoordig bestaan ze in alle kleuren en vormen. Je vindt ze in gespecialiseerde ballonnenwinkels, waar je zelfs een aantal ballonnen aan elkaar kunt laten bevestigen in een bepaalde vorm, bijvoorbeeld een hart.

Linten en strikken
Ook linten en strikken kunnen voor een erg feestelijke indruk zorgen. Je kunt ze bevestigen aan de rug van stoelen, aan muren, pilaren, zuilen, rond vaasjes die op tafel staan... Ook in de kerk kun je linten gebruiken, bijvoorbeeld om de stoelen of kerkbanken te decoreren. Ook hier weer kun je de kleur perfect aanpassen aan de stijl van je trouwdag.

Foto's
Je kunt ook foto's van jullie beiden (van je kindertijd tot nu, apart en samen) gebruiken om de feestzaal te versieren. Plaats één foto op elke tafel, of bevestig een aantal, eventueel uitvergrote foto's aan de muren. Vooral als je er wat minder brave foto's bij doet, zijn succes en plezier bij jullie gasten verzekerd.

Je trouwdag op wieltjes
Over trouwvervoer in alle stijlen

Je trouwdag breng je meestal niet op één plek door. Misschien moet je van het huis van de bruid eerst naar het stadhuis, vervolgens naar de kerk en dan nog naar de plek waar jullie huwelijksfeest zal plaatsvinden. Je zult dus moeten zorgen voor vervoer voor jullie zelf en voor de bruidsstoet.

EEN SCALA AAN MOGELIJKHEDEN

Vroeger verplaatste de bruidsstoet zich nogal eens in een rij (vaak zwarte) luxewagens, waarvoor dan taxi's werden gehuurd. Tegenwoordig nemen nog steeds heel wat bruidsparen die gewoonte over. Het kan echter ook anders. Wil je je als bruidspaar liever verplaatsen in een snelle sportwagen, een glimmende limousine, een stijlvolle oldtimer, een hippe Smart of VW Kever of een romantische koets met paarden, dan kan ook dat. En misschien kan zelfs ook de bruidsstoet in soortgelijke volgauto's rijden. Vind je het maar een saai idee dat de leden van de bruidsstoet twee per twee in een volgauto moeten en heb je ze liever dichter bij je op die bijzondere dag, dan kun je overwegen om een bus te huren, zodat iedereen samen kan rijden. Gezelligheid en sfeer gegarandeerd! Tegenwoordig heb je trouwens de keuze uit een ruim assortiment bussen, van rode Londense dubbeldekbussen tot gele Amerikaanse schoolbussen en oude Franse retrobussen.

Wacht niet te lang met het reserveren van je trouwvervoer, zeker niet als je iets aparts wilt. Bijzondere transportmiddelen worden vaak al erg vroeg besproken.

> Let er bij de keuze van jullie trouwvervoer steeds op dat jullie comfortabel kunnen zitten. Beschikken jullie over genoeg beenruimte? Is er voldoende plek voor een breed uitwaaierende trouwjurk of een lange sleep? Is er genoeg hoofdruimte als je een hoed of een sluier draagt? Kun je op een gemakkelijke – met andere woorden comfortabele én elegante – manier in- en uitstappen?

> Rijden jullie met een cabriolet en laat het weer het toe om de kap omlaag te doen? Rij dan niet te snel, om te voorkomen dat de wind vrij spel krijgt met kapsels en hoeden. Anders zou je wel eens helemaal verwaaid op je bestemming kunnen aankomen...

ZELF ACHTER HET STUUR?

Lijkt het je als bruidegom wel wat om op de grote dag zelf achter het stuur te kruipen van bijvoorbeeld een snelle sportwagen en je bruid overal heen te rijden? Daar is uiteraard niets op tegen. Denk, voor je die beslissing neemt, echter ook even aan de praktische kant van de zaak. Op je trouwdag heb je immers wel wat anders aan je hoofd dan chauffeur spelen.

En misschien wil je op het moment zelf wel niets liever dan je samen met je geliefde lekker luxueus door een chauffeur naar de volgende locatie laten rijden.

Daarvoor kun je een beroep doen op vrienden of familieleden of op een gespecialiseerd taxi- of trouwvervoerbedrijf. Zo'n bedrijf kan meteen ook veel praktische problemen voor je oplossen, denk maar aan het vinden van een parkeerplek voor een hele stoet wagens in een druk stadscentrum en het helpen met in- en uitstappen.

> Wil je toch liever zelf rijden, in een andere wagen dan de jouwe? Maak dan vooraf een proefrit, zodat je aan de auto gewend bent en je geen brokken maakt op je trouwdag!

EEN FEESTELIJK ACCENT

Welk vervoer je ook kiest, steeds kun je het voorzien van een feestelijk accent om duidelijk te maken dat het om trouwvervoer gaat. Met een eenvoudig wit lint kun je dat al op een sobere manier aangeven, maar je kunt het vervoer ook versieren met bloemen of ballonnen. Vraag wel altijd aan het vervoerbedrijf wat toegelaten is. Kies je voor bloemversieringen, vraag dan of je die mag laten maken door je bloemist. Zo kun je ervoor zorgen dat ze een mooi geheel vormen met de andere bloemversieringen die op jullie trouwdag gebruikt worden.

VOORAFGAANDE AFSPRAKEN

Maak vooraf duidelijke prijsafspraken. Vaak moet je extra betalen vanaf een bepaald aantal kilometers en wordt ook de versiering apart aangerekend. Spreek dit vooraf allemaal af, zodat je niet voor onaangename verrassingen komt te staan. Bespreek ook hoe je wilt dat de versiering van het trouwvervoer eruit gaat zien en wie daarvoor moet zorgen. Bezorg het trouwvervoerbedrijf vooraf ook een gedetailleerde dagindeling, het precieze aantal gasten dat meerijdt, de adressen van de verschillende locaties en een precieze routebeschrijving.

Bespreek ook wat er gebeurt wanneer een van de wagens (of andere vervoermiddelen) met pech aan de kant belandt. Zorgt het vervoerbedrijf – snel! – voor vervangend vervoer? Zeker bij oude auto's en bussen moet je hierop bedacht zijn. Vraag ook hoe het met de verzekeringen zit. Wie is waarvoor aansprakelijk?

> Controleer enkele dagen voor de trouwdag of de route die jullie hebben doorgegeven aan het vervoerbedrijf nog klopt. Als de verkeerssituatie gewijzigd is of er een tijdelijke wegomlegging is, moet je dat aan het vervoerbedrijf doorgeven.

Say cheese
Over fotografen, reportages en wegwerpcameraatjes

Aan de 'mooiste dag van je leven' wil je natuurlijk herinneringen overhouden, het liefst ook tastbare. En foto's vormen de herinneringen bij uitstek. Goede foto's vertellen het verhaal van jullie trouwdag en geven de sfeer en de emoties ervan weer. Als je mooie foto's hebt van je trouwdag, zul je er later nog vaak naar teruggrijpen als herinnering aan een bijzondere dag. Het is dan ook niet verwonderlijk dat de meeste bruidsparen foto's laten maken op hun trouwdag.

WELKE STIJL?

Het ene trouwalbum is het andere niet. Er zitten enorme verschillen in. Voor je contact opneemt met een fotograaf, doe je er goed aan voor jezelf uit te maken welke stijl jullie het meest aanspreekt. Zo kun je gerichter op zoek gaan.

Formeel of journalistiek?
Bij een formele fotoreportage ligt de nadruk op geposeerde portretten van het bruidspaar en de belangrijkste aanwezigen, op familieportretten en op de sleutelmomenten van jullie trouwdag, zoals het uitwisselen van de ringen en het ondertekenen van het huwelijksregister. Deze aanpak staat garant voor mooie, geslaagde foto's. De fotograaf heeft er dan meestal ook de tijd voor genomen om de perfecte foto te maken. Sommige mensen vinden al dat poseren echter maar niks. Bovendien zul je met een formele fotoreportage niet gauw spontane foto's hebben.

Bij een meer journalistieke benadering wordt je trouwdag als het ware een evenement waarvan een fotoreportage moet worden gemaakt. De fotograaf is daarbij vaak onzichtbaar en probeert niet alleen de belangrijke momenten, maar ook de sprekende details vast te leggen. Deze stijl is bijzonder geschikt om de sfeer van je trouwdag weer te geven en levert meestal leuke, onverwachte foto's op, die soms veel meer zeggen dan een geposeerde foto: een bruidsmeisje dat in slaap is gevallen, de moeder van de bruid die een traan wegpinkt, de bruidegom die knipoogt naar de bruid... Een mogelijk nadeel is wel dat je er misschien niet op elke foto even perfect opstaat: als je niet weet dat er een foto van je gemaakt wordt, zit je haar misschien net niet goed, of trek je net een raar gezicht.

Ga je voor de meer journalistieke benadering, overweeg dan om toch enkele portretfoto's te laten maken, al was het maar voor jullie ouders en grootouders, die daar misschien wel belang aan hechten.

Kleur of zwart-wit?

Tegenwoordig worden er voor trouwreportages meestal kleurenfoto's gemaakt. Zo krijg je het beste beeld van hoe je trouwdag er precies uitzag: de precieze tint van je bruidsjurk, de kleuren van je bruidsboeket, de stralend blauwe hemel, de blos op de wangen van de bruidskindjes.

Zwartwitfoto's hebben dan weer een tijdlozer karakter, en hebben vaak iets stijlvols en romantisch over zich hangen. Ze kunnen ook een hoog expressief en emotioneel gehalte hebben. Soms zien ze er ook artistieker uit.

Naast kleur of zwart-wit kun je overigens ook nog kiezen voor sfeervolle sepiatinten, die foto's vaak iets ouderwets-romantisch geven.

Puur of bewerkt?

Tegenwoordig is er steeds meer mogelijk op het gebied van digitale beeldbewerking. Met een foto kun je dan ook alle kanten op. De kleuren kunnen worden bijgewerkt, dat spatje vuil op je witte trouwjurk kan worden verwijderd, de achtergrond kan worden veranderd, noem maar op.

Wil je graag dat van de nieuwste beeldbewerkingstechnologieën wordt gebruikgemaakt voor jullie trouwreportage, zoek dan een fotograaf die daar ervaring mee heeft. Bekijk zijn voorbeeldalbums en gebruik ze om aan te geven wat jullie wel en niet zien zitten. De mogelijkheden zijn immers nagenoeg grenzeloos en het komt er dan ook op aan goed duidelijk te maken wat jullie wel en niet mooi vinden.

Hebben jullie het niet zo op al die nieuwe snufjes en houden jullie het liever 'puur', ga dan niet in zee met een fotograaf die in zijn albums allerlei speciale effecten gebruikt. Jullie zitten wellicht niet op dezelfde golflengte...

Je hoeft natuurlijk niet het een of het ander te kiezen. Een afwisseling van spontane en geposeerde foto's, van kleur- en zwartwitfoto's biedt meestal het beste en volledigste beeld van je trouwdag.

WELKE FOTOGRAAF?

Wie je de foto's van je trouwdag laat maken, is een belangrijke beslissing, die de kwaliteit en de stijl van de foto's rechtstreeks beïnvloedt. De foto's van je trouwdag kun je niet overdoen. Ze moeten meteen goed zijn, wil je mooie, tastbare herinneringen hebben. Denk daarom goed na voor je een definitieve beslissing neemt.

Professioneel of niet?

Laten we eerlijk zijn, aan een professionele fotoreportage hangt een fors prijskaartje. Het is dan ook verleidelijk om toch maar geen professionele fotograaf in te huren. Je kent misschien iemand in je familie of vriendenkring die mooie foto's maakt en bovendien over een goed toestel beschikt. Bedenk echter wel dat het maken van een goede trouwreportage niet zo eenvoudig is. Het zou jammer zijn als de belangrijkste momenten van jullie trouwdag niet vastgelegd zijn omdat de foto mislukt, bijvoorbeeld onder- of overbelicht, is. Die kans is een stuk groter bij amateurs dan bij een professionele fotograaf. Die laatste beschikt immers over een ruime ervaring en staat ervoor garant dat jullie voldoende geslaagde foto's zullen hebben. Een professionele fotograaf is ook geoefend in het maken van huwelijksreportages en zal er beter in slagen de sfeer van jullie dag te vatten.

Niet-professionele fotografen zijn meestal ook niet gewend om te werken in stresseren-de omstandigheden. En voor een trouwreportage is dat net belangrijk. Jullie kunnen niet wachten met het uitspreken van jullie trouwbelofte en met het uitwisselen van de ringen tot de fotograaf klaar is om de perfecte foto te maken. Wie een trouwreportage maakt, mag niets missen, want wat gebeurd is, komt niet meer terug. Een bruidstaart die niet hele-maal perfect was of een soliste die een valse noot speelde, is gauw vergeten, maar van een fotograaf die het jawoord of het uitwisselen van de ringen mist of die er niet in slaagt de sfeer van jullie trouwdag vast te leggen, kun je lang spijt hebben...

Hoe vind je een professionele fotograaf?
Ook hier speelt mond-tot-mondreclame een grote rol. Informeer bij vrienden en familie-leden naar goede fotografen en vraag of je hun trouwalbum mag zien. Vraag meteen ook door naar hun ervaring met de fotograaf: wat vonden zij goed en minder goed aan hem? Zoek, eventueel via de Gouden Gids, fotografen in je streek op en vraag hun werk te zien. Ook op huwelijksbeurzen tref je veel bruidsfotografen aan, die je meteen een staalkaart van hun recente werk kunnen tonen.

Maak vervolgens een afspraak met de fotografen die je aanspreken. Wellicht zal de foto-graaf je een album laten zien dat een soort 'best of' is van de huwelijksreportages die hij in het verleden gemaakt heeft. Bekijk dit album aandachtig. Let op de kwaliteit en de scherp-te, op de compositie, op de belichting, enzovoorts. Vraag of je ook een volledig album van enkele trouwparen kunt bekijken. Let weer op de genoemde details, maar kijk nu ook of je door dit album een idee krijgt van de sfeer van de vastgelegde trouwdag. En wat is de ver-houding tussen geposeerde en meer journalistieke foto's, en tussen kleur en zwart-wit? Besteed ook aandacht aan de compositie van de bladen. Vergelijk de albums ook onderling. Bevatten ze steeds dezelfde elementen? Dan heb je wellicht te maken met een fotograaf die een vaste formule volgt en niet echt creatief te werk gaat. Pols ondertussen naar de ideeën die de fotograaf heeft omtrent het maken van een huwelijksreportage. Heb je de indruk dat hij een passie heeft voor dit soort werk? Komen zijn ideeën overeen met wat jul-lie voor ogen hebben? Als hij een diametraal tegenovergestelde visie heeft op hoe een trouwreportage eruit behoort te zien, dan is deze fotograaf waarschijnlijk niks voor jullie en kun je beter op zoek gaan naar een andere.

Het allerbelangrijkste is dat het klikt tussen jullie en de fotograaf. Jullie zullen tenslotte een hele dag met hem moeten optrekken!

Sluit niet te gauw compromissen als het op jullie trouwfoto's aankomt. Zij zijn een van de weinige tastbare herinneringen aan je trouwdag, zorg er dus voor dat je krijgt wat je wilt.

Geboekt!
Als je het gevoel hebt dat jullie dé fotograaf voor jullie trouwreportage gevonden hebben, is het tijd om meer in details te treden. Punten om aandacht aan te besteden zijn:
– *Jullie wensen.* Neem de tijd om jullie wensen en verwachtingen uiteen te zetten, evenals de dingen die jullie *niet* willen. Reageert hij enthousiast, of heb je de indruk dat hij het problematisch vindt? Vraag op de man af hoe haalbaar hij jullie wensen vindt en wat hij als vakman denkt van wat je net hebt zitten te vertellen.

- *Prijs*. We zeiden het al, een professionele trouwreportage is een dure aangelegenheid. Om niet voor onaangename verrassingen te komen staan, kun je het best nu al het financiële aspect aansnijden. Hoeveel vraagt hij voor een fotoreportage? Wat is in die prijs inbegrepen (reiskosten, afdrukken van de foto's, maken van het trouwalbum, het trouwalbum zelf...)? Wat valt er extra te betalen en hoeveel kost dat dan? Hoe lang blijft hij, en hoeveel kost het als je hem langer wilt hebben? Hoeveel foto's zullen er voor een bepaalde prijs in jullie album zitten? Vraag ook naar de prijs van eventuele nabestellingen. Bij de meeste bruidsfotografen ligt die immers bijzonder hoog.
- *Aantal foto's*. Bespreek hoeveel foto's de fotograaf denkt te zullen maken. Dat staat los van het aantal foto's dat uiteindelijk in jullie album zal belanden. Hoe meer foto's hij maakt, hoe groter de kans dat er veel mooie tussen zitten. Vraag je fotograaf daarom om niet al te zuinig om te springen met film.
- *Ontwikkelen*. Vraag of hij zijn foto's zelf ontwikkelt, of dat hij ze laat ontwikkelen bij een centrale. Dat laatste kan immers de kwaliteit van de foto's schaden.
- *Negatieven*. Wanneer je een trouwreportage bestelt, krijg je wel een album en foto's, maar in het merendeel van de gevallen niet de negatieven. Die blijven eigendom van de fotograaf. Vraag wat hij ermee doet. Hoe lang bewaart hij ze? Wat als jullie over een aantal jaren nog een foto of een vergroting willen bestellen? Bespreek of het mogelijk is om de negatieven na verloop van tijd van hem over te nemen.
- *Albums*. Vraag hem ook naar de verschillende mogelijkheden om jullie trouwalbum af te werken. Werkt hij steeds met dezelfde albums, of kun je kiezen uit verschillende formaten en materialen? Vind je tussen zijn aanbod niet meteen je keuze, vraag dan of je zelf een album kunt leveren, waarin hij de foto's plakt. Er zijn immers bijzonder veel mooie albums in de markt, in alle soorten, kleuren, stijlen en maten.
- *Samenstelling van het trouwalbum*. De foto's die tijdens jullie trouwdag gemaakt worden, worden meestal gepresenteerd in een trouwalbum. Bespreek met de fotograaf hoe hij te werk gaat bij het samenstellen ervan. Besteed hieraan voldoende aandacht. Waarschijnlijk zullen jullie het album vele malen tevoorschijn halen voor vrienden en familieleden, zorg er dus voor dat het gezien mag worden! En naast de kwaliteit van de foto's zelf, spelen de samenstelling en de lay-out van het album een minstens even grote rol!
- *Aflevertijd*. Vraag ook steeds wanneer jullie het album in handen zullen hebben. Vooral in de drukke trouwmaanden (de zomermaanden) kan dat immers een hele tijd duren. Als je weet waar je aan toe bent, kan dat frustraties besparen.

VOORAFGAANDE AFSPRAKEN

Nu je je fotograaf geboekt hebt, kun je het best een volgende afspraak met hem vastleggen, dichter bij de datum van de trouwdag. Dit is dé gelegenheid om in detail te bespreken wat jullie precies van hem verwachten en hem op de hoogte te brengen van het verloop van de dag. Een goed geïnformeerde fotograaf kan immers beter inspelen op de gebeurtenissen. Bezorg hem daarom een gedetailleerd draaiboek van jullie trouwdag, zodat hij precies weet wat er te gebeuren staat. Spreek steeds goed af wanneer hij waar aanwezig moet zijn. Wil je dat hij al foto's maakt op het moment dat de bruid zich klaarmaakt? Meld dat dan uitdrukkelijk, want de meeste fotografen beginnen hun reportage op het ogenblik dat de bruidegom bij de bruid aankomt.

Vertel hem ook wat jullie precies van hem verwachten. Bezorg hem eventueel een overzicht van de foto's die jullie absoluut willen hebben. Zo kan daar geen misverstand over bestaan. Ervaren fotografen zullen automatisch foto's maken van de sleutelmomenten, zoals het binnenkomen van de bruid en het uitwisselen van de ringen. Dat zijn momenten die voor elk bruidspaar van belang zijn en dus in geen enkel album (mogen) ontbreken. Het heeft weinig zin om je fotograaf een lijstje te bezorgen van dergelijke, zeker te maken foto's. Het is wél zinvol om hem attent te maken op minder voor de hand liggende momenten, mensen of voorwerpen die voor jullie een bijzondere betekenis hebben. Denk hierbij in de eerste plaats aan bijzondere gasten van wie jullie absoluut een foto willen hebben, bijvoorbeeld vrienden die speciaal uit het buitenland zijn overgekomen voor jullie huwelijk, vrienden met een pasgeboren baby of familieleden met wie je een bijzondere band hebt.

Vraag eventueel een vriend of familielid om in de buurt van de fotograaf te blijven, om hem attent te maken op wie belangrijk is in jullie entourage en dus zeker op de foto moet komen.

Willen jullie bepaalde groepsfoto's, van bijvoorbeeld familie of vroegere klasgenoten, meld dan ook dat. Zijn er voorwerpen waarvan jullie een foto willen, vertel dat dan ook aan de fotograaf. Heeft de moeder van de bruid het hele huis opgeluisterd met zelfgemaakte bloemstukken, of hebben jullie veel werk gestoken in kleine details zoals de programmaboekjes of de bedankjes voor de gasten, vraag hem dan om daar extra aandacht aan te besteden.

Confronteer je fotograaf niet met een ellenlange lijst van gewenste foto's. Vertrouw erop dat hij, eventueel met enige aanwijzingen van jullie, zijn werk prima zal doen en weersta de verleiding om hem van moment tot moment te vertellen wat hij moet doen. De (creatieve) vrijheid die jullie hem geven zal jullie reportage alleen maar ten goede komen.

Spreek ook de timing met hem door. Op welk moment denkt hij de familieportretten te maken? Voor de huwelijksplechtigheid, in de tuin van je ouders bijvoorbeeld? Of na de huwelijksplechtigheid, in de tuin van de feestzaal? In dat laatste geval kun je het best een pauze inlassen tussen het einde van de plechtigheid en het begin van de receptie en/of het feest, omdat je de gasten immers niet meteen zult kunnen ontvangen.

FOTO'S OP LOCATIE

Anders dan de naam laat vermoeden bestaat een trouwreportage meestal niet louter uit een fotografisch 'verslag' van het verloop van jullie trouwdag. Meestal worden er ook een aantal — al dan niet geposeerde — foto's van jullie beiden gemaakt die niet rechtstreeks te maken hebben met de opeenvolging van de gebeurtenissen op jullie trouwdag. Vroeger ging het daarbij om formele studioportretten van het bruidspaar, tegenwoordig betreft het vaak een mengeling van geposeerde en spontane foto's op een mooie, romantische of verrassende locatie.

Misschien heb je zelf een locatie in gedachten. Bespreek met de fotograaf of hij die plek ziet zitten. Een in jullie ogen romantisch decor levert immers niet per definitie goede foto's op. De fotograaf zal niet alleen rekening houden met de sfeer, maar ook met andere – meer technische – aspecten, zoals de lichtinval.

Hebben jullie zelf geen ideeën voor een locatie, vraag dan raad aan de fotograaf. Hij kent vast een aantal leuke plekken!

Op welk moment de locatiefoto's gemaakt worden, hangt in de eerste plaats af van de dagindeling. Veel bruidsparen kiezen ervoor om deze foto's voor de huwelijksplechtigheid of tussen de plechtigheid en de receptie te laten maken. Overweeg je om ze voor de plechtigheid te laten maken, houd er dan wel rekening mee dat het wel eens zou kunnen dat je niet 'ongeschonden' in het stadhuis of de kerk verschijnt. Zeker als jullie voor een buitenlocatie hebben gekozen, kan er al eens een vlek(je) op je jurk komen of kan je kapsel wat verwaaid zijn. Kies je ervoor om de locatiefoto's na de plechtigheid te laten maken, zorg er dan voor dat de gasten niet te lang op jullie hoeven te wachten. Vind je het programma van de trouwdag al druk genoeg en voelen jullie er niet veel voor om er die dag een uurtje – of zelfs enkele uurtjes – tussenuit te knijpen, dan kun je overwegen om de locatiefoto's op een later moment, bijvoorbeeld enkele dagen later, te maken. Het voordeel daarvan is dat je meer tijd hebt voor het maken van de foto's en dat je wellicht minder gestrest bent, omdat je je niet druk hoeft te maken over de gasten die aan het wachten zijn. Bedenk wel dat je die dag dan weer in vol ornaat moet verschijnen, het liefst gekleed, gekapt en opgemaakt zoals op jullie trouwdag.

Kiezen jullie voor een buitenlocatie, dan kan het verstandig zijn om het moment van de fotosessie mede te laten afhangen van het buitenlicht. De ochtend en de late middag zijn zeer geschikt omdat de zon dan laag staat en het licht diffuus is, wat erg mooie beelden kan opleveren. Een felle middagzon kan een hard en genadeloos licht geven, en jullie bovendien de ogen doen toeknijpen.

EXTRA FOTO'S?

Zitten er in je familie- of vriendenkring mensen die mooie foto's maken? Het kan nooit kwaad om ze te vragen om op jullie trouwdag hun fototoestel mee te brengen om wat extra foto's te maken. Zij zullen meer dan de professionele fotograaf oog hebben voor mensen uit jullie omgeving, die ook hun vrienden of familie zijn. Zeg hun wel dat je een professionele fotograaf hebt ingehuurd en druk hun op het hart dat het niet de bedoeling is dat zij zijn taak overdoen of dat zij hem voortdurend voor de voeten lopen.

De meeste bruidsfotografen blijven niet de hele dag. Ze maken foto's voor, tijdens en nog even na de huwelijksplechtigheid. Op het feest zelf zijn ze meestal niet meer aanwezig. Je kunt ze natuurlijk vragen dat wel te doen, maar dat zal meestal betekenen dat je nog heel wat extra moet betalen. Een goed alternatief is om aan enkele vrienden of familieleden te vragen om vanaf dat moment foto's te maken. Het zou jammer zijn als je van dat deel van je trouwdag geen foto's had. Zorg er wel voor dat er voldoende filmrolletjes voorhanden zijn.

Steeds vaker ook worden er wegwerpcameraatjes neergelegd op de verschillende tafels. De bedoeling is dan dat de gasten foto's maken van elkaar. Het grote voordeel hiervan is dat je op deze manier foto's zult hebben van het merendeel van jullie gasten. Een nadeel kan de kwaliteit van de foto's zijn.

Als in een film
Over videomakers, montages en videobanden

Tegenwoordig worden van huwelijken niet alleen foto's gemaakt, maar vaak ook video-reportages. Een video levert een ander soort herinnering op aan jullie huwelijksdag en is vaak een aanvulling op een mooi trouwalbum. Een video laat je als het ware je huwelijks-dag opnieuw beleven, je krijgt dingen te zien die je de dag zelf misschien gemist hebt, je kunt de speeches nog eens beluisteren...

Toch kiezen lang niet alle bruidsparen ervoor een video van hun trouwdag te laten maken. Sommige zien ervan af om financiële redenen: ook aan een videoreportage hangt immers weer een fors prijskaartje. Anderen vinden één camera die dag al meer dan voldoende en voelen zich ongemakkelijk bij de gedachte dat er naast een fotograaf ook nog eens een videomaker rondloopt. Wanneer er in zulke gevallen gekozen moet worden tussen een foto- en een videoreportage, valt de keuze meestal uit in het voordeel van de fotorepor-tage. Ook na hun trouwdag zijn de meeste bruidsparen het er overigens over eens dat ze meer belang hechten aan hun trouwalbum dan aan hun trouwvideo.

WELKE STIJL?

Ook tussen trouwvideo's bestaan er grote verschillen en ook hier is weer veel mogelijk, van een ongemonteerde stroom van beelden zoals ze de dag zelf zijn opgenomen of een mon-tage van de mooiste momenten, tot een video waarin zelfs videobeelden van vroeger, bij-voorbeeld jullie kindertijd, of van later, zoals de huwelijksreis, zijn verwerkt.

Hoe meer montagewerk eraan te pas komt, hoe duurder de videoreportage zal worden. Ongemonteerd materiaal is dan ook de goedkoopste optie. Het resultaat is een door-lopende, ongecensureerde stroom van beelden, die volledig de chronologie van jullie trouwdag volgt. Hiermee beleef je je trouwdag letterlijk opnieuw. Het nadeel daarvan is dat je al snel geneigd zult zijn de *fast-forward*toets van de afstandsbediening in te drukken, want hoe fantastisch je trouwdag ook was, op een ongemonteerde live versie ervan zullen onvermijdelijk dode momenten staan, die je niet voor de tiende keer wilt bekijken. Een ongemonteerde versie duurt al snel uren en dat is zelfs voor de meest gewillige kijker te veel van het goede. Een videoreportage van anderhalf uur is zowat het maximum.

Kies je voor een gemonteerde video, dan heb je mogelijkheden zat. De montage kan beperkt blijven tot het inkorten van de video tot de mooiste beelden van de verschillende onderdelen van jullie trouwdag, maar de videomaker kan nog verder gaan: interviewtjes opnemen met jullie gasten en die tussen de beelden door monteren, de reportage begin-nen met beeldmateriaal uit jullie beider kindertijd, of besluiten met een samenvatting in de vorm van de mooiste beelden van jullie trouwdag. Hij kan jullie ook vragen om achteraf commentaar in te spreken en dat dan via de voice-overtechniek monteren bij de beelden van de trouwdag.

WELKE VIDEOMAKER?

Professioneel of niet?
Als je een videoaandenken aan je trouwdag wilt hebben, betekent dat nog niet per se dat je ook een professionele videomaker moet inhuren. Je kunt ook in je vriendenkring en familie even rondvragen wie er over een digitale camera beschikt. Misschien vind je wel iemand bereid om op jullie trouwdag te komen filmen. Tenzij je het geluk hebt dat je neef een opleiding als cameraman heeft gevolgd, moet je dan echter wel beseffen dat je aan zo'n video niet dezelfde eisen mag stellen als aan een professioneel gemaakte reportage, noch op het vlak van de beeldkwaliteit, noch op dat van de montage. Als je een perfecte montage niet zo belangrijk vindt, of als je sowieso gaat voor ongemonteerd materiaal, is dat natuurlijk geen probleem. Wil je echter wel dat de beelden naadloos op elkaar volgen en in elkaar overlopen, en wil je bovendien eersteklas beeldmateriaal, dan kun je beter een vakman in de arm nemen.

Waar vind je een goede videomaker?
Videomakers lijken minder in het oog te springen dan fotografen. Maar ook hier is mond-tot-mondreclame erg belangrijk. Raken vrienden of familieleden niet uitgepraat over hun prachtige trouwvideo? Vraag ze dan of je er een keertje naar kunt kijken, en wie de video gemaakt heeft. Als je al een fotograaf geboekt hebt, is ook hij een goede bron: vaak kunnen fotografen je goede videomakers aanraden. Extra meegenomen is dan dat ze wellicht met videomakers zullen komen die qua stijl aansluiten bij hun eigen opvattingen en werk. Ook op huwelijksbeurzen vind je videomakers die gespecialiseerd zijn in trouwreportages. Vaak kun je daar meteen al een voorbeeld van hun werk bekijken.

Maak vervolgens een afspraak met de videomakers die je aanspreken. Op dat moment zul je de gelegenheid hebben om een of meer reportages van hun hand te zien. Bekijk de video aandachtig. Let in de eerste plaats op de technische kwaliteit ervan: de helderheid en de scherpte, de beeldvastheid, de afwisseling van close-ups en opnames van op een afstand, het naadloos in elkaar overgaan van gemonteerde scènes, de kwaliteit en de verstaanbaarheid van de geluidsband. Als de video die je te zien krijgt technisch niet in orde is, kun je beter meteen een andere videomaker zoeken.

Let ook op de manier waarop de videomaker in zijn montage het verhaal van een trouwdag brengt. Zit er logica in de manier van vertellen? Is er sprake van eenheid van stijl? Vormen de beelden een soort 'best of' van de trouwdag? Krijg je nergens het gevoel dat het langdradig of eentonig wordt? Heb je de indruk dat je door het bekijken van de video een beeld hebt gekregen van de sfeer van die specifieke trouwdag, of had het om eender welk huwelijk kunnen gaan? En vooral: is dit de manier waarop je wilt dat je eigen trouwdag op film wordt vastgelegd?

Informeer naar zijn kijk op het maken van een huwelijksreportage. Net als bij de fotograaf geldt ook hier dat een videomaker die een totaal andere visie dan jullie heeft, waarschijnlijk niet geschikt is.

Probeer je ook een beeld te vormen van zijn persoonlijkheid. Een goed videomaker moet zo goed als onzichtbaar zijn. Niets is zo storend als een cameraman die jullie en de gasten voortdurend voor de voeten loopt. Het is dan ook belangrijk dat hij zich bescheiden kan opstellen.

En het allerbelangrijkste: kijk of het klikt tussen jullie en de videomaker!

Geboekt!

Heb je de perfecte videomaker gevonden? Dan is het tijd om meer in details te treden:

– *Jullie wensen.* Vertel je videomaker over jullie wensen en verwachtingen en zeg hem ook wat jullie *niet* willen. Peil naar zijn reactie: is hij enthousiast, of heb je eerder de indruk dat hij datgene wat je zegt problematisch vindt? Vraag hoe haalbaar hij jullie wensen vindt, en wat hij er als professioneel videomaker van denkt.

– *Prijs.* Om onaangename verrassingen te vermijden, kun je het beter nu al over de financiële kant van de zaak hebben. Hoeveel kost een videoreportage? Wat is in die prijs inbegrepen? Hoeveel moet je bijbetalen als de videomaker langer moet blijven? Hoeveel kosten extra kopieën van jullie trouwvideo, bijvoorbeeld voor jullie ouders?

– *Hoeveelheid beeldmateriaal.* Hoeveel uren beeldmateriaal filmt hij? De regel hierbij is dat hoe meer beeldmateriaal er voorradig is, hoe beter een mooie montage kan worden samengesteld. Voor een montage van een halfuur heb je minimaal tweeënhalf uur materiaal nodig.

– *Montage.* Vraag hoe hij te werk gaat bij het monteren van de video. Hoe kiest hij het materiaal dat hij zal verwerken? Hebben jullie daar inspraak in? Krijgen jullie een eerste versie te zien waarop jullie nog wijzigingen kunnen aanbrengen, of is zijn montage definitief?

– *Beeldmateriaal.* Wat doet hij met het beeldmateriaal? Bewaart hij het, of krijgen jullie ook het geheel van de ongemonteerde opname mee naar huis?

VOORAFGAANDE AFSPRAKEN

Als je je videomaker geboekt hebt, kun je het best een volgende afspraak met hem vastleggen, dichter bij de datum van de trouwdag. Dat is meteen dé gelegenheid om in detail te bespreken wat jullie precies van hem verwachten. Op dat moment moet je hem ook op de hoogte brengen van hoe jullie trouwdag eruitziet en wat er allemaal te gebeuren staat. Zo kan hij beter inspelen op het verloop van de gebeurtenissen. Bezorg hem daarom een gedetailleerd draaiboek, zodat hij precies weet wat er te gebeuren staat. Spreek steeds goed af wanneer hij waar aanwezig moet zijn.

Vertel hem ook duidelijk wat jullie van hem verwachten. Bezorg hem eventueel een overzicht van elementen die jullie zeker op video willen hebben. Zo kan daar geen misverstand over bestaan. Je kunt daarvoor uitgaan van het lijstje dat je misschien al hebt opgesteld voor de fotograaf. Concentreer je ook hier op de minder voor de hand liggende elementen en vertrouw erop dat hij de sleutelmomenten van jullie trouwdag sowieso zal vastleggen.

Veilig bewaard voor het nageslacht!
Bewaar je videobanden in optimale omstandigheden: rechtop in hun plastic doos, uit de buurt van elektromagnetische velden. Verwijder het lipje achter op de video, zodat je niet per ongeluk iets anders op de band opneemt. Bewaar een tweede kopie van je video op een andere plaats. Je weet maar nooit...

Geven en krijgen
Over huwelijkslijsten, bedankjes voor de gasten en het schrijven van bedankkaarten

Van de meeste gasten die jullie hebben uitgenodigd voor jullie huwelijk, zul je een cadeau krijgen. Mooi meegenomen natuurlijk! Helemaal mooi is het wanneer je ook geschenken krijgt die je echt wilt hebben, en niet zeven bloemenvazen die niet in jullie interieur passen, of vijf peper-en-zoutstellen. Hoe pak je dat aan zonder onbeleefd te lijken?

DE HUWELIJKSLIJST

In België is het al geruime tijd gebruikelijk om een huwelijkslijst samen te stellen. Ook in Nederland vindt dit gebruik steeds meer ingang.

Bij een huwelijkslijst zoeken jullie zelf cadeaus uit die jullie graag zouden willen krijgen en maak je daarvan een lijst. Dat doe je bij een winkel waar die cadeaus te koop zijn. Wil je nogal uiteenlopende spullen, dan kun je ook bij meerdere winkels een huwelijkslijst samenstellen.

Als je een huwelijkslijst hebt gemaakt, kunnen jullie gasten in de desbetreffende winkel de lijst inkijken en een cadeau kiezen. Gasten die veraf wonen, kunnen vaak ook telefonisch een cadeau van de lijst kiezen. Door een cadeau van de lijst te kopen, weten ze meteen dat ze jullie er een groot plezier mee zullen doen.

Als je een huwelijkslijst hebt, kun je dit vermelden op de uitnodiging of, wat in Nederland wel eens gebeurt, laten weten aan de ceremoniemeester.

Let bij het kiezen van de winkel(s) waar je je huwelijkslijst samenstelt op de volgende punten:
– *Collectie.* Als je overweegt veel op je huwelijkslijst te plaatsen, is het handig om een winkel te kiezen die over een uitgebreid aanbod beschikt. Zo ben je niet te beperkt in je keuzemogelijkheden.
– *Organisatie.* Hoe beheert de winkel een huwelijkslijst? Hoe beter de organisatie, hoe kleiner de kans op foutjes zoals het tweemaal verkopen van een bepaald cadeau of het niet bijhouden van de naam van een schenker.
– *Aankoopmogelijkheden.* Kunnen de cadeaus op jullie lijst enkel in de winkel zelf gekocht worden, of kunnen gasten ook telefonisch, per fax of on line bestellen en hun cadeau met een overschrijving of een creditcard betalen? Vooral als sommigen van jullie gasten ver uit de buurt wonen, is dit erg belangrijk. Omdat bruid en bruidegom steeds vaker afkomstig zijn uit ver van elkaar verwijderde steden, hebben bepaalde geschenkenzaken een uitwisselingssysteem bedacht om huwelijkslijsten in verschillende winkels samen af te handelen. Lijkt dit jullie een oplossing? Vraag dan in de winkel van jullie keuze of ze lid zijn van een dergelijk samenwerkingsverband.
– *Aankoopverplichting.* Ben je verplicht de dingen die niet door gasten geschonken zijn zelf aan te kopen? Het mag duidelijk zijn dat zo'n regeling jullie duur kan komen te staan.
– *Ruilmogelijkheden.* Kunnen jullie cadeaus ruilen na jullie trouwdag? Zelfs met een goed georganiseerde huwelijkslijst kan er nog wel eens een vergissing gebeuren, zodat je

sommige cadeaus dubbel krijgt. En evenmin is het denkbeeldig dat je cadeaus ontvangt van mensen die geen gebruik hebben gemaakt van jullie huwelijkslijst en je daardoor dingen twee keer krijgt.

– *Extra's.* Biedt de winkel jullie een extraatje aan wanneer jullie je huwelijkslijst daar samenstellen, bijvoorbeeld in de vorm van een cadeaubon ter waarde van een percentage van de gekochte geschenken? Dat is natuurlijk mooi meegenomen.

> Zorg ervoor dat er voor elk budget wat op je huwelijkslijst staat, van goedkoop tot duur. Zo vindt elke gast iets van zijn gading. Het is ook handig om zowel praktische als meer luxueuze cadeaus op jullie lijst te plaatsen. Sommige gasten geven de voorkeur aan het kopen van een praktisch geschenk, anderen komen liever met iets moois voor de dag.

HET VERLANGLIJSTBOEKJE

Wil je je niet beperken tot een of enkele winkels, maar wil je je gasten toch graag een idee geven van cadeaus waarmee ze jullie een plezier zouden doen, dan kun je ook gebruikmaken van een verlanglijstboekje. Dat systeem wordt vaak toegepast in Nederland.

In een notitieboekje schrijf je op elke pagina een cadeau. Omschrijf het geschenk zo gedetailleerd mogelijk, met vermelding van de kleur, het merk, de prijs en winkels waar het te koop is. Ook hier kun je er het best voor zorgen dat er zowel dure als goedkope cadeaus in voorkomen.

Als je met zo'n verlanglijstboekje werkt, kun je op de uitnodiging vermelden bij wie het boekje opgevraagd kan worden, bijvoorbeeld bij jullie ceremoniemeester of bij jullie getuige(n). Gasten die iets willen kopen scheuren het betreffende blaadje eruit, waarna het boekje naar de volgende gasten gaat.

Het voordeel van deze methode is dat je, in tegenstelling tot een huwelijkslijst, niet gebonden bent aan een of enkele winkels en dat je gasten hun geschenk ook in hun eigen buurt kunnen kopen. Een nadeel is dat het boekje moet circuleren en bij al je gasten moet komen. Daar is heel wat organisatie en stiptheid voor nodig.

> Heb je het gevoel dat je met een huwelijkslijst of een verlanglijstboekje zit te hengelen naar cadeaus? Bedenk dan dat je je gasten er ook mee helpt. Je allerbeste vrienden en je naaste familieleden weten wellicht wel met welk geschenk ze jullie gelukkig kunnen maken, maar de meeste gasten zullen wel een hint kunnen gebruiken.

WELKE CADEAUS?

Als jullie besluiten met een huwelijkslijst of een verlanglijstboekje te werken, neem dan de tijd om uit te zoeken welke geschenken jullie daarop plaatsen. Kies spullen die jullie echt willen hebben en die lang meegaan. Voor een huwelijk kopen de meeste gasten nu eenmaal graag 'iets blijvends'. Laat je dus niet verleiden door modegrillen…

Traditioneel vind je op een huwelijkslijst vaak cadeaus die te maken hebben met het huishouden van het toekomstige echtpaar: een mooi porseleinen servies, een volledig bestek, kristallen glaswerk, keukenbenodigdheden... Het achterliggende idee is dat de gasten jullie aan een 'uitzet' helpen, zodat jullie leven samen een vlotte start kan nemen.

Een klassieke uitzet

Servies

Veel mensen willen naast het servies dat ze dagelijks gebruiken nog een tweede, feestelijker servies, dat op tafel komt wanneer er gasten zijn. Het is dan ook niet ongebruikelijk om twee serviezen op een huwelijkslijst te plaatsen: een dagelijks en een feestelijk. Ga voor elk servies na hoeveel couverts jullie willen. Gewoonlijk wordt voor acht of twaalf couverts gekozen.

Serviezen bestaan in verschillende materialen. Aardewerk is gemaakt van klei die op lage temperatuur verhit is, waardoor het tamelijk breekbaar en zwaar is. Er bestaan verschillende soorten aardewerk: majolica, faience, Delfts aardewerk, keramiek... Steengoed is een hardere vorm van aardewerk, die op hogere temperaturen gebakken is, waardoor het harder en steviger is. Het is ondoorzichtig, ondoorlatend en verglaasd, en meestal oven- en vaatwasbestendig. Porselein is fijn, wit, halfdoorschijnend aardewerk met glimmend glazuur, dat gemaakt is van porseleinaarde, waaraan mengsels zijn toegevoegd. Het wordt gebakken op zeer hoge temperaturen en is verglaasd en ondoorlatend. De grote porseleinmerken zijn in Limoges gevestigd.

Zeker voor feestelijke serviezen wordt vaak voor porselein gekozen, omdat het duurzaam en mooi is en bovendien beschouwd wordt als een teken van welvaart. Aardewerk wordt meer gekozen voor dagelijkse serviezen.

- Platte borden
- Soepborden of soepkommen
- Slaborden
- Dessertborden
- Broodschaal
- Kopjes en schoteltjes
- Mokkakopjes en schoteltjes
- Platte schaal
- Suikerpot
- Sauskom
- Koffiepot
- Theepot
- Fruitschaal
- Platte schalen
- Serveerschalen
- Kommen
- Mokken
- Taartschotel
- Dekschaal
- Platte dekschotel
- Soepterrine
- Melkkan
- Schotels
- Botervlootje
- Soufflévormen
- Groentekommen
- Visschotel
- Hors-d'oeuvreschotel
- Slakom
- Cakeschaal
- Espressokopjes
- Onderborden
- Taartplateau

Glasservies

Ook voor glaswerk wordt wel eens voor twee serviezen gekozen. De glazen die je dag in dag uit gebruikt, zijn meestal uit gewoon glas vervaardigd. Voor dagelijks gebruik worden meestal ook alleen de courant gebruikte glazen aangekocht. Een zondags servies bestaat uit meer soorten glazen. Soms wordt hier voor kristal gekozen.

Glas, het resultaat van het samensmelten van zand en metaaloxides, is meestal door-
zichtig en kleurloos, maar er kan ook een kleurtje aan worden toegevoegd. Getemperd
glas is zodanig behandeld dat het thermische of fysische schokken kan opvangen.
Kristal is glas waaraan een kleine hoeveelheid loodoxide wordt toegevoegd, waardoor
het glanzend en bijzonder helder wordt. Wat precies onder kristal (met andere woorden het loodgehalte in het glas) wordt verstaan verschilt van land tot land. Loodkristal
bevat 24 procent loodoxide. Meestal is het handgeblazen en handgesneden. Doordat
het maken van kristal een arbeidsintensief proces is, is het ook duur. Kristal herken je
aan het hoge geluid wanneer je het aanraakt.

- Waterglazen
- Wittewijnglazen
- Rodewijnglazen: bordeauxglazen
  of bourgogneglazen
- Champagnefluiten of
  champagnecoupes
- Roemers
- Longdrinkglazen
- Sherryglazen
- Likeurglazen

- Portglazen
- Cognacglazen
- Whiskyglazen
- Cocktailglazen
- Bierglazen
- Borrelglazen
- Irish-coffeeglazen
- Karaf
- Decanteerkaraf
- IJsemmer

Bestek

Net zoals bij het servies kun je kiezen voor een dagelijks en/of een feestelijk bestek.
Feestelijke bestekken bestonden vroeger wel eens uit massief zilver, hét teken van welvaart en voorspoed, te herkennen aan de stempel met 'sterling' erin. Tegenwoordig zijn
feestelijke bestekken meestal verzilverd: ze bestaan uit een legering van koper, zink en
nikkel, waarop een laagje zilver is aangebracht. Een stempel geeft het zilvergehalte
weer.
Let bij het kiezen van een bestek niet enkel op de mooie vorm, maar ook steeds op het
gebruikscomfort: neem de verschillende onderdelen even ter hand om te kijken of je
ze gemakkelijk kunt vastpakken. Voor een bestek dat je jaren gaat gebruiken, is dat wel
zo prettig...

- Tafelvorken
- Tafelmessen
- Eetlepels
- Dessertvorken
- Dessertmessen
- Dessertlepels
- Koffielepels
- Theelepels
- Vismessen
- Visvorken
- Oestervorken
- Slavorken
- Kaasmessen

- Steakmessen
- Soeplepels
- IJslepels
- IJstheelepels
- Botermesje
- Opschepvorken
- Opscheplepels
- Suikerschep
- Taartschep
- Taartmes
- Sauslepel
- Fonduevorken

Tafellinnen
– Tafelkleed
De meeste tafelkleden zijn gemaakt van katoen of linnen. Een tafelkleed hangt maximaal twintig centimeter over de tafelrand. Let daarom goed op de afmetingen van je tafel.
– Servetten
– Tafellopers

– Placemats
– Servetringen

Overige accessoires voor de gedekte tafel
– Onderzetters
– Kandelaars
– Kaarsen
– Kaarsendover

– Kaasplank
– Servetringen
– Messenleggers

Pannen en potten
– Aspergepan
– Bain-mariepan
– Braadpannen
– Braadschotel
– Flambeerpan
– Koekenpan
– Kookpannen
– Mosselpan
– Paellapan

– Pocheerpan
– Sauteerpan
– Snelkookpan
– Soeppan
– Steelpannen
– Stoompan
– Stoofpan
– Vispan
– Wokpan

Keukenapparaten
– Blender
– Broodmachine
– Broodrooster
– Eierkoker
– Elektrische blikopener
– Elektrische oven
– Espressoapparaat
– Fondueset
– Friteuse
– Gourmetstel
– IJsmachine
– Keukenmachine
– Keukenweegschaal

– Kruimeldief
– Koffiemolen
– Koffiezetapparaat
– Magnetron
– Handmixer
– Pastamachine
– Sapcentrifuge
– Tafelgrill
– Tosti-ijzer
– Vruchtenpers
– Wafelijzer
– Waterkoker

Bakbenodigdheden
– Bakplaten
– Broodvormen
– Cakevormen
– Pizzavormen
– Quichevormen
– Soufflépotjes
– Springvormen
– Taartvormen

– Strijkkwastje
– Glazuurspuit
– Raderwiel
– Meelzeefje
– Spuitzak en spuitmondjes
– Deegrol
– Mengkommen
– Uitsteekvormpjes

Messen
- Aardappelschilmesje
- Botermesje
- Broodmes
- Dunschiller
- Fileermes
- Grapefruitmesje
- Hakmes
- Kaasmes
- Keukenmes
- Koksmes
- Messenblok
- Oestermes
- Pannekoekmes
- Schilmesje
- Standaardmes
- Uitbeenmes
- Vleesmes
- Voorsnijmes
- Voorsnijvork

Overige keukenbenodigdheden
- Aardappelstamper
- Afdruiplepel
- Afdruiprek
- Afvalemmer
- Allesopener
- Appelboor
- Bestekbak
- Blikopener
- Boterkruller
- Broodmandje
- Broodtrommel
- Citroenrasp
- Citruspers
- Cocktailshaker
- Deeghaken
- Deegkloppers
- Dienblad
- Diepvriesdozen
- Eierdopjes
- Eierlepeltjes
- Eiermandje
- Eiersnijder
- Eiersplitser
- Eierwekker
- Flesopeners
- Filterzakjeshouder
- Garde
- Garneerspuit
- Gasaansteker
- Gebakstolp
- Gevogelteschaar
- Groentehakker
- Houten lepels
- IJsbakjes
- IJsschep
- Keukenwekker
- Kloppers
- Knoflookpers
- Kruidenrekje
- Kurkentrekker
- Maatbekers
- Maatlepels
- Mengbeker
- Nootmuskaatrasp
- Notenkraker
- Olie- en azijnstel
- Ontpitter
- Ovenschalen
- Peper- en zoutstel
- Poedersuikerstrooier
- Pollepel
- Rasp
- Rechaud
- Roerzeef
- Schep
- Schotelwarmer
- Schuimspaan
- Servetstandaard
- Slacentrifuge
- Slakkentang
- Snijplank
- Spaghettitang
- Spatel
- Spiraalhaken
- Spuitzak
- Stoommandje
- Thee-eitje
- Thermoskan
- Trechter
- Vergiet

- Kaasplank
- Kaasrasp
- Kaasschaaf
- Keukenklok
- Keukenrolhouder
- Keukenweegschaal

- Vijzel
- Vleesmolen
- Vleesthermometer
- Vruchtenpers
- Zeef

Keukenlinnen
- Keukenhanddoeken
- Ovenwanten
- Vaatdoeken

- Theedoeken
- Schort

Bedlinnen

Lakens en kussenslopen zijn meestal vervaardigd uit katoen, linnen of een mengeling van katoen en polyester. Bij katoen wordt de kwaliteit bepaald door het aantal draden per centimeter: hoe hoger dat aantal, hoe hoger de kwaliteit. Let bij het kiezen van bedlinnen steeds op de correcte bedmaten.

- Lakens
- Hoeslakens
- Dekens
- Elektrische deken
- Dekbed

- Dekbedovertrekken
- Kussenslopen
- Bedspreien
- Sierkussen
- Matrasbeschermer

Badlinnen
- Badhanddoeken
- Badlakens
- Handdoeken
- Washandjes
- Gastendoekjes

- Badmat
- Douchegordijn
- Badjassen
- Wasmand

Huis en tuin
- Kruimeldief
- Stofzuiger
- Strijkijzer

Zijn een porseleinen servies en een zilveren bestek niet jullie ideale cadeaus, bijvoorbeeld omdat jullie weten dat ze zelden uit de kast zullen komen omdat jullie geen thuiseters zijn, of omdat jullie in de jaren dat jullie samenwonen al genoeg borden, glazen en vorken bij elkaar hebben gespaard, aarzel dan niet om andere geschenken op de verlanglijst te plaatsen. Dromen jullie van een goedgevulde bibliotheek, dan is een verlanglijst met boeken misschien een leuk idee. Zijn jullie wijnliefhebbers, dan kun je bij een gespecialiseerde wijnhandel een lijst van (bijzondere) wijnen leggen en zo een begin maken van een goedgevulde wijnkelder.

LIEVER GELD

Krijgen jullie liever geld dan cadeaus, bijvoorbeeld omdat jullie al een tijd samenwonen en al zoveel spullen hebben dat jullie geen verlanglijst meer samengesteld krijgen? Vroeger werd vragen om geld beschouwd als een zware inbreuk op de regels van de etiquette, maar dat is niet langer zo. Veel hangt af van de manier waarop je deze wens aanbrengt. Een sobere, weinig opdringerige vermelding op de uitnodiging, bijvoorbeeld in de vorm van jullie rekeningnummer, voorafgegaan door 'cadeautip', zal door weinig mensen als storend worden ervaren.

Zijn jullie van plan om met het geld dat jullie krijgen een bijzonder cadeau te kopen, zoals een antiek meubel of een kunstwerk, of willen jullie er de huwelijksreis mee financieren, dan kun je dat ook vermelden. Gasten vinden het wel leuk om te weten wat er gebeurt met het geld dat ze jullie geven. Zo hebben ze het idee dat ze meebetalen aan een groot cadeau en dat ze niet enkel jullie bankrekening spekken.

Voelt het toch niet lekker om op de uitnodiging te vermelden wat je graag zou krijgen, of het nu gaat om geschenken of om geld? Dan kun je enkele tussenpersonen inschakelen. Zorg dat jullie ouders en eventueel ook jullie beste vrienden op de hoogte zijn van jullie wensen. De gasten kunnen dan met hen contact opnemen. Het gevaar is natuurlijk niet denkbeeldig dat een aantal gasten dat niet zal doen en zelf een cadeau zal verzinnen.

Het goede doel
Hebben jullie al alles wat jullie hartje verlangt? Of vinden jullie het niet zo nodig om cadeaus te krijgen? Overweeg dan om je gasten te vragen om, in plaats van voor jullie een cadeau te kopen, een schenking te doen aan een door jullie gekozen goed doel.

DANKJEWEL!

Give-aways
Wil je je gasten bedanken voor het komen naar en meebeleven van jullie trouwdag, dan kun je hun een klein cadeautje geven, dat meteen ook kan fungeren als een leuke herinnering aan jullie trouwdag. Zulke *give-aways*, zoals deze bedankjes wel eens genoemd worden, zijn zeker niet verplicht, maar worden meestal wel erg gewaardeerd door de gasten.

Je kunt de bedankjes op tafel plaatsen, zodat de gasten ze vinden wanneer ze plaats nemen. Leg ze bijvoorbeeld op de borden, naast de naamkaartjes, of bevestig ze aan de stoelen. Je kunt ze ook later op de avond uitdelen, wat je meteen ook de gelegenheid biedt om een praatje te maken met al je gasten. Of je kunt de gasten een bedankje geven wanneer ze het feest verlaten. Je kunt de bedankjes dan op een tafel bij de uitgang plaatsen, bijvoorbeeld in een mooie mand.

Er zijn tal van mogelijke *give-aways*. Probeer wel een bedankje uit te kiezen dat iedereen leuk zou vinden. Niet al je gasten hebben immers dezelfde smaak.
– *Eetbare bedankjes.* Heel traditioneel zijn de suikerbonen of bruidssuikers, die je op een leuke manier kunt verpakken. Meestal worden er vijf suikerbonen gegeven, die staan voor

liefde, trouw, geluk, voorspoed en vruchtbaarheid. Maar er zijn nog heel wat andere eetbare bedankjes denkbaar. Kleine chocolaatjes met op de wikkel jullie namen, Chinese *fortune cookies* met daarin een papiertje met een wens of een boodschap, snoepjes in de vorm van hartjes of, waarom niet, zelfgemaakte jam? Bij eetbare bedankjes kun je wel het beste een leuke verpakking of een bedankkaartje maken, anders is deze herinnering aan jullie trouwdag binnen de kortste keren verdwenen in de mond van je gasten en blijft er niks van over.

– *Levende bedankjes.* Zie je het huwelijk als iets wat leeft en groeit tussen twee mensen? Dat kun je symbolisch uitdrukken door je gasten bijvoorbeeld een zakje met zaadjes of een bloembol mee naar huis te geven. Als je bloemstukjes hebt gebruikt om de tafels te versieren, kun je die ook meegeven.

– *Seizoensgebonden bedankjes.* Valt jullie trouwdag in een bepaald seizoen, of in de buurt van een of andere feestdag? Dan kun je ook kiezen voor bedankjes die daar verband mee houden. Mooie kerstballen als je rond Kerstmis trouwt, of een zakje met paaseitjes als het bijna Pasen is.

– *Decoratieve bedankjes.* Je kunt ook kiezen voor een bedankje met een decoratief tintje, bijvoorbeeld een mooi theelichthoudertje met een kaarsje erin, een fotolijstje of een zakje met potpourri.

– *Persoonlijke bedankjes.* Heb je een thema gebruikt bij de organisatie van jullie trouwdag, dan kun je de *give-aways* daarbij laten aansluiten. Maar ook als je niet rond een bepaald thema hebt gewerkt, kun je proberen een persoonlijk bedankje te bedenken. Zijn jullie literatuurliefhebbers? Dan is een boekenlegger met jullie namen en trouwdatum misschien wat, of een klein gedichtenbundeltje. Houden jullie van muziek? Dan kunnen jullie een cd samenstellen met jullie favoriete muziek of met de muziek die tijdens de huwelijksplechtigheid werd gebruikt. Laat je fantasie maar de vrije loop!

Wil je je gasten een *give-away* schenken, zoek die dan geruime tijd van tevoren uit. Als je er een groot aantal van nodig hebt, moeten ze immers meestal besteld worden!

Bijzondere cadeaus voor bijzondere gasten

Give-aways geef je aan al wie op je huwelijksfeest aanwezig is. Wellicht zijn er echter mensen die een veel grotere rol hebben gespeeld op jullie trouwdag dan gewoon aanwezig te zijn. Of het nu om jullie ouders, broers, zussen, getuigen, bruidskindjes of meehelpende vrienden gaat, ze hebben tijd, energie en/of geld besteed aan de voorbereiding en de organisatie van jullie trouwdag en zo meegeholpen er iets bijzonders van te maken. Jullie kunnen jullie dankbaarheid hiervoor tonen door hun een apart cadeau aan te bieden. Zo'n gebaar zal zeker gewaardeerd worden. Laat bij het uitzoeken van dergelijke cadeaus jullie creativiteit en inspiratie de vrije loop en probeer geschenken uit te zoeken die passen bij de persoon die ze zal krijgen, in plaats van passe-partoutcadeaus die je aan iedereen kunt geven. De aandacht die je besteedt aan het kiezen van het juiste geschenk is al een geschenk op zich.

Vergeet zeker de bruidskindjes niet. Zij hebben vast erg hun best gedaan en verdienen zeker een bedankje. De mogelijkheden zijn legio, van snoepgoed tot knuffelbeertjes tot speelgoed. Probeer iets te vinden wat ze echt leuk vinden. Het is ook altijd fijn als ze er meteen op het feest al wat mee kunnen. Een speeltje waar ze de in hun ogen lange receptie mee kunnen doorbrengen is leuker dan een cadeau waar ze pas thuis wat aan hebben.

Heb je iemand uit je familie of je vriendenkring gevraagd als ceremoniemeester, dan is een mooi cadeau zeker op zijn plaats, als waardering voor al de tijd en moeite die hij heeft gestoken in het organiseren van jullie trouwdag.

Een cadeau voor elkaar?

Soms kopen bruid en bruidegom ook een geschenk voor elkaar. Dat hoeft — na de verlovingsring en de trouwringen — geen 'groot' geschenk te zijn. Iets kleins maar persoonlijks dat een speciale betekenis heeft, is vaak fijner om te krijgen op zo'n bijzondere dag. Het geven van elkaars cadeau kunnen jullie op de trouwdag doen, maar jullie kunnen het ook uitstellen tot de huwelijksnacht of tot jullie eerste ontbijt als getrouwd paar, om zo de wittebroodsweken en het leven samen op een feestelijke manier te beginnen.

Bedankkaarten

De etiquette wil dat jullie na de trouwdag een bedankkaartje sturen aan de gasten en aan iedereen die jullie een cadeau heeft gegeven. En hoewel het vaak niet erg en soms zelfs beter is om van de etiquette af te wijken, is dat hier zeker niet het geval! Ter gelegenheid van jullie huwelijk zijn jullie door vrienden, familieleden en kennissen wellicht niet alleen overstelpt met geschenken, maar ook met liefde, warmte en steun. Een woord van dank is dan zeker op zijn plaats.

Werkelijk iedereen die jullie een cadeau heeft gegeven hoort een bedankje te krijgen. Vergeet ook zeker de mensen niet die een belangrijke rol hebben gespeeld op jullie huwelijksdag: jullie ouders, de bruidskindjes, de ceremoniemeester, de priester die jullie huwelijk heeft ingezegend, en ga zo maar door.

Volgens, alweer, de etiquette hoort dit binnen zes weken na jullie huwelijk te gebeuren. Staar je niet blind op die termijn. Als je voor je bedankkaarten bijvoorbeeld foto's van jullie trouwdag wilt gebruiken, en die zijn er op dat ogenblik nog niet, dan kun je best nog even wachten. Blijf het sturen van bedankkaarten echter niet onnodig uitstellen.

> Hebben jullie een verre huwelijksreis gepland en dus een lange vlucht in het vooruitzicht? Dan kun je de bedankkaarten meenemen en ze in het vliegtuig schrijven. Tegen de tijd dat de huwelijksreis écht begint, ben je van het karwei af, en jullie gasten zullen het extra waarderen dat jullie tijdens de reis aan hen hebben gedacht!

Bedankkaartjes schrijf je altijd met zijn tweeën. Jullie hebben de cadeaus samen gekregen, dus horen jullie er ook samen voor te bedanken. Dat betekent dat jullie de bedankkaarten in elk geval samen moeten ondertekenen. Gaat het om veel bedankjes, dan kunnen jullie het schrijfwerk ook verdelen: de bruid schrijft de bedankkaarten aan haar familie en vrienden, de bruidegom die aan de zijne.

Wat hoort er op een bedankkaart te staan? Je kunt een bedankkaart laten maken met een voorgedrukte tekst, die je dan alleen nog hoeft te ondertekenen. Dat bespaart natuurlijk een hoop schrijfwerk, maar het komt ook erg onpersoonlijk over. Een persoonlijk kaartje, waarin je je gasten bedankt voor het specifieke cadeau dat ze jullie hebben gegeven, zal zeker meer gewaardeerd worden: 'Dankjewel voor het prachtige schilderij. Het heeft een mooie plaats gekregen in ons nieuwe huis.' Heb je geld gekregen, vermeld dan nooit het bedrag. Als je op je bedankkaart vertelt wat je met het geld denkt te gaan doen, wordt dat vast geapprecieerd: 'Hartelijk dank voor het gulle geschenk. We hopen binnenkort een antieke tafel te kopen voor in ons nieuwe huis en dan zal het zeker van pas komen!' Heb je een geschenk gekregen waar je niet zo gelukkig mee bent, of dat je zelfs van plan bent te ruilen voor iets anders, vertel dat dan niet in je bedankje. Dat betekent natuurlijk ook niet dat je de gevers hoeft te zeggen dat hun vaas een ereplek zal krijgen in jullie interieur. Je kunt ze wel bedanken voor, bijvoorbeeld, hun unieke cadeau.

Je moet iedere gast natuurlijk voor het juiste cadeau bedanken. Houd dus goed bij wat je van wie gekregen hebt. Vooral met de cadeaus die door gasten meegebracht worden op jullie trouwdag zelf wil dat wel eens mislopen. Het kan daarom handig zijn om bij de cadeautafel etiketten, pennen en plakband klaar te leggen, zodat je op het cadeau meteen kunt vermelden van wie je het gekregen hebt. Vraag iemand uit je naaste omgeving, bijvoorbeeld je getuigen of goede vrienden, om deze taak op zich te nemen.

Ja, ik wil!
Over huwelijksplechtigheden, huwelijksinzegeningen en rituelen

De huwelijksplechtigheid vormt het middelpunt van jullie trouwdag. Het moment waarop jullie tegenover elkaar staan en jullie huwelijksbeloften uitwisselen, in het bijzijn van vrienden en familieleden, vormt het hart van jullie trouwdag. Daar draait het immers allemaal om, dat gaat over wie jullie, samen, zijn. Besteed daarom voldoende tijd aan het voorbereiden van de plechtigheid, zodat ze helemaal wordt zoals jullie het willen.

DE BURGERLIJKE HUWELIJKSPLECHTIGHEID

De burgerlijke huwelijksplechtigheid, die plaatsvindt in het stadhuis en in Nederland ook in een Huis der Gemeente, is de enige wettelijke en bijgevolg rechtsgeldige. In België en Nederland kun je niet enkel kerkelijk trouwen, aan een religieus huwelijk moet een burgerlijk huwelijk voorafgaan.

In Nederland wordt een burgerlijk huwelijk voltrokken door een beëdigd ambtenaar van de burgerlijke stand, in België door een schepen van het college van burgemeester en schepenen.

Een burgerlijk huwelijk duurt meestal niet erg lang, de verschillende onderdelen (verwelkoming, toespraak, voorlezing van de benodigde stukken, jawoord en ondertekening van de huwelijksakte, overhandiging van het trouwboekje) volgen elkaar snel op.

> De bruid ondertekent de huwelijksakte met haar meisjesnaam. Die blijft ze immers officieel houden.

In sommige gemeenten is er ruimte voor een persoonlijke noot (een tekst die wordt voorgelezen, een toespraak van een vriend of familielid, het spelen van door jullie gekozen muziek), in andere gemeenten kan dat helemaal niet. Bespreek vooraf de mogelijkheden met de bevoegde instanties. In Nederland zal de ambtenaar van de burgerlijke stand die het huwelijk zal voltrekken waarschijnlijk een kennismakingsgesprek met jullie willen hebben om de plechtigheid wat persoonlijker te kunnen maken. Je kunt dan met hem meteen de hele ceremonie bespreken.

Tijdens de burgerlijke plechtigheid zit de bruid rechts van de bruidegom.

DE RELIGIEUZE HUWELIJKSPLECHTIGHEID

Om wettelijk getrouwd te zijn heb je enkel een burgerlijke huwelijksplechtigheid nodig. Toch kiezen veel stellen ervoor om hun huwelijk ook met een religieuze plechtigheid te bezegelen.

Rooms-katholieke huwelijksplechtigheid

Een rooms-katholieke huwelijksplechtigheid behelst in feite een tweede voltrekking van het huwelijk, na die voor de wereldse autoriteiten ditmaal de voltrekking voor de hemelse. Het katholieke huwelijk is dan ook een sacrament: een van de door Christus ingestelde symbolische handelingen. Het wordt voltrokken door een priester, meestal in de parochiekerk van de bruid. Als je in een andere kerk wilt trouwen, heb je daarvoor de toestemming van de parochiepriester nodig.

Protestantse huwelijksplechtigheid

In tegenstelling tot de katholieke ritus behelst een protestantse huwelijksplechtigheid niet de voltrekking, maar de inzegening van het huwelijk. Daarom wordt ook wel eens van 'overtrouw' gesproken. Het gaat dan ook niet om een sacrament. De dienst begint met een preek van de dominee, waarin die vaak iets persoonlijks zegt over het bruidspaar. Daarna vraagt hij bruid en bruidegom of ze elkaar trouw zullen blijven tot in de dood en of zij hun kinderen in de geest van het protestantse geloof zullen opvoeden. Vervolgens spreekt hij de zegen uit over hun huwelijk. Ten slotte schuiven bruid en bruidegom elkaar een ring om de vinger.

Joodse huwelijksplechtigheid

De joodse huwelijksgebruiken verschillen naargelang de strekking van het jodendom waartoe je behoort, de mate waarin je het orthodoxe geloof belijdt, de synagoge waar je trouwt en de rabbi die het huwelijk voltrekt. Toch bestaat er een aantal gebruiken die standaard bij een joodse bruiloft horen. Die worden de *minhag* genoemd.

Een joods huwelijk wordt voltrokken onder een baldakijn of gebedsmantel, die *huppah* genoemd wordt en die symbool staat voor het nieuwe huis van het bruidspaar. Doordat de *huppah* de vorm van een tent heeft, verwijst hij naar het eerste huis van de bijbelse Abraham en Sarah. De *huppah* staat meestal binnen in de synagoge, maar wanneer het bruidspaar de klassieke gebruiken tot in de puntjes wil volgen, wordt wel eens de voorkeur gegeven aan een huwelijk in de open lucht, wat zou herinneren aan de bijbelse wens dat hun nageslacht even talrijke moge zijn als de sterren.

Wanneer de bruid, door haar vader of moeder, naar het altaar is geleid, tilt de bruidegom haar sluier op. Oorspronkelijk deed hij dat om te zien of het wel de juiste bruid was die voor hem stond, een verwijzing naar het oudtestamentische verhaal waarin Jacob, die met Rachel zou trouwen, door zijn schoonvader om de tuin werd geleid, waardoor hij uiteindelijk met haar zus Lea getrouwd bleek te zijn.

De rabbi leest de *Ketubah* voor, het huwelijkscontract, en herinnert het bruidspaar aan hun wederzijdse plichten. Vervolgens wisselen bruid en bruidegom de ringen uit. Het centrale gedeelte van een joodse huwelijksplechtigheid, ten slotte, wordt gevormd door de 'Zeven zegeningen', die worden uitgesproken door de rabbi en door de naasten van bruid en bruidegom.

Boeddhistische huwelijksplechtigheid

De boeddhistische gebruiken hangen sterk af van de 'school' waartoe je behoort. Er bestaan grote onderlinge verschillen. Daarom bestaan er ook bijna geen vaste regels voor hoe een boeddhistisch huwelijk eruit moet zien. Een boeddhistische huwelijksplechtigheid kan plaatsvinden in een tempel of op een andere plek waar voor de gelegenheid een altaar is opgetrokken.

Islamitische huwelijksplechtigheid
Een islamitische huwelijksplechtigheid vindt meestal plaats in het huis van de bruid. Soms vindt ze echter plaats in de moskee. Zo'n plechtigheid kent weinig rituele handelingen. De imam leest bruid en bruidegom – apart – een aantal teksten uit de Koran voor. De bruid vraagt aan haar aanstaande een bruidsschat. Vervolgens wordt ze aan haar bruidegom toevertrouwd door haar vader, broer of oom.

Een religieuze huwelijksplechtigheid wanneer jullie niet tot hetzelfde geloof behoren
Ook als jullie niet hetzelfde geloof hebben, of wanneer slechts een van jullie beiden gelovig is, behoort een religieus huwelijk vaak toch tot de mogelijkheden. Enkel het joodse geloof laat geen gemengde huwelijken toe: een joods huwelijk kan enkel worden ingezegend wanneer bruid en bruidegom allebei tot het jodendom behoren. Wanneer jullie niet tot hetzelfde geloof behoren en toch een religieus huwelijk willen, moeten jullie contact opnemen met de geestelijke van de kerk(en) in kwestie.

RELIGIEUZE HUWELIJKSINZEGENING

In sommige gevallen, wanneer bijvoorbeeld een van jullie beiden volgens de rooms-katholieke ritus al eens kerkelijk getrouwd is en dat huwelijk niet kerkelijk werd ontbonden, is een kerkelijk huwelijk niet mogelijk. In dat geval kun je de kerk wel om een huwelijksinzegening vragen. Dat is een religieuze viering, maar dan zonder huwelijksvoltrekking.

RELATIE- OF HUWELIJKSVIERING

Ben je niet gelovig of kerkelijk, maar wil je dat het moment van jullie trouwen toch iets meer om het lijf heeft dan de soms wel erg korte burgerlijke huwelijksplechtigheid, dan kun je kiezen voor een relatie- of huwelijksviering.

Doe je dit vanuit een vrijzinnig perspectief, dan kun je daarvoor een beroep doen op een moreel consulent, die je vindt bij vrijzinnige organisaties. Hij leidt dan een plechtigheid waarin het huwelijk van jullie beiden centraal staat. Vaak zal een consulent daarvoor ook een aantal, niet-kerkelijke, rituelen aanreiken.

Ben je wel gelovig, maar niet kerkelijk en wil je je huwelijk wel binnen een gelovig perspectief vieren, maar niet binnen een kerkelijk kader, dan kun je een beroep doen op organisaties als Rent-a-Priest.

Je mag ook zelf een viering in elkaar zetten, los van enige organisatie of instelling. Je kunt de viering dan helemaal op maat maken, met aangepaste teksten, muziek en rituelen. Bedenk wel dat er heel wat tijd en organisatie gaat zitten in zo'n onderneming.

WIE ZAL JULLIE HUWELIJK VOLTREKKEN?

Je kunt niet altijd zelf kiezen wie jullie huwelijk zal voltrekken. Bij een burgerlijk huwelijk gebeurt dat in België altijd door een schepen van het college van burgemeester en schepenen. In sommige gemeenten is een bepaalde schepen, die van burgerlijke stand, daarvoor verantwoordelijk en heb je dus helemaal geen keuze. In andere gemeenten kun je zelf een schepen kiezen uit het schepencollege.

In Nederland heb je in sommige gemeenten meer keuzemogelijkheden. Je kunt daarom het beste informeren bij de gemeente waar je wilt trouwen.

Bij een kerkelijk huwelijk ben je vaak aangewezen op de geestelijken die verbonden zijn aan de kerk waar je wilt trouwen. Maar vaak bestaat ook de mogelijkheid om een extra celebrant in te schakelen. Ken je in je familie- of vriendenkring bijvoorbeeld een priester die je graag bij je viering wilt betrekken, of trouw je in de parochie van de ouders van de bruid, maar willen jullie er ook graag de eigen parochiepriester bij hebben? Bespreek dan met de geestelijken van de kerk waar jullie trouwen of het mogelijk is om een tweede celebrant te hebben. Vaak geeft dit een persoonlijke noot aan de viering, omdat een bevriende geestelijke het trouwpaar beter kent.

HET VERLOOP VAN DE PLECHTIGHEID

Hoe jullie huwelijksplechtigheid zal verlopen, hangt uiteraard sterk samen met de traditie waarin jullie gekozen hebben te trouwen. Het concrete verloop bespreek je daarom met diegene die het huwelijk zal voltrekken. De meeste huwelijksplechtigheden bevatten echter een aantal vaste elementen, die we hieronder even doornemen.

Intrede
De intrede is het moment waarop het bruidspaar en de bruidsstoet binnenkomen op de plek waar het huwelijk zal worden voltrokken. De manier waarop jullie binnenkomen en de muziek waarop dit gebeurt, zetten vaak al de toon voor de verdere plechtigheid.

In de meeste tradities komen bruid en bruidegom apart binnen, wat symbool staat voor het feit dat ze uit verschillende families en achtergronden komen. In dat geval gaat de bruidsstoet het eerst binnen. Daarna volgen de moeder van de bruid en de vader van de bruidegom, die voor de gelegenheid even een koppel vormen. Vervolgens komt de bruidegom binnen, geëscorteerd door zijn moeder. Hij neemt vooraan plaats en wacht op de bruid. Na een kleine pauze komen dan de bruidskindjes binnen, gevolgd door de bruid, die wordt begeleid door haar vader.

Dit is echter geen wet van Meden en Perzen! Willen jullie liever meteen al als koppel binnenkomen, dan is dat geen probleem. En willen jullie wel apart binnentreden, maar dan wel begeleid door iemand anders, dan kan ook dat. Misschien wil je als bruid wel door je beide ouders geëscorteerd worden? Of heb je niet zo'n beste relatie met je ouders, maar wel met je oudere broer? Vraag hem dan om je te vergezellen.

Vraag de ceremoniemeester of een goede vriend of vriendin om bij de intrede aan elk paar een seintje te geven wanneer het aan de beurt is. Zo voorkom je dat de koppels te snel achter elkaar binnenlopen.

De rode loper
Vaak wordt de rode loper uitgerold voor het binnenkomen en buitengaan van het bruidspaar. Oorspronkelijk was de loper bedoeld om het bruidspaar te beschermen tegen boze geesten die hen zouden kunnen belagen van onder de planken van een houten vloer. Een loper hoeft trouwens niet per se rood te zijn. In België en Nederland is

dat meestal wel het geval, maar het kan ook anders. In Amerika bijvoorbeeld wordt voor huwelijken vaak een witte loper gebruikt, die symbool staat voor de zuiverheid van het bruidspaar. Rood wordt dan weer geassocieerd met een gevoel van eer.

 Tijdens het kerkelijk huwelijk zit de bruidegom rechts van de bruid. In het stadhuis was het net omgekeerd.

Verwelkoming

De meeste huwelijksplechtigheden beginnen met een verwelkoming door degene die het huwelijk zal voltrekken. Hij verwelkomt niet alleen het bruidspaar, maar ook de gasten. Wanneer jullie voor een religieuze plechtigheid hebben gekozen, zal hij meteen ook refereren aan God en jullie huwelijk zo in een godsdienstig kader plaatsen.

In sommige plechtigheden is er ook ruimte voor een welkomstwoordje door bruid en/of bruidegom. Overleg met degene die jullie huwelijk voltrekt of dit mogelijk is.

Jawoord en huwelijksbelofte

In sommige plechtigheden wordt aan bruid en bruidegom gevraagd of zij of hij de ander tot echtgenoot of echtgenote neemt. Bruid en bruidegom antwoorden hier bevestigend op, vandaar de benaming jawoord.

Tijdens een huwelijksbelofte spreken bruid en bruidegom hun belofte aan elkaar uit, die hun verwachtingen en intenties uitdrukt. De meeste tradities beschikken hiervoor over een standaardformulering. In de katholieke ritus bijvoorbeeld klinkt het traditioneel: 'Ik wil uw man/vrouw zijn en ik beloof u trouw te blijven, in goede en kwade dagen, in armoede en rijkdom, in ziekte en gezondheid. Ik wil u liefhebben en waarderen, al de dagen van ons leven.' Soms kun je echter ook zelf je huwelijksbelofte schrijven, waardoor ze een persoonlijker karakter krijgt.

Uitwisselen van de ringen

In de meeste tradities hoort bij het huwelijk ook het uitwisselen van ringen, die net daarvoor gezegend worden. Ook het uitwisselen van de ringen gaat meestal gepaard met het uitspreken van een standaardformule, bijvoorbeeld: 'Draag deze ring als teken van mijn liefde en trouw.' Soms echter kun je ook die formule aanpassen aan je eigen wensen. De man schuift als eerste de ring aan de vinger van zijn vrouw, daarna doet zij hetzelfde voor haar man.

De huwelijksvoltrekking

De huwelijksvoltrekking is het ogenblik waarop jullie huwelijk officieel wordt gemaakt door diegene die het huwelijk voltrekt.

Slotopmerkingen

Na de huwelijksvoltrekking richt degene die het huwelijk voltrekt meestal enkele woorden tot het pas getrouwde paar. In een religieuze plechtigheid wordt meestal ook een gebed uitgesproken.

Uittrede

Bij het verlaten van de plek van de huwelijksplechtigheid loopt het pasgetrouwde paar voorop, eventueel voorafgegaan door de bruidskindjes. De bruidsstoet volgt. Soms gaan de gasten eerder naar buiten, bijvoorbeeld om het bruidspaar te kunnen bestrooien met rijst of rozenblaadjes.

> Het strooien van rijst is eigenlijk een vruchtbaarheidsritueel: het moet ervoor zorgen dat het bruidspaar gezegend wordt met een rijke en gezonde kinderschare.

Vraag aan de verantwoordelijke van de plek waar de plechtigheid plaatsvindt of er überhaupt met rijst (of iets anders) mag worden gestrooid. Mag dat niet, dan kun je alternatieven overwegen, zoals het blazen van bellen door de aanwezige kinderen, of het laten wegvliegen van vlinders door het bruidspaar of door de aanwezigen.

> Overweeg om na de plechtigheid niet meteen weg te rijden, maar even te blijven staan om de aanwezigen te groeten en hun gelukwensen in ontvangst te nemen. Zij zullen het sympathiek vinden en voor jullie is het een moment om het mooie wat net gebeurd is ten volle te laten doordringen, voor jullie alweer op weg gaan naar het volgende onderdeel van jullie trouwdag. Bovendien is het gewoon erg fijn om gelukwensen in ontvangst te nemen op een ogenblik dat je zelf wellicht nog helemaal overweldigd bent door het geluk.

EEN PERSOONLIJKE NOOT

De meeste huwelijksplechtigheden verlopen volgens een nogal vast stramien. Toch kun je er zelfs dan iets heel persoonlijks van maken. In de meeste plechtigheden is er immers ruimte voor een persoonlijke inbreng.

Huwelijksbelofte of jawoord

In de meeste tradities bestaat er een vaste formule voor het uitspreken van de huwelijksbelofte of het jawoord. In sommige gevallen, zoals tijdens het burgerlijk huwelijk, moet je je daaraan houden. Maar soms mag je ook van deze geijkte formulering afstappen en kun je je eigen huwelijksbelofte schrijven. Zo kun je uitdrukken wat het huwelijk voor jullie betekent. Als jullie je eigen huwelijksbelofte willen schrijven, besteed er dan tijd en aandacht aan. Het gaat tenslotte om de essentie van jullie huwelijksplechtigheid. Enkele tips:

- Ga na wat trouwen voor jou betekent. Noteer de kernwoorden. Daarop kun je straks je huwelijksbelofte bouwen.
- Neem een kijkje in je boekencollectie. Misschien heeft een van je favoriete auteurs treffend verwoord wat liefde en trouwen voor jou betekenen en kun je er een stukje uit citeren of je erdoor laten inspireren.
- Houd het eenvoudig. Gebruik korte zinnen. Dat maakt het voor de aanwezigen makkelijker om te volgen en voor jou om je huwelijksbelofte uit te spreken.
- Probeer je huwelijksbelofte kort te houden.
- Lees je huwelijksbelofte vooraf een paar keren hardop.

Teksten en lezingen

In de meeste huwelijksplechtigheden is er ruimte voor het voorlezen van teksten. In sommige tradities vormen voorgelezen teksten zelfs een vast onderdeel van de plechtigheid, denk maar aan de lezingen tijdens een katholieke huwelijksmis. Soms zijn de keuzemogelijkheden beperkt (een evangelielezing moet nu eenmaal uit het evangelie komen), maar soms heb je werkelijk de vrije hand in de keuze van de voorgelezen teksten. Bespreek met degene die je huwelijk gaat voltrekken in welke mate je vrij teksten kunt kiezen.

In plaats van de gebruikelijke standaardteksten kun je teksten kiezen die uitdrukken wat liefde en huwelijk voor jullie betekenen. Die kun je op veel plekken vinden: in de bijbel, in jullie favoriete romans, in kinderboeken, in theaterteksten, liedjesteksten... Er bestaan ook bloemlezingen met teksten en gedichten rond het thema liefde. Ook op het internet zijn veel van dergelijke teksten te vinden.

Je kunt teksten laten voorlezen door familieleden, vrienden, bruidskindjes, collega's... wie je maar wilt. Je kunt ook zelf een tekst voorlezen.

Muziek

Je kunt niet alleen bij het binnen- en buitengaan muziek laten spelen, je kunt ook de verschillende onderdelen van je huwelijksplechtigheid van elkaar scheiden door middel van muziek. Met muziek kun je alle kanten op: wil je klassieke muziek om het plechtige of formele karakter van je huwelijk te onderstrepen, of geef je eerder de voorkeur aan hedendaagse populaire muziek? Misschien liggen de wortels van (een deel van) je familie wel elders en wil je volksmuziek uit dat land horen? Of wil je de sfeer uit een lievelingsfilm oproepen door middel van de soundtrack? Wil je het liefst een volledig koor, of ga je voor een solozanger(es), met of zonder begeleidende muzikanten? Houd je van instrumentale achtergrondmuziek? Of wil je liederen waarvan de tekst uitdrukt wat trouwen voor jullie betekent? Eén ding staat vast: niets zegt dat je op de *Bruidsmars* van Wagner binnen moet komen, of dat je de kerk moet verlaten op de tonen van de trouwmars uit *Een Midzomernachtsdroom* van Mendelssohn. De kerk uitgaan op *I Feel Good* van James Brown bijvoorbeeld roept meteen een heel andere sfeer op!

Toespreken

Jullie kunnen als bruidspaar ook rechtstreeks de aanwezigen toespreken, bijvoorbeeld om ze te bedanken voor hun aanwezigheid. Dit kun je bij het begin of het eind van de plechtigheid doen.

Aandacht voor overledenen

Misschien zijn een of meer van jullie naasten overleden en willen jullie hen op een bijzondere manier betrekken bij jullie huwelijksplechtigheid. Dat kun je op verschillende manieren doen. Je kunt een tekst over ze schrijven en die hardop voorlezen, je kunt een van hun lievelingsgedichten (laten) voorlezen tijdens de plechtigheid, je kunt hun favoriete liedje laten spelen, je kunt een kaars aansteken ter hunner nagedachtenis... In een religieuze huwelijksplechtigheid kun je ook een gebed voor hen opnemen. Wil je het iets minder opvallend omdat je op dit feestelijke moment geen pijnlijke wonden wilt openrijten? Dan kun je bijvoorbeeld iets dragen dat aan hen heeft toebehoord (een juweel, een zakdoek...). Je kunt ook na de huwelijksplechtigheid je bruidsboeket op hun graf gaan leggen.

Is het je ook al overkomen dat je een huwelijksplechtigheid bijwoonde en enkel de ruggen van bruid en bruidegom te zien kreeg? Wil je dit tijdens je eigen huwelijksplechtigheid vermijden, dan kun je overwegen om je huwelijksbelofte uit te spreken met je gezicht naar de aanwezigen toe. Vraag aan degene die het huwelijk voltrekt, of hij op dat moment in het gangpad wil gaan staan, met zijn rug naar de aanwezigen, zodat jullie de aanwezigen kunnen aankijken.

HUWELIJKSRITUELEN

Rond het huwelijk zijn in de verschillende tradities veel rituelen ontstaan. Sommige ervan maken deel uit van bepaalde plechtigheden, andere kun je er vaak in integreren. Rituelen die uit een andere traditie stammen dan de jouwe, kun je vaak ook naar je eigen hand zetten en ze zo een plaatsje geven in je eigen huwelijksplechtigheid.

Huwelijkskaars

Soms wordt na de voltrekking van het huwelijk een huwelijkskaars aangestoken. Tijdens een katholieke viering wordt de paaskaars gebruikt om deze kaars aan te steken: zo deelt ze meteen in het goddelijke licht.

In de Angelsaksische wereld bestaat een variant op de huwelijkskaars, die de *unity candle* wordt genoemd, waarbij de nadruk wordt gelegd op de vereniging van de twee individuen in het huwelijk. De bruid en de bruidegom houden elk een kaars in de hand en ontsteken daarmee samen een derde kaars, die hun eenheid symboliseert. Soms worden de twee individuele kaarsen uitgeblazen, soms blijven ze branden. In sommige gevallen worden de individuele kaarsen van bruid en bruidegom bij het begin van de plechtigheid aangestoken door hun respectieve moeders, wat symboliseert dat zij hun het leven hebben geschonken.

Het breken van een glas

Het breken van glas is een ritueel van joodse oorsprong, waarbij een glas in een doek wordt gewikkeld en op de grond wordt gelegd. Vervolgens breekt de bruidegom het glas met zijn voet. Bruid en bruidegom kunnen dit ook samen doen. Waar dit gebruik precies vandaan komt, is niet helemaal duidelijk. Volgens sommigen verwijst het naar de vernietiging van de Tempel in Jeruzalem, anderen zien er een symbool in van de breekbaarheid van menselijke relaties, en nog anderen zien het als een herinnering dat een huwelijk het leven van bruid en bruidegom voorgoed verandert. In elk geval zou het niets te maken hebben met het verlies van de maagdelijkheid, al wordt ook dat wel eens beweerd.

Ritueel van de roos

Het ritueel van de roos is vaak ontroerend in al zijn eenvoud. Bruid en bruidegom geven elkaar een roos, die symbool staat voor wat ze hun hele getrouwde leven lang willen geven aan en krijgen van elkaar. Bovendien wordt van de roos een symbool gemaakt waarnaar kan worden teruggegrepen op moeilijke momenten.

Yichud

Yichud is Hebreeuws voor 'afzondering' en verwijst naar een ritueel waarbij bruid en bruidegom zich, meteen na de huwelijksplechtigheid, vijftien minuten lang terugtrekken. Oorspronkelijk was dit moment bedoeld voor de consummatie van het huwelijk. Tegenwoordig is het vooral een welkom moment van rust op een drukke trouwdag, waarbij bruid en bruidegom eventjes tijd voor elkaar kunnen maken om samen te genieten van het geluk dat ze voelen tijdens hun eerste momenten als man en vrouw. Je kunt het moment extra feestelijk maken door ervoor te zorgen dat er een fles champagne en een bord met hapjes voor jullie klaar staan.

Vermengen van zand

De Apache-indianen mengen zand van verschillende kleuren in een kristallen schaal, als symbool van de vereniging van bruid en bruidegom. Ideaal is het wanneer twee kleuren gebruikt worden die zich makkelijk laten vermengen tot een nieuwe kleur, zoals geel en rood die oranje vormen, of blauw en geel die groen vormen.

Eigen rituelen

Jullie kunnen ook een eigen ritueel creëren. Daarvoor kunnen jullie teruggrijpen op bestaande gebruiken, bijvoorbeeld uit de cultuur van afkomst van een van jullie beiden, of naar een gebruik uit een andere cultuur dat jullie gewoon erg aanspreekt. Maar jullie kunnen ook een heel nieuw ritueel creëren. De mogelijkheden zijn werkelijk eindeloos. Denk aan het samen planten van een boom of het delen van voedsel en drank.

PROGRAMMABOEKJE

Het is niet ongebruikelijk om aan de gasten die aanwezig zijn bij de huwelijksplechtigheid een programmaboekje te geven. Zo kunnen ze de plechtigheid goed volgen. Het hoeft trouwens niet echt een boekje te zijn, soms bestaat zo'n programmaoverzicht ook uit één blad. Hoe uitgebreid je het maakt, hangt helemaal van jullie af. Willen jullie dat het verloop van de plechtigheid nog een verrassing blijft voor de aanwezigen? Dan kun je een beperkt overzicht geven van de verschillende onderdelen van de plechtigheid. Of zien jullie het programmaboekje eerder als een herinnering? Dan vinden jullie het misschien leuker om alle teksten van de plechtigheid op te nemen, zodat de aanwezigen ze later nog eens kunnen lezen.

Daarnaast kun je nog allerlei andere elementen opnemen. Denk maar aan: de naam van al wie er in de bruidsstoet meeloopt (en waarom ze een bijzondere plaats bekleden in jullie leven), de naam van de muzikant(en) en degene die jullie huwelijk voltrekt, een opdracht aan overleden familieleden of vrienden, woorden van dank...

> Hoewel je ervan uit mag gaan dat jullie gasten wel weten dat een huwelijksplechtigheid niet bepaald een gelegenheid is om te gaan zitten bellen met een mobiele telefoon, kan het wel eens gebeuren dat enkelen onder hen vergeten hun mobieltje af te zetten. Je kunt je gasten daarom in het programmaboekje expliciet vragen om hun toestel af te zetten om zo de plechtigheid niet te storen.

Je kunt het programma mee laten drukken met de uitnodigingen, of je kunt het zelf in elkaar knutselen, bijvoorbeeld met behulp van je computer.

De programma's kunnen voor de plechtigheid op de stoelen van de gasten of op een tafeltje bij de ingang worden gelegd, of je kunt ze laten uitdelen bij het begin van de plechtigheid.

Zijn er anderstalige gasten aanwezig op jullie huwelijk? Dan kun je in het programmaboekje een vertaling opnemen van de belangrijkste onderdelen van de plechtigheid, zodat ook deze gasten goed kunnen volgen wat er gebeurt. Ze zullen dit gebaar zeker op prijs stellen!

Let's party
Over recepties, trouwdiners en dansfeesten

Het is niet ondenkbaar dat jullie huwelijksfeest het grootste feest wordt dat jullie ooit zullen organiseren. En het is al even waarschijnlijk dat jullie er nog vaak aan terug zullen denken. Als het een mooi feest wordt, zullen ook je gasten er nog lang over napraten! Redenen genoeg dus om er voldoende aandacht aan te besteden!

DE RECEPTIE

De receptie, die als bedoeling heeft dat iedereen zijn gelukwensen kan komen aanbieden aan het bruidspaar, vindt plaats na de huwelijksplechtigheid. Is er 's middags een huwelijksdiner (het zogenaamde déjeuner dînatoire), dan volgt de receptie daar wel eens na. Vindt het diner 's avonds plaats, dan wordt het meestal voorafgegaan door de receptie.
Op een receptie bied je gasten gewoonlijk een drankje en een hapje aan.

> Op je receptie kun je het flink druk hebben. Alle gasten willen immers een praatje met je maken. Probeer toch de tijd te vinden om ook zelf te proeven van al het heerlijks dat geserveerd wordt. Je hebt wellicht de nodige tijd besteed aan het uitzoeken van de allerlekkerste hapjes, het zou zonde zijn om er nu niet zelf van te proeven!

De ontvangst van de gasten
Voor het ontvangen van de gasten, bij het begin van de feestelijkheden, vormen jullie en jullie ouders een ontvangstrij. Die kan op twee manieren worden gevormd. Ofwel staan de ouders van de bruid als eersten, gevolgd door het bruidspaar en dan de ouders van de bruidegom. Ofwel begint de ontvangstrij met de bruid en de bruidegom, gevolgd door de moeder en vader van de bruid en dan de moeder en vader van de bruidegom.

Gescheiden ouders
Wat doe je met gescheiden ouders bij het opstellen van de ontvangstrij? Veel hangt af van hun onderlinge relatie. Leven ze op gespannen voet en vrees je een confrontatie, dan kun je ze beter niet naast elkaar plaatsen. Kunnen ze nog goed met elkaar overweg, of zijn ze bereid voor die ene dag hun vijandigheid weg te bergen, dan kan het wel.
Of stiefouders een plaats horen te krijgen in de ontvangstrij, hangt evenzeer van de specifieke situatie af. Beschouw je hen (bijna) als een ouder, dan horen ze daar wellicht ook thuis. Heeft een van je ouders een nieuwe partner, maar de andere niet, dan kan de aanwezigheid van die nieuwe partner in iets officieels als een ontvangstrij de ex-echtgenoot soms kwetsen. Wees ook hierop bedacht.

Een ontvangstrij is niet alleen keurig volgens de regels van het etiquetteboekje, ze geeft je ook de mogelijkheid om alle gasten te zien. Als je zelf gewoon op de receptie zou rond-lopen, is de kans groot dat je een aantal gasten niet spreekt. Bovendien zul je om de haver-klap een gesprek moeten onderbreken om gasten te begroeten die je op de schouders komen tikken. Een ontvangstrij heeft nog een ander voordeel: je leert er alle gasten door kennen. Gasten die jij hebt uitgenodigd maar die je man, ouders of schoonouders niet ken-nen, stel jij aan hen voor. Omgekeerd zullen zij jou voorstellen aan de gasten die jij nog niet hebt ontmoet.

Wees erop bedacht dat het ontvangen van de gasten een vermoeiende bezigheid kan zijn. Veel hangt natuurlijk af van het aantal mensen dat je hebt uitgenodigd. Bij uitgebreide recepties staan het bruidspaar en hun ouders soms urenlang handjes te schudden...

Zijn er erg veel gasten en groeit de rij wachtenden snel, dan kan de ceremonie-meester de gasten op een tactvolle manier vragen om de gelukwensen kort te houden en niet te lang met het bruidspaar te praten.

Wanneer je alle gasten ontvangen hebt, hoef je niet meer bij de ingang in een ontvangst-rij te staan en kun je je onder de genodigden begeven en een praatje met hen maken.

Verwacht je gasten die niemand van de andere genodigden kennen? Probeer dan zeker een praatje met ze te maken en vraag eventueel aan een van je familieleden of vrienden om zich over hen te ontfermen.

Het gastenboek

Bij een receptie wordt vaak een gastenboek neergelegd, waar de gasten een wens in kunnen schrijven. Zo kun je later zien wie er allemaal is geweest. Komen er op het avondfeest nog nieuwe gasten, laat dan ook hen het gastenboek tekenen.

In de handel zijn veel mooie gastenboeken te koop. Vaak kun je ze samen met een foto-album kopen zodat beide een geheel vormen. Maar een gastenboek hoeft niet per se het traditionele gastenboek te zijn dat je in elke trouwshop ziet. Er zijn ontzettend veel moge-lijkheden. Laat je creativiteit maar de vrije loop! Wat denk je van de volgende mogelijkhe-den:
– Een foto van jullie beiden met daaromheen een grote passe-partout, waarop alle gasten hun naam en een wens schrijven.
– Een met de hand ingebonden boek waarin door jullie vooraf bijvoorbeeld al foto's of tekstjes zijn aangebracht om de gasten inspiratie te geven.
– Losse bladen, eventueel gekleurd papier, waarop de gasten hun wensen kwijt kunnen en die jullie na de trouwdag laten inbinden.
– Een fotogastenboek: je vraagt aan een van je vrienden om van iedere gast een polaroid-foto te maken, waarop de gasten dan hun wens kwijt kunnen.
– Een videogastenboek: iedere gast spreekt op video zijn wensen uit.

De cadeautafel

Reserveer een plek waar je de cadeaus en bloemen kwijt kunt die je ongetwijfeld zullen worden aangeboden. Meestal wordt daar een cadeautafel voor gebruikt. Daarop krijgen soms niet alleen de op de trouwdag zelf ontvangen cadeaus een plaats, maar ook de geschenken die je eerder al hebt gekregen. Van geschenken die uit veel verschillende onderdelen bestaan – denk aan het volledige porseleinen servies dat je op je huwelijkslijst hebt gezet – volstaat het om een paar onderdelen te tonen. Heb je een heel groot cadeau gekregen, dan kun je er een foto van neerleggen.

Wees erop bedacht dat jullie niet enkel cadeaus en bloemen zullen krijgen, maar ook een hoop enveloppen. En in sommige daarvan kan meer zitten dan enkel een kaartje met gelukwensen – zeker als jullie in plaats van geschenken geld hebben gevraagd. Bedenk vooraf waar en hoe je die enveloppen veilig gaat bewaren – de binnenzak van de jas van de bruidegom zou wel eens gauw kunnen gaan uitpuilen. Vraag eventueel iemand die je vertrouwt om ze voor jullie bij te houden.

Zorg dat je van elk cadeau, van elke envelop en elk bloemstuk of boeket weet van wie je het gekregen hebt, zodat je straks na je trouwdag de correcte bedankjes kunt sturen. Vertrouw wat dat betreft niet op je geheugen! Bedenk een manier om op elk cadeau de naam van de schenker aan te brengen. Leg bijvoorbeeld kleine stickertjes en balpennen klaar bij de cadeautafel en vraag een van je vrienden om op elk cadeau meteen een stickertje te plakken met daarop de naam van de schenker. Voor de zekerheid kun je diezelfde vriend vragen om ook een lijst bij te houden van wie je wat heeft gegeven.

Plan enige tijd tussen het einde van de receptie en het begin van het avondfeest of het trouwdiner. Er zullen altijd receptiegasten langer blijven hangen dan voorzien, bovendien wil je je wellicht even opfrissen na al het handjes schudden op de receptie.

HET AVONDFEEST OF HET TROUWDINER

De tafelschikking

Bij een diner is het gebruikelijk dat het bruidspaar vooraf een tafelschikking opstelt. Dat is natuurlijk niet verplicht, maar het is wel handig, zeker wanneer je een groot aantal gasten verwacht. Zonder tafelschikking wordt het al gauw een onoverzichtelijke boel waarbij iedereen door elkaar heen loopt, en komen er mensen aan tafels te zitten waar ze misschien liever niet willen zitten, afgezonderd van andere gasten die ze kennen bijvoorbeeld. Wie je naast wie plaatst, speelt een grote rol in de sfeer die er gecreëerd wordt, en dat kan doorslaggevend zijn voor het welslagen van het hele feest. Besteed er daarom voldoende aandacht aan.

Het opstellen van een tafelschikking is echter niet zo eenvoudig. Je bent er gauw even mee zoet. Het is helemaal niet zo evident om elke gast een plaats te geven waar hij graag zit en niemand voor het hoofd te stoten.

Vraag aan de verantwoordelijke van de feestzaal wat het minimale en het maximale aantal gasten per tafel is. Bepaal vervolgens wie er aan de bruidstafel, de eretafel, zal aanzitten. Traditioneel zijn dat het bruidspaar, de ouders van de bruid en van de bruidegom, eventueel aangevuld met de broers en zussen van het bruidspaar. Soms krijgen ook de grootouders van bruid en bruidegom een plekje aan deze eretafel.

Zijn de ouders van een van jullie beiden gescheiden en kunnen ze het niet bepaald goed vinden, dan kan het beter zijn om van de traditionele eretafel af te wijken. Je kunt dan misschien beter de ouders aan – aparte! – tafels plaatsen met hun belangrijkste familieleden en voor jullie zelf een tafel samenstellen met jullie getuigen en/of beste vrienden.

Neem vervolgens de lijst van de andere gasten die bevestigd hebben dat ze naar jullie trouwfeest komen en probeer ze onder te verdelen in groepjes die telkens aan één tafel kunnen.

Schaar en papier kunnen goed van pas komen bij het opstellen van een tafelschikking. Neem een groot vel papier en teken daarop de beschikbare tafels. Knip vervolgens kleine kaartjes uit voor al je gasten. Dan kun je beginnen te knutselen en schuiven en verschillende tafelschikkingen uitproberen tot je tevreden bent.

Tips voor aangename tafels
- Plaats vrienden of familieleden die elkaar kennen aan een en dezelfde tafel.
- Plaats vrienden of familieleden die ver van elkaar vandaan wonen en elkaar niet vaak zien aan dezelfde tafel, zodat ze nog eens kunnen bijpraten. Nodeloos te zeggen dat je dit beter niet kunt doen als ze elkaar niet kunnen luchten.
- Plaats gasten met een zelfde interesse, hobby of baan bij elkaar.
- Probeer zoveel mogelijk tafels samen te stellen met een even aantal gasten. Na verloop van tijd gaan mensen vaak per twee een gesprek aan. Bij een oneven aantal tafelgasten valt er dan gemakkelijk iemand uit de boot.
- Plaats dansgrage gasten in de buurt van de dansvloer. Zij zetten vast het dansfeest in gang!

Als je het resultaat niet meteen bevredigend vindt, probeer dan een aantal andere combinaties uit. Maar wees niet te veeleisend voor jezelf. De perfecte tafelschikking bestaat niet. Je gasten laten zich niet steeds zomaar in het keurslijf van de aantallen per tafel wringen.

Zodra je weet wie je aan welke tafel wilt plaatsen, kun je nog een stapje verder gaan en ook de plaatsen per tafel toewijzen. Of je zo ver wilt gaan, moet je zelf uitmaken. Bij een formeel feest horen vaak vaste tafelplaatsen, wil je het informeler houden, dan kun je de gasten zelf laten beslissen welke plaats ze aan tafel innemen. De keuze is ook afhankelijk van de samenstelling van je tafels. Bestaat elke tafel uit een groep gasten die elkaar kennen, dan komen ze er zelf ook wel uit wie naast wie zal plaatsnemen. Heb je echter gemengde tafels, met gasten die elkaar helemaal niet kennen, dan is het vaak handig dat jij de knoop doorhakt. Bovendien kun je er dan voor zorgen dat gasten met vergelijkbare interesses naast elkaar komen te zitten, zodat ze gemakkelijk met elkaar in gesprek zullen raken.

Vraag aan je ouders en schoonouders om te helpen bij het plaatsen van hun familieleden en vrienden. Zij kennen immers beter de onderlinge gevoelens en gevoeligheden.

Vaak zal de verantwoordelijke van de feestzaal ook vragen dat jullie beslissen welke tafels waar in de zaal moeten komen. Vraag daarom een grondplan van de zaal en maak daarvan een aantal kopieën zodat je kunt gaan experimenteren met verschillende schikkingen. De bruidstafel komt steeds op een centrale plaats te staan, waar ze goed zichtbaar is voor alle (of het merendeel van de) gasten. Vaak worden tafels met familieleden van bruid en bruidegom het dichtst bij de eretafel geplaatst. De etiquette wil immers dat hoe dichter gasten met het bruidspaar verwant zijn, hoe dichter ze bij de bruidstafel zitten. Datzelfde geldt voor oudere gasten. Tafels met dansgrage jongeren krijgen dan weer vaak een plek in de buurt van de dansvloer.

Houd er rekening mee dat het vooral oudere gasten zijn die belang hechten aan de regels van de etiquette. Hen zou je dus wel eens voor het hoofd kunnen stoten als je ze te ver verwijdert van de bruidstafel.

Om de gasten te laten weten aan welke tafel ze horen, wordt voor iedere gast een tafelkaartje gemaakt, met daarop zijn of haar naam en het nummer of de naam van de tafel. Die kaartjes kunnen bij aankomst aan de gasten worden overhandigd door het personeel van de feestzaal, of ze kunnen op een centrale plek alfabetisch op een tafel worden gelegd, waar de gasten ze tijdens het aperitief kunnen ophalen. Op de tafels komen een nummer of een naam, en op of naast de borden of servetten eventueel naamkaartjes om aan te geven wie waar moet zitten.

Tafels krijgen vaak niet alleen een nummer, maar ook een naam. Voor de keuze daarvan kun je je verbeelding de vrije loop laten. Als je je trouwdag hebt opgebouwd rond een bepaald thema, ligt het voor de hand dat de namen van de tafels in het verlengde daarvan zullen liggen. Maar ook als je niet thematisch gewerkt hebt, zijn de mogelijkheden legio om het persoonlijk te maken: belangrijke momenten uit jullie beider leven, de namen van jullie lievelingscomponisten, -zangers of -schrijvers, de namen van steden of streken die jullie zullen bezoeken op jullie huwelijksreis... Houd je het liever minder persoonlijk, dan kun je elke tafel bijvoorbeeld de naam van een bloem meegeven.

Tegenwoordig gebeurt het op huwelijksfeesten wel eens dat de gasten tussen de verschillende gangen gevraagd wordt van plaats te verwisselen en plaats te nemen aan een andere tafel. Zo krijgt iedereen een paar keer een nieuwe tafelbuur, wat verveling voorkomt. Tegelijkertijd vang je zo het gegeven op dat je nooit de voor iedereen perfecte tafelschikking kunt uitwerken.

De aanvang van het avondfeest

Meestal wordt opnieuw een ontvangstrij gevormd om de gasten voor het avondfeest te ontvangen en krijgen de genodigden een aperitief aangeboden. Daarna worden ze verzocht plaats te nemen aan de tafels. Vaak roept de maître d'hôtel tafel per tafel de namen van de gasten af. De genodigden aan de eretafel worden het laatst afgeroepen. Als iedereen heeft plaatsgenomen, wordt het bruidspaar aangekondigd.

Vaak is dit ook het moment waarop de bruidegom een welkomstwoord richt tot de genodigden. Steeds vaker nemen bruid en bruidegom samen het woord om de gasten te bedanken voor hun aanwezigheid. En een enkele keer neemt de bruid het heft helemaal in eigen handen – omdat haar bruidegom niet graag speecht of omdat hij acuut last heeft van plankenkoorts.

Zelf het woord nemen

Wanneer jullie zelf het woord richten tot jullie gasten, houd dan de volgende richtlijnen in het achterhoofd.

Een goede speech duurt niet (te) lang, anders loop je het gevaar dat je gasten verveeld raken. Na vijf minuten verliezen toehoorders meestal al een deel van hun concentratie. Heb je geen of weinig ervaring als spreker, bereid je dan voor, zodat je op het moment zelf niet met de mond vol tanden staat.

Noteer eventueel enkele kernwoorden als geheugensteuntje op een kaartje. Spelen de zenuwen je op het moment zelf parten en word je overvallen door een black-out, dan heb je nog iets om op terug te vallen.

Een humoristische noot is altijd meegenomen. Humor, bijvoorbeeld in de vorm van een grappige anekdote of een leuke woordspeling, maakt een toespraak licht verteerbaar.

Het diner

Het middelpunt van het diner is natuurlijk een lekkere maaltijd. Maar een aangenaam gezelschap is al even belangrijk. Als bruidspaar zitten jullie wellicht best aangenaam aan de eretafel, maar houd steeds in het achterhoofd dat *alle* gasten graag even van jullie gezelschap willen genieten. Probeer daarom tussen de verschillende gangen door niet steeds aan je eigen tafel te blijven zitten, maar loop even tot bij je gasten. Zij kijken er vast naar uit om een praatje met jullie te maken, maar als je dat aan het toeval overlaat, heb je op het eind van de avond zeker niet iedereen gesproken. Daarom kun je maar beter zelf de ronde van de andere tafels doen.

Soms wordt het bruiloftsmaal niet 's avonds gegeven, maar in de namiddag. In dat geval spreken we van een déjeuner dînatoire, letterlijk vertaald een maaltijd die het midden houdt tussen een lunch en een diner.

Een bijzondere vorm van het feestdiner is het diner dansant, waarbij niet tot het eind van het diner gewacht wordt om te dansen, maar je tussen de verschillende gangen door al de vloer op gaat.

Speeches en toasts

In sommige families is het gebruikelijk dat er tijdens het diner getoast of gespeecht wordt. Zo'n toast of speech wordt gegeven bij aanvang van het diner of tussen de verschillende gangen door. Meestal zijn het de vaders van bruid en bruidegom en eventueel de beide getuigen die het woord richten tot de gasten. Maar ook van die traditie kan worden afgeweken: soms neemt de moeder van bruid of bruidegom het woord, of een bijzondere vriend of vriendin.

Wordt er tijdens jullie feest gespeecht? Laat dat dan weten aan de verantwoordelijke van de locatie en van de catering. Zo kunnen ze er rekening mee houden voor het opdienen van de verschillende gangen. Het zou jammer zijn als die verrukkelijke tongfilet koud wordt terwijl iedereen naar de vader van de bruid zit te luisteren.

Verrassingen

Wees erop bedacht dat je op het trouwfeest wel eens verrast zou kunnen worden door jullie gasten. Het is in België en Nederland niet ongebruikelijk dat familieleden of vrienden het bruidspaar trakteren op een sketch, toneelstukje of liedje, vaak met een humoristische inslag. Hebben jullie een vermoeden dat jullie een dergelijke verrassing te wachten staat, dan kun je dat al melden aan de ceremoniemeester of de maître d'hôtel. Hij kan er dan rekening mee houden voor de tijdsindeling van de feestavond. Geen nood overigens als jullie je van geen kwaad bewust zijn: degenen die jullie willen verrassen, zullen de ceremoniemeester of maître op het feest zelf wel vertellen wat ze van plan zijn – zonder dat jullie er wat van merken natuurlijk!

Houden jullie niet van dit soort verrassingen? Vertel dat dan bij voorbaat aan je beste vrienden en je naaste familieleden en vraag hun om jullie wens te respecteren. Het gaat tenslotte om *jullie* trouwdag!

De bruidstaart

Gewoonlijk wordt na het diner de bruidstaart aangesneden. Het aansnijden van de bruidstaart kan ook op andere momenten: naar het eind van de receptie toe bijvoorbeeld, of na het dessert. Zeker in België is het echter gebruikelijk dat de bruidstaart na het diner komt. Is er na het diner ook een dessertbuffet voorzien, dan wordt dat door het bruidspaar geopend nadat de bruidstaart is aangesneden en op het dessertbuffet is geplaatst.

De bruidstaart wordt aangesneden door het bruidpaar. Het is een romantisch moment, waar dan ook wat tijd voor wordt uitgetrokken en dat vaak ondersteund wordt door muziek. Meestal snijden bruid en bruidegom de taart samen aan, als teken van hun verbondenheid. De hand van de bruidegom ligt dan over die van de bruid. Het kan echter ook anders. Een andere traditie wil namelijk dat de bruid de taart in haar eentje aansnijdt en haar kersverse echtgenoot een eerste stukje 'voert'. Dat gebaar staat dan symbool voor de verzorgende rol van de vrouw binnen het huwelijk.

Om het aansnijden van de bruidstaart een extra feestelijk tintje te geven, kun je het mes versieren met een lint of een strik.

DE OPENINGSDANS

Gewoonlijk opent het bruidspaar de dans. Traditioneel gebeurt dat met een wals, maar tegenwoordig wordt steeds vaker gekozen voor een nummer dat een bijzondere betekenis heeft voor de bruid en de bruidegom. Vaak is dat een traag nummer. Dat is echter geen wet van Meden en Perzen. Willen jullie de dans liever openen op een snel disconummer of op een stevige brok rock, dan kan ook dat.

Besteed enige aandacht aan de keuze van het nummer voor jullie openingsdans. Luister aandachtig naar de tekst en wees daarbij bedacht op minder gepaste fragmenten. Nogal wat liedjes gaan over de minder fraaie kanten van liefde en relaties en dat zou je gasten wel eens de wenkbrauwen kunnen doen fronsen. Verzeker je er ook van dat het ritme van het liedje geschikt is om op te dansen. Niets is zo erg als er op de dansvloer achterkomen dat jullie allerlei kunst- en vliegwerk moeten uithalen om het ritme van jullie lievelingsnummer te volgen...

De openingsdans is een van de hoogtepunten van het avondfeest, waar door alle gasten naar uitgekeken wordt. Enkele minuten lang zullen jullie letterlijk in de schijnwerpers staan!

Zijn jullie niet zulke dansers, maar willen jullie op jullie trouwfeest toch indruk maken op de dansvloer, dan kunnen jullie overwegen om enkele maanden voor jullie trouwdag dansles te nemen. Een paar lessen volstaan meestal om jullie openingsdans tot een meer dan goed einde te brengen.

Na of tijdens de openingsdans kan er worden 'vermenigvuldigd': de bruid vraagt haar vader ten dans, de bruidegom zijn moeder. Na een tijdje of wanneer een nieuw liedje wordt ingezet worden nieuwe dansparen gevormd. De bruid kan nu met de vader van de bruidegom dansen, en de bruidegom met de moeder van de bruid, maar er kan bijvoorbeeld ook voor worden gekozen om een broer en zus uit te nodigen, of de vrienden die getuige waren bij jullie huwelijk. Daarna is het de beurt aan alle gasten die ondertussen danskriebels zijn gaan voelen en kan het dansfeest losbarsten!

In Mexico vormen de gasten een hartvormige kring rond het bruidspaar, opdat zij hun openingsdans zouden kunnen uitvoeren in een 'cirkel van liefde'.

DE LAATSTE DANS

Wil je niet alleen de eerste maar ook de laatste dans reserveren voor jullie als bruidspaar? Dat wordt wel eens gedaan. Het is in elk geval een mooi alternatief voor het gewoon laten uitsterven van het dansfeest. Vaak wordt dan gekozen voor een liedje met een betekenisvolle titel of tekst, zoals *It was such a perfect day* van Lou Reed of *You were wonderful tonight* van Eric Clapton. Vraag je deejay om dat liedje dan ook echt als 'laatste lied' aan te kondigen en iedereen te vragen deze laatste dans voor jullie voor te behouden.

Een feest voor de kinderen
Verwacht je (veel) kinderen op je huwelijk? Dan kun je bij de uitwerking ervan ook speciaal met hen rekening houden. Zo zorg je ervoor dat het feest ook voor hen een succes wordt.
Zorg dat er tijdens de receptie niet alleen 'volwassen' dranken zoals champagne of schuimwijn worden geschonken, maar ook drankjes die kinderen lekker vinden. Wil je ook voor hen een feestelijke drank, denk dan aan de kinderchampagnes die tegenwoordig op de markt zijn of aan een kleurrijke niet-alcoholische cocktail.
Ook het menu dat je hebt uitgezocht voor je gasten is misschien, hoe exquis ook, niet besteed aan een kindermond. Vaak is het mogelijk om voor de jonge gasten een aangepast kindermenu te bestellen.
Afhankelijk van het aantal kinderen en van hun leeftijd kun je tijdens het diner ook een aparte tafel maken voor de kinderen, die je op een leuke manier versiert. Heel jonge kinderen kunnen beter bij mama en papa zitten, maar kleuters en oudere kinderen vinden het vaak leuker om met leeftijdsgenootjes aan tafel te zijn dan om naar volwassen tafelgesprekken te moeten luisteren. En zo hebben ze meteen ook hun 'eigen' feestje.
Je kunt op de locatie van je trouwfeest ook een aparte hoek inrichten voor je jonge gasten, waar je bijvoorbeeld papier en kleurpotloden, speelgoed en kinderboeken kunt neerleggen.
Verwacht je erg veel kinderen? Dan kun je overwegen om iemand in te huren om hen te vermaken, zoals een goochelaar, een poppenspeler of een grimeartiest.

Music maestro!
Over solisten, live bands en deejays

Een huwelijk is een feestelijke aangelegenheid en bij een feest hoort muziek. Muziek kan bovendien in grote mate bijdragen tot het creëren van de sfeer van de dag.

MUZIEK BIJ DE HUWELIJKSPLECHTIGHEID

Tijdens de huwelijksplechtigheid kun je muziek gebruiken om een bepaalde sfeer te creëren. Vroeger hoorde bij een huwelijksplechtigheid klassieke en voor de huwelijksmis zelfs religieus geïnspireerde muziek, nu heb je een veel grotere keuzevrijheid.

Wat mag?
Toch mag je er ook weer niet van uitgaan dat alles mag. Afhankelijk van de plek waar jullie trouwen en of het een burgerlijke of religieuze plechtigheid is, zul je rekening moeten houden met bepaalde beperkingen.

Niet overal mag zomaar iedereen muziek spelen. Zo kun je in een bepaalde kerk gebonden zijn aan het plaatselijke kerkkoor. Of misschien mag er op het stadhuis wel geen muziek gespeeld worden, of enkel met behulp van een muziekinstallatie en niet live. Ook kan het zijn dat je je aan beperkingen qua geluidsniveau moet houden. Bij een religieuze plechtigheid kunnen er bovendien religieuze beperkingen gehanteerd worden. In sommige kerken mag bijvoorbeeld enkel religieus geïnspireerde, geen wereldse muziek worden gespeeld. Je doet er daarom goed aan vooraf te informeren wat er toegelaten is.

Wat kan?
Ga ook na wat mogelijk is. Een van de belangrijkste factoren hierbij is de akoestiek van de plek waar jullie huwelijksplechtigheid zal plaatsvinden. In een klein kerkje klinkt een barok arrangement misschien al snel oorverdovend, terwijl een ijle aria in een grote kathedraal misschien wat verloren gaat. De verantwoordelijke van de locatie die jullie gekozen hebben, kan je wellicht meer vertellen over wat wel en niet werkt op deze plek.

Welke stijl?
Zodra je weet wat er mag en kan, kun je beginnen na te denken over het soort muziek dat je tijdens je huwelijksplechtigheid wilt. Met muziek kun je tegenwoordig werkelijk alle kanten op: wil je klassieke muziek om het plechtige of formele karakter van je huwelijk te onderstrepen, of geef je de voorkeur aan hedendaagse popliedjes? Liggen de wortels van (een deel van) je familie elders en wil je die cultuur oproepen met volksmuziek uit dat land? Of vind je dat de soundtrack van een lievelingsfilm perfect past bij de sfeer die je wilt oproepen? Wil je een volledig koor, of liever een solozanger(es), met of zonder begeleidende muzikanten? Houd je van instrumentale achtergrondmuziek? Of wil je net liederen waarvan de tekst uitdrukt wat liefde en trouwen voor jullie betekenen?

Wie?

Zodra je er een beetje uit bent welke richting je uit wilt met de muziek, kun je op zoek gaan naar een uitvoerder. Tenminste, als je voor live muziek kiest. Wil je met opgenomen muziek, bijvoorbeeld cd's, werken, dan zul je iemand nodig hebben die de muziekinstallatie tijdens de huwelijksplechtigheid voor jullie bedient. Wellicht kun je voor zo'n klus terecht bij een van je vrienden.

Ga je voor live muziek, dan zul je, afhankelijk van het genre waar je voor kiest, op zoek moeten gaan naar een solozanger of –zangeres, een solomuzikant, een groep muzikanten of een koor. Je kunt je zoektocht beginnen op trouwbeurzen of in bruidsmagazines, waar heel wat muzikanten zich aanbieden. Zij zijn vaak gespecialiseerd in het begeleiden van huwelijksplechtigheden. Maar zoals met alles geldt ook hier dat mond-tot-mondreclame van onschatbare waarde kan zijn. Vraag vrienden en kennissen naar muzikanten die zij kennen. Zie die vrienden en kennissen zelf trouwens niet over het hoofd. Misschien zit er wel iemand tussen die zich in zijn vrije tijd bezighoudt met muziek en die met plezier jullie plechtigheid wil opluisteren. Pols ook bij de verantwoordelijke van jullie trouwlocatie. Ook hij kan je misschien goede tips geven.

Boek nooit een muzikant of een groep muzikanten zonder ze aan het werk gehoord of zelfs gezien te hebben! Muziek kan erg sfeerbepalend zijn en het zou jammer zijn als de muziek op jullie trouwdag zelf zou tegenvallen. Sommige muzikanten beschikken over opnames waarop je ze aan het werk kunt horen. Beter nog is het om ze live te zien. Vraag hun daarom naar optredens in de nabije toekomst, waar je zelf een kijkje kunt gaan nemen.

Maak een afspraak met de muzikanten die jullie bevallen. Pols naar hun visie en ga na of die overeenkomt met die van jullie. Vraag ze ook naar hun repertoire. Sommige muzikanten houden heel erg vast aan hun repertoire, andere zijn bereid om ook andere nummers te spelen of te zingen. Wil je dat een bepaald lied of stuk absoluut gespeeld wordt tijdens jullie plechtigheid, breng dat dan ook ter sprake. Zijn ze daartoe bereid? Des te beter. Willen ze dat niet, vraag dan waarom. Misschien hebben ze daar een gegronde reden voor – bijvoorbeeld dat een bepaald liedje niet gespeeld kan worden in hun bezetting of op hun instrumenten. Vertrouw in dat geval op hun vakmanschap en vraag of ze alternatieven kunnen aanbieden. Hebben ze gewoon geen zin om buiten hun repertoire te treden, dan kun je misschien beter op zoek gaan naar andere muzikanten.

Wanneer?

Eigenlijk kun je de hele huwelijksplechtigheid door gebruik maken van muziek. Veel hangt af van hoe jullie willen dat de plechtigheid eruit gaat zien. Met muziek kun je er iets heel feestelijks van maken, maar bijvoorbeeld ook iets heel religieus. En wanneer je liederen met veelzeggende teksten kiest, kun je een extra betekenis verlenen aan wat er tijdens de plechtigheid met woorden wordt gezegd.

Eigenlijk kan er al muziek gespeeld worden voor het begin van de eigenlijke plechtigheid, ter verstrooiing van de reeds aanwezige gasten en om al wat sfeer te creëren. Bij het binnentreden van de bruidsstoet wordt vaak voor een mars gekozen, omdat die meteen voor een ritme zorgt waarop het gemakkelijk lopen is. Maar eigenlijk kun je hiervoor allerlei soorten muziek gebruiken. Zorg er wel voor dat de muziek die je gekozen hebt lang genoeg duurt, zodat het niet stil wordt halverwege het binnenkomen van de bruidsstoet.

Tijdens de plechtigheid zelf kun je met muziek alle kanten op. Je kunt muziek gebruiken om de verschillende onderdelen van elkaar te scheiden, of om de belangrijkste momenten te onderstrepen. Liederen met betekenisvolle teksten kunnen ook zelf een onderdeel van de plechtigheid vormen, naast bijvoorbeeld de voorgelezen teksten. Bespreek wel altijd met degene die het huwelijk voltrekt wat wel en niet mogelijk is.

Ook het verlaten van de plek waar de plechtigheid heeft plaatsgevonden, wordt meestal begeleid door muziek.

MUZIEK BIJ HET HUWELIJKSFEEST

Voor veel mensen geldt: geen feest zonder muziek. Net zoals tijdens de huwelijksplechtigheid kan muziek op het trouwfeest een cruciale rol spelen in het creëren van een bepaalde sfeer.

Hebben jullie om de een of andere reden muziek die veel voor jullie betekent moeten schrappen uit de plechtigheid, bijvoorbeeld omdat ze niet paste binnen een kerkelijke trouwmis? Misschien kun je die een plek geven tijdens jullie huwelijksfeest...

Muziek bij een receptie of diner
Tijdens een receptie of een diner wordt meestal zachte muziek gespeeld, zodat de gasten de gelegenheid hebben met elkaar te praten. Te luide of harde muziek komt dan vaak storend over. Vaak wordt gekozen voor klassieke muziek, maar ook filmmuziek of zachte moderne muziek komt zeker in aanmerking.

Vooral tijdens recepties is er ruimte voor live gespeelde muziek. Een kwartet, of een pianist, of een violist die zich tussen de gasten beweegt en lichte muziek speelt, kan voor een unieke, feestelijke sfeer zorgen.

Wanneer tijdens een receptie of diner een bijzonder gerecht wordt opgediend, kan de aandacht daarop gevestigd worden door de muziek. Dit gebeurt bijvoorbeeld vaak wanneer de bruidstaart wordt opgediend.

Wordt de receptie of het diner onmiddellijk gevolgd door een dansfeest, dan wordt wel eens geprobeerd de muziek langzaam 'op te bouwen', zodat de overgang tussen diner en dansfeest niet te bruusk verloopt.

Muziek bij een dansfeest
Is muziek sowieso al belangrijk voor een feest, voor het welslagen van een dansfeest is ze niet minder dan cruciaal. De gespeelde of gedraaide muziek bepaalt in zeer grote mate het welslagen van een dansfeest. Reden genoeg om er voldoende aandacht aan te besteden.

Bij een huwelijksfeest wordt het dansfeest meestal geopend met een dans van bruid en bruidegom: de openingsdans. Traditioneel gebeurt dat met een wals, maar tegenwoordig wordt steeds vaker gekozen voor een nummer dat een bijzondere betekenis heeft voor de bruid en de bruidegom. Vaak is dat een traag nummer, maar als je liever een snel nummer wilt, kan dat natuurlijk ook. Het enige wat telt, is dat jullie je er goed bij voelen.

Na of tijdens de openingsdans kan er worden 'vermenigvuldigd': de bruid vraagt haar vader, de bruidegom zijn moeder. Na een tijdje of wanneer een nieuw liedje wordt ingezet worden nieuwe dansparen gevormd. De bruid kan nu met de vader van de bruidegom dansen, en de bruidegom met de moeder van de bruid, maar er kan ook voor worden gekozen om een broer en zus te vragen, of de vrienden die getuige waren bij jullie huwelijk. Bij het kiezen van de muziek die tijdens het vermenigvuldigen gespeeld wordt, houd je rekening met de mensen die op dat ogenblik op de dansvloer staan. Danst je vader alleen graag op trage nummers, dan doe je hem er vast geen plezier mee om voor de dans van de bruid met haar vader een up-tempo discosong uit te kiezen.

Na het vermenigvuldigen is het de beurt aan alle gasten en kan het dansfeest losbarsten! Degene die verantwoordelijk is voor de muziek, zal goed op het dansgebeuren moeten inspelen, om de danskriebels levend te houden. Zorgen dat een dansvloer nooit leeg is, is immers een grote kunst. Vaak is het aangewezen om snelle en trage nummers af te wisselen. Bovendien moet je rekening houden met *al* je gasten, niet enkel met je persoonlijke muziekvoorkeur. Oudere familieleden zullen het bijvoorbeeld appreciëren wanneer er een wals gedraaid wordt en zij ook nog eens een stapje richting dansvloer kunnen wagen. De kunst is een goede mix te vinden, die zoveel mogelijk gasten en vooral ook jullie zelf gelukkig maakt.

Zijn er liedjes die gevoelig liggen voor jullie? Liedjes die voor jullie minder goede herinneringen oproepen of die bijvoorbeeld in jullie familie moeilijk liggen? Meld dat zeker aan de deejay of de band en vraag uitdrukkelijk dat die liedjes niet gespeeld worden. De mooiste slow kan ongewild de sfeer verpesten wanneer hij de helft van jullie gasten herinnert aan de begrafenismis van een familielid.

Wie zorgt er voor de muziek?

Live of niet, of een combinatie van beide, dat is de eerste knoop die jullie moeten doorhakken, als het over de muziek voor jullie trouwfeest gaat. In België en Nederland is het niet zo gebruikelijk dat een huwelijksfeest van begin tot eind door live muziek opgeluisterd wordt, maar het kan natuurlijk wel. De meeste stellen kiezen voor een professionele deejay of vragen een vriend of kennis om plaatjes te draaien.

Live is live

Wil je graag live muziek tijdens je huwelijksfeest? Zit je beste vriend in een band en ben jij fan nummer een, dan is de keuze wellicht snel gemaakt. Anders zul je op zoek moeten gaan. Bepaal vooraf welke stijl van muziek je wilt hebben, dat zal je een flink eind op weg helpen bij het kiezen van muzikanten of een groep.

Mond-tot-mondreclame is erg belangrijk. Informeer bij vrienden en familieleden of zij goede muzikanten of groepen kennen of aan het werk hebben gezien. Ook de verantwoordelijke van jullie trouwlocatie kan jullie misschien aan een aantal referenties helpen. Sommige groepen en muzikanten die gespecialiseerd zijn in het opluisteren van huwelijksfeesten, adverteren ook in bruidsmagazines of zijn aanwezig op huwelijksbeurzen.

Zorg steeds dat je de muzikanten in kwestie zelf aan het werk hebt gezien. Bevallen ze je, maak dan een afspraak. Ga na of ze de muziek willen spelen die jullie voor ogen hebben, en hoe flexibel ze zijn om stukken te brengen die niet tot hun eigen repertoire behoren. Vooral bij een dansfeest kan dat belangrijk zijn wanneer je al je gasten op de dansvloer wilt krijgen. Peil ook naar hun ervaring met optredens tijdens huwelijksfeesten. Muzikanten die die ervaring helemaal niet hebben, zul je vooraf wellicht grondiger en gedetailleerder moeten instrueren. Bespreek ook de technische kant. Hebben zij zelf alle instrumenten, of moet er bijvoorbeeld een piano worden gehuurd? Zorgen zij voor een geluidssysteem, of moeten jullie (of de verantwoordelijke van de feestlocatie) dat doen? En wanneer gebeurt de opstelling van het materiaal, en door wie?

Deejays

Opteren jullie voor een deejay, dan heb je keuze te over. Houd er rekening mee dat er heel wat soorten deejays bestaan. Sommigen maken er een erezaak van het publiek te entertainen, niet alleen met de gedraaide platen, maar ook met grapjes die ze tussendoor vertellen. Anderen proberen de gasten tussen de muziek door te vermaken met allerlei spelletjes. Nog anderen stellen zich veel bescheidener en soberder op en beperken hun aandeel tot het draaien van de muziek en het maken van enkele opmerkingen tussendoor. Sommige deejays hebben ook een sterke voorkeur voor bepaalde muziekgenres, terwijl anderen een ruimere keuze willen draaien. De kunst is die deejay te vinden die past bij het feest dat jullie voor ogen hebben. De eerste stap daarbij is inzicht te krijgen in wat jullie precies van een deejay verwachten.

Via bruidsmagazines, huwelijksbeurzen en de Gouden Gids kom je wellicht al aan een lange lijst met namen. Om je keuze te beperken kun je vrienden en kennissen vragen naar deejays die zij kennen of die zij tijdens andere feesten aan het werk hebben gezien en gehoord. Ook de verantwoordelijke van je trouwlocatie zal je een aantal namen kunnen bezorgen van mensen die regelmatig op die plek werken. Heb je zelf goede herinneringen aan een deejay die draaide op een feest waarop je aanwezig was, aarzel dan niet om te informeren bij degene die dat feest heeft gegeven.

Wanneer je een afspraak maakt met een deejay, besteed dan aandacht aan de volgende punten:

– *Muziekvoorkeur*. Heeft hij een voorkeur voor bepaalde genres? Betekent dat ook dat hij die het liefst draait tijdens een feest? Hoe uitgesprokener zijn voorkeur, hoe groter het gevaar dat hij zijn geliefkoosde genre ook bij het draaien zal laten primeren. Komt zijn voorkeur toevallig overeen met die van jullie, dan is er natuurlijk geen probleem. Liggen jullie voorkeuren ver uit elkaar, dan kun je wellicht beter op zoek gaan naar een andere deejay.

– *Entertainen*. Vraag hem hoe hij zijn taak invult. Beperkt hij zich tot het draaien van de muziek, of amuseert hij de gasten ook met spelletjes of grappen? Maak voor jezelf uit of dat overeenkomt met wat jullie graag willen.

– *Jullie wensen*. Confronteer hem met jullie wensen. Vertel hem wat jullie zeker willen, en ook wat jullie zeker *niet* willen, en kijk hoe hij daarop reageert. Stelt hij zich flexibel op in het tegemoetkomen van jullie wensen, of heb je de indruk dat hij het problematisch vindt? Willen jullie liedjes horen die hij niet op cd heeft staan, is hij dan bereid jullie cd's te draaien, of de cd's voor de gelegenheid zelfs aan te kopen?

Je kunt je deejay eventueel een lijst bezorgen van artiesten of liedjes die je graag zou willen horen op jullie trouwfeest. Ga hierin echter niet te ver en zadel hem niet op met een pagina's lange *playlist*. Laat je deejay nog wat ruimte en creatieve vrijheid om zijn ding te doen en om in te spelen op de sfeer van het moment.

– *Flexibiliteit*. Niet alleen de vraag of de deejay zich soepel opstelt ten aanzien van jullie muziekvoorkeuren is belangrijk, minstens even belangrijk is hoe hij inspeelt op wat er tijdens het dansfeest gebeurt. Zelfs als jullie zelf helemaal wild zijn van disco, kan het geen kwaad dat de deejay een ruimere selectie aan platen meebrengt om de verschillende groepen binnen jullie gasten op de dansvloer te krijgen.

– *Verzoekjes*. Wat doet de deejay wanneer gasten naar hem toe komen met het verzoek een bepaalde plaat te draaien? Gaat hij er al dan niet op in? Maak voor jezelf uit wat jullie daar zelf van vinden. Het draaien van verzoekjes komt erg sympathiek over, maar houdt ook het risico in dat het dansfeest een heel andere richting uitgaat dan jullie zouden willen. Als jullie tien jaar jongere neefjes en nichtjes de man blijven bestoken met verzoeknummers, of als al jullie ooms en tantes om walsen blijven vragen, bestaat het gevaar dat jullie zelf nauwelijks nog een voet op de dansvloer zetten. Willigt de deejay daarentegen geen enkel verzoek in, dan kan dat een deel van jullie gasten permanent van de dansvloer houden.

– *Prijs*. Vraag steeds wat er in de prijs ingecalculeerd is. Hoeveel uren draaien zijn inbegrepen, wat kost het als de deejay overuren moet maken? Zit ook het nodige materiaal voor geluid en belichting in de prijs, of moet dat afzonderlijk betaald worden?

Zelf draaien

Vind je een deejay toch maar duur, dan kun je aan vrienden vragen of zij willen instaan voor de muziek tijdens het huwelijksfeest. Een bijkomend voordeel is de grote controle die je zo hebt op de muziek die er gedraaid wordt. Je kunt immers vooraf cd's compileren met alle liedjes die je wilt horen. Zo kun je zelf als het ware de *playlist* samenstellen. Een nadeel is dan weer dat iemand die niet vertrouwd is met het draaien van plaatjes zich strikt aan zo'n *playlist* zal houden en minder goed zal inspelen op wat er op de dansvloer gebeurt. Zorg in elk geval ook voor een goede geluidsinstallatie (als de feestlocatie daar niet over beschikt, zul je er eentje moeten huren).

DE GROTE DAG
EN DAARNA

Het feesten kan beginnen
Over vrijgezellenavonden en bridal showers

Je hebt het ondertussen al wel door: bij het organiseren van een huwelijk komt er heel wat kijken en moeten er een hoop dingen geregeld worden. Maar de periode tussen je verloving en je trouwdag is ook een heel feestelijke periode, en het zou wel eens kunnen dat er niet alleen op jullie trouwdag zelf gefeest wordt...

VRIJGEZELLENAVOND

Oorspronkelijk werd enkel voor de aanstaande bruidegom een vrijgezellenavond georganiseerd. De bedoeling was dat de man in kwestie, aan de vooravond van zijn huwelijk, op een feestelijke manier afscheid kon nemen van zijn vrijgezellenbestaan. In een ietwat andere versie heette het dat hij nog een laatste keer kon 'proeven van zijn vrijheid'. De bruid bleef buiten schot. Daarin is de laatste jaren echter verandering gekomen. In de weken die voorafgaan aan jullie huwelijk kunnen jullie allebei maar beter bedacht zijn op een onverwacht feestje... Wie weet hebben vrienden je gevraagd om een bepaalde dag of avond vrij te houden maar zijn ze vaag gebleven over het waarom daarvan? Of misschien weet je helemaal van niets, is je partner ingeschakeld om de dag in kwestie vrij te houden en word jij ineens 'ontvoerd'...

Wie organiseert de vrijgezellenavond?
Er is geen vaste regel wie de vrijgezellenavond organiseert. Heb je iemand uit je vrienden- of familiekring gevraagd om op te treden als ceremoniemeester, dan zou het wel eens kunnen dat die persoon ook de organisatie van de vrijgezellenavond voor zijn rekening neemt. Maar het kan evengoed om een goede vriend of vriendin, een broer of zus, of een van de getuigen gaan.

Gescheiden vrijgezellenavonden
De traditionele vrijgezellenavond was een zaak van de aanstaande bruidegom en zijn vrienden. Vrouwen waren niet toegelaten. Als reactie daarop zijn de vriendinnen van de aanstaande bruid eigen vrijgezellenavonden gaan organiseren, waarop mannen dan weer niet toegelaten zijn. In veel gevallen wordt vastgehouden aan die traditionele verdeling. De aanstaande bruidegom wordt op sleeptouw genomen door zijn mannelijke vrienden, de aanstaande bruid door haar vriendinnen. Telkens is meestal een van die vrienden en vriendinnen verantwoordelijk voor de organisatie van de vrijgezellenavond. Soms gebeurt dat helemaal los van elkaar, zodat de vrijgezellenavonden van bruid en bruidegom vaak niet op dezelfde dag vallen. De organiserende vriend en vriendin kunnen echter ook contact met elkaar zoeken en voor eenzelfde moment kiezen.

Gemeenschappelijke vrijgezellenavond

Tegenwoordig wordt ook wel eens afgeweken van de traditie om gescheiden vrijgezellen-avonden te houden. Een van de redenen daarvoor is dat veel paren – vaak omdat ze elkaar al langer kennen voor ze de stap zetten om te trouwen – een gemeenschappelijke vrien-denkring hebben opgebouwd. Dan wordt wel eens een gemeenschappelijke vrijgezellen-avond georganiseerd waarop mannen en vrouwen, vrienden en vriendinnen van bruid en bruidegom, aanwezig zijn.

Soms wordt voor een combinatie van beide formules gekozen. De vrijgezellen'avond' begint dan vaak 's middags. Bruid en bruidegom worden dan apart op sleeptouw genomen door vriendinnen en vrienden. Op een afgesproken tijdstip komen beide groepen samen, vaak voor een gemeenschappelijk etentje.

Willoos slachtoffer?

Je hebt waarschijnlijk al de wildste verhalen gehoord over vrijgezellenavonden. De aan-staande bruidegom wordt getrakteerd op een stripteaseact, de bruid moet een rozig konij-nenpakje aantrekken en wordt op sleeptouw genomen door de rosse buurt... Toegegeven, bij een vrijgezellenavond wil wel eens wat bloot komen kijken. En het amoureuze verleden van de bruid of bruidegom in kwestie wordt ook wel eens van stal gehaald. Voel je je daar niet lekker bij en huiver je al bij de gedachte dat je je als een willoos slachtoffer zult moe-ten overgeven aan de grillen van je vrienden of vriendinnen?

Geen paniek! Je vrijgezellenavond wordt *voor jou* georganiseerd en om er een geslaagd feestje van te maken, kan de organisator ervan maar beter rekening houden met jouw per-soonlijkheid. Zijn er dingen die je echt niet wilt? Die kun je gerust vooraf kenbaar maken. Als je iemand uit je vrienden- of familiekring gevraagd hebt als ceremoniemeester, kun je hem of haar laten weten wat je absoluut niet leuk vindt. Heb je niet zo'n persoonlijke ken-nis als ceremoniemeester, praat dan met je beste vrienden en vriendinnen over wat je echt niet wilt. Bespreek dit ook met je partner. De kans is immers groot dat de organisator van de vrijgezellenavond hem in het complot betrekt om jou te verrassen. Dan kan je partner meteen doorgeven wat jouw wensen zijn.

Heb je de avond zelf toch het gevoel dat het de verkeerde kant op gaat? Moet je dingen doen waar je je echt niet goed bij voelt? Aarzel dan niet om dat, op een diplomatieke manier, te vertellen aan diegene die de leiding heeft over de avond.

De meeste mensen zullen zeker rekening houden met jouw wensen. Het belangrijkste doel van de vrijgezellenavond is immers dat het een plezierig feestje wordt en dat kan het best wanneer ook jij je amuseert!

BRIDAL SHOWER

In de Angelsaksische wereld is het traditie dat de *maid of honour* een *bridal shower* of *sho-wer party* organiseert voor de aanstaande bruid. Deze traditie begint ook over te waaien naar België en (vooral) Nederland.

Volgens sommige bronnen zou het gebruik uit Nederland stammen. Het ontstaan ervan zou teruggaan op de weigering van sommige vaders – die het niet eens waren met de keuze van hun dochter – om haar een bruidsschat mee te geven. Daarom zorgden vrienden en kennissen voor een uitzet die ze de bruid cadeau gaven.

Tegenwoordig staan cadeaus nog steeds centraal bij *bridal showers*. De gasten – vrienden, kennissen, collega's... – brengen de bruid een praktisch cadeau mee. Die geschenken kunnen de basis vormen van haar 'uitzet'. Steeds vaker wordt daarbij een thema gekozen, zoals 'keuken' of 'lingerie'. De cadeaus houden dan verband met dat thema. Soms wordt een 'rond de klok'-feestje georganiseerd, waarbij elke gast een uur wordt toegewezen. Haar cadeau moet dan iets zijn wat je op dat uur van de dag kunt gebruiken.

Natuurlijk draait een *bridal shower* niet louter om cadeaus. Het is vooral ook een gezellige bedoening, waarin ook lekkere hapjes en drankjes en spelletjes een plaats hebben. Vaak wordt gekozen voor een lunch, een etentje of een thee- of koffiemiddag. Gezelligheid is in elk geval troef.

Aftellen maar
Over de laatste twee weken

Maandenlang hebben jullie je beziggehouden met de organisatie van jullie trouwdag, hebben jullie elk klein detail geregeld en elk onderdeel tien keer doorgenomen. Plots merken jullie het: jullie zijn nog maar twee weken verwijderd van de Grote Dag. Het echte aftellen kan beginnen!

WAT ER NOG MOET GEBEUREN

Waarschijnlijk is nu zowat alles geregeld. Ga even samen zitten en loop nog eens door de takenlijst die jullie vroeger hebben opgesteld. Is alles wat daarop staat ook inderdaad gebeurd? Hebben jullie niets over het hoofd gezien? Als dat zo is, zullen jullie er snel werk van moeten maken. Daarnaast zullen jullie je vooral nog moeten bezighouden met enkele last-minute details.

De gasten
Tegen deze tijd moet je een definitieve lijst kunnen opstellen van wie er allemaal naar jullie huwelijksfeest komt. Gasten die (nog) niet geantwoord hebben op jullie uitnodiging, bel je zo snel mogelijk op met de vraag of ze van plan zijn te komen.

Zodra je weet hoeveel gasten er precies zullen komen, geef je dat definitieve aantal door aan de feestlocatie en aan de verantwoordelijke voor de catering.

Je kunt nu ook beginnen aan het opstellen van de definitieve tafelschikking. De verantwoordelijke van de feestlocatie zal immers ook zo snel mogelijk willen weten hoeveel tafels en stoelen er nodig zijn en op welke manier ze moeten worden opgesteld. Als jullie de gasten ook een vaste plaats aan tafel willen geven, moet je ook de naamkaartjes bezorgen aan de feestlocatie, zodat zij die op de juiste plek kunnen plaatsen.

Het draaiboek
Maak een gedetailleerd draaiboek van wat er op je trouwdag allemaal gaat gebeuren. Probeer daarbij zo specifiek mogelijk te zijn en controleer of je niets over het hoofd hebt gezien. Bezorg dit draaiboek aan al wie er wat mee kan doen: de ceremoniemeester, de fotograaf, de videomaker...

De afspraken
Twee weken vooraf kun je het best ook even alle afspraken checken die je gemaakt hebt met iedereen die bij jullie trouwdag betrokken is, van de fotograaf tot de bloemist, van de priester die jullie huwelijk inzegent tot de deejay die jullie feest zal opluisteren. Probeer niet als een controlefreak over te komen, maar informeer vriendelijk of de voorbereidingen volgens plan verlopen en of de betrokkenen nog vragen hebben. Zo kunnen last-minute problemen nog worden opgelost en heb jij meteen een gerust gemoed doordat je weet dat alles onder controle is. Neem ook contact met je ceremoniemeester en neem samen het draaiboek door.

De huwelijksreis

Breng zoveel mogelijk in orde voor de huwelijksreis. Bevestig indien nodig je vluchten, doe de allerlaatste aankopen en pak je koffers. Zo kun je straks na je huwelijk zorgeloos op huwelijksreis vertrekken.

De kleding

Het moment is ook aangebroken om jullie trouwkleren een laatste keer te passen. Wacht niet tot de allerlaatste dag om dat te doen. Als er nog een aanpassing moet gebeuren, is daar uiteraard tijd voor nodig. Controleer ook of jullie alle accessoires hebben, van lingerie tot schoenen.

Checklist kleding

Bruid
- ☐ Trouwjurk
- ☐ Sleep
- ☐ Sluier
- ☐ Diadeem
- ☐ Hoed
- ☐ Schoenen
- ☐ Kousen
- ☐ Lingerie
- ☐ Handschoenen
- ☐ Juwelen

Bruidegom
- ☐ Trouwpak
- ☐ Das of vlinderdas
- ☐ Hemd
- ☐ Sokken
- ☐ Schoenen
- ☐ Ondergoed
- ☐ Manchetknopen
- ☐ Dasspeld

OP ZIJN MOOIST!

Jullie willen er natuurlijk op jullie mooist uitzien. Enkele last-minute tips.

Voeding

Let op wat je eet. Vermijd sowieso om nog af te vallen of bij te komen, want dat zou wel eens problemen kunnen geven met je trouwkleding. Maar probeer ook gewoon gezond en licht te eten. Op je trouwdag wil je immers geen maagproblemen hebben. Mijd ook zout voedsel zodat je niet onnodig vocht gaat ophouden. Probeer zoveel mogelijk water te drinken.

Lichaamsbeweging

Hoezeer je misschien ook de indruk hebt dat je aan het rondhollen bent als een kip zonder kop, neem toch de tijd om wat aan lichaamsbeweging te doen. Dat betekent niet dat je daarin moet overdrijven. Heb je al een abonnement in een fitnesscentrum of ga je een paar keer per week zwemmen, ga daar dan gewoon mee door. Ga echter niet nu voor het eerst elke avond als een gek fitnessen. De kans op een blessure is dan te groot. Een stevige wandeling of een fietstochtje doet ook al wonderen.

Lichaamsverzorging

Besteed de nodige aandacht aan de verzorging van je lichaam, maar ga zeker nu niet experimenteren met nieuwe producten of middeltjes. Je loopt immers altijd het gevaar er een allergische reactie op te ontwikkelen.

Bruid, onthaar je benen en je bikinilijn en laat indien nodig haartjes op je gezicht verwijderen. Laat je wenkbrauwen epileren en ga naar de schoonheidsspecialiste voor een laatste gelaatsverzorging. Ga ook naar een manicure en pedicure voor een hand- en voetverzorging.

Kapsel

Wil je dat je haar gekleurd wordt of een permanent krijgt? Dan moet dat nu gebeuren. Indien hij dat nodig vindt, kan de kapper je haar ook nog behandelen met een speciale shampoo, zodat het er op de trouwdag perfect uitziet.

ONTSPANNEN!

Misschien wel het grootste schoonheidsgeheim om er op je trouwdag stralend uit te zien is je goed voelen. Als je je goed voelt, zul je dat geluk ook letterlijk uit*stralen*. Ontspannen en genieten is daarom de boodschap.

Blijf je niet druk maken om details. Waarschijnlijk is nu zo goed als alles geregeld. Geniet van het geruststellende gevoel dat je daaruit put. En besef dat je nooit elk klein detail in de hand kunt hebben. In plaats van over honderd en een details te gaan zitten piekeren, kun je je tijd nu beter besteden aan wat ontspanning.

Hoe je dat invult, alleen, met vrienden of met je toekomstige, hangt natuurlijk vooral van jezelf af. Probeer echter zeker wat tijd vrij te maken voor je verloofde. Jullie hebben het de afgelopen maanden wellicht druk gehad. Nu is het moment aangebroken om wat druk van de ketel te halen. Een etentje in jullie lievelingsrestaurant, een film, een lange wandeling... Geniet er samen van, zonder het voortdurend over de Grote Dag te hebben.

DE ALLERLAATSTE DAG VOOR JULLIE HUWELIJK

Eindelijk is dan de laatste dag aangebroken. Vandaag moet er een en ander gebeuren, maar probeer toch ook voldoende tijd over te houden om te ontspannen.

Wat er nog moet gebeuren

- *Versiering locatie(s)*. Willen jullie een deel van de versiering van de locatie van de plechtigheid of het feest zelf voor jullie rekening nemen, dan kun je dat, als dat voor de locatie kan, het best de dag vooraf doen. Als er bijvoorbeeld geen mis meer is in de kerk waar je wilt trouwen, kun je er nog even langs gaan om de stoelen op de juiste manier te schikken en de programmaboekjes klaar te leggen.
- *Geld*. Moeten sommige mensen op jullie trouwdag contant betaald worden? Maak dan enveloppen klaar met het juiste bedrag erin. Denk ook aan voldoende cash voor fooien en om eventuele taxi's te betalen.
- *Wegwijzers*. Wil je in de buurt wegwijzers ophangen zodat jullie gasten de weg naar jullie locatie(s) gemakkelijker vinden? Doe dat dan ook vandaag. Als je het te vroeg doet, bestaat immers het gevaar dat ze alweer verdwenen zijn tegen jullie trouwdag.
- *Toespraken en speeches*. Zijn jullie van plan jullie gasten toe te spreken of een welkomstwoordje tot hen te richten? Lees dat dan nog een paar keer hardop door. Ook de teksten die jullie tijdens de plechtigheid zullen lezen of uitspreken, kun je beter nog even doornemen. Overdrijf echter niet. Het is zeker niet de bedoeling dat je ze uit het hoofd kent!

– *Weer.* Kijk of luister naar het weerbericht. Wordt er onverwachts regen voorspeld, zorg dan dat er paraplu's voorhanden zijn. Trouw je in het wit, dan zijn witte paraplu's erg mooi en bovendien zijn ze ook heel feestelijk. In sommige zaken vind je ook duoparaplu's, zodat jullie met zijn tweeën onder één paraplu passen en niet meteen al gescheiden worden door de regen. Zit je midden in een hittegolf, controleer dan of er op de verschillende locaties airconditioning of voldoende ventilatoren aanwezig zijn.

– *Kleding en accessoires.* Leg al wat je morgen nodig hebt alvast klaar. Denk daarbij aan je kleren en aan je accessoires. De bruid kan ook nog een noodkoffertje klaar leggen.

Noodkoffertje

Zorg voor een 'noodkoffertje' waar je alles in doet wat je op je trouwdag van pas zou kunnen komen. Denk bijvoorbeeld aan:

– Veiligheidsspelden.
– Naald en draad in de kleur van je trouwjurk.
– Haarspelden.
– Een kleine haarkam of -borstel.
– Een kleine tandenborstel en tandpasta of pepermuntjes. Zo heb je de hele dag door een frisse adem.
– Kleurloze nagellak (voor ladders in je kousen).
– Nagellak in de kleur die je op je trouwdag gaat dragen.
– Nagelvijl.
– Make-upremover, om vlekken te verwijderen.
– Lippenstift, om je lippen indien nodig bij te stiften.
– Papieren zakdoekjes.
– Aspirines.
– Een flesje water.
– Vlekkenverwijderaar.
– Een energierijke snack.
– Pleisters.
– Tampons of maandverbandjes.
– Mobiele telefoon.
– Wit krijt (om vlekken op je jurk te camoufleren).
– Extra cash.
– Plakband.
– Kalmeermiddel.
– Klein schaartje.
– Een extra paar kousen.
– Zakdoek.
– Spiegeltje.

En dan... ontspannen maar!

Maak je niet druk om de laatste voorbereidingen. Doe wat er nog gedaan moet worden, zonder jezelf te verliezen in de details, en neem dan de tijd om te ontspannen.

Zorg voor een gezonde, lichte en zoutarme maaltijd. Of je nu van plan bent samen de nacht door te brengen of niet, probeer nog wat tijd met je aanstaande te plannen. Dit zijn jullie allerlaatste momenten als ongetrouwd paar, geniet van de verwachting die in de lucht hangt! Probeer de avond op een zo ontspannen mogelijke manier door te brengen. Verwen jezelf, bijvoorbeeld met een warm bad.

Naar bed!

Hoe zenuwachtig je misschien ook bent, ga in elk geval niet te laat naar bed. Morgen wordt een lange – en wellicht vermoeiende – dag. Je zult je nachtrust dus goed kunnen gebruiken. Zelfs als je van de zenuwen de slaap niet kunt vatten, doe je er toch goed aan wat te rusten. Vergeet zeker niet de wekker te zetten! Vraag voor de zekerheid eventueel ook een *wake-up call* aan. Stel je voor dat de wekker het niet doet...

Samen of apart?

De traditie wil dat de aanstaande bruid en bruidegom de nacht niet samen door-brengen. De bruid slaapt in het huis van haar ouders, de bruidegom in dat van zijn ouders. Die traditie stamt natuurlijk voort uit het feit dat bruid en bruidegom vroeger ook nog niet samenwoonden voor het huwelijk. Maar ook als je wel al samenwoont, kan het romantisch zijn om deze bijzondere nacht apart door te brengen en nog één keer in het bed te slapen – of wakker te liggen... – waar je als kind of jong meisje hebt geslapen.

Voel je daar echter niet toe verplicht. Voel je je niet lekker bij het idee om in je eentje in bed te kruipen, doe dat dan niet. Misschien vinden jullie het veel romantischer om de nacht wél samen door te brengen en samen lekker zenuwachtig te zijn om wat komen gaat. Of misschien zijn jullie net veel rustiger als jullie samen in jullie vertrouwde omgeving zijn.

Besluiten jullie samen de nacht door te brengen, maak dan van jullie trouwdagontbijt iets bijzonders. Geniet van dit laatste moment, voor de een naar de kapper en de schoonheidsspecialiste vertrekt en de ander naar de bloemist om het bruidsboeket op te halen.

De Grote Dag
Over de trouwdag, de huwelijksnacht en de morning-after

Eindelijk is het zo ver! De dag waar jullie zo lang naar hebben uitgekeken en waaraan jullie zo lang hebben voorbereid, is eindelijk aangebroken! In dit hoofdstuk willen we je nog enkele tips geven om optimaal van deze dag te kunnen genieten.

Je trouwdag is eindelijk aangebroken!
Laat het moment waarop je opstaat afhangen van de timing van je trouwdag. Trouw je pas in de namiddag, dan heeft het weinig zin om al voor dag en dauw uit bed te komen, je hebt dan alleen maar meer tijd om zenuwachtig te worden en te piekeren of alles wel naar wens zal verlopen. Zorg natuurlijk wel voor voldoende tijd om je klaar te maken. Als je je in trouwkleding moet haasten omdat je te laat in de kerk dreigt te komen, is de pret er ook af.

Spring niet onmiddellijk uit bed. Blijf even liggen en laat goed tot je doordringen dat dit een bijzondere dag is: vandaag ga je trouwen! Geniet van het vooruitzicht!

Neem zeker de tijd voor een degelijk ontbijt. Dat zul je goed kunnen gebruiken: je bent de hele dag in touw en op een lege maag gaat dat niet zo goed. Zeker als je een zenuwachtig type bent, kun je maar beter niet te veel koffie of thee drinken. Drink wel voldoende water zodat je er straks op je best uitziet.

De bruid maakt zich klaar
Neem rustig de tijd om je klaar te maken. Als je te gehaast bent, gebeuren er wel eens ongelukjes met de make-up, of vergeet je details die er net voor kunnen zorgen dat je als bruid helemaal 'af' bent. Het zou jammer zijn als je in je haast je oorringen vergeet aan te doen die je speciaal voor de gelegenheid hebt gekocht.

Draag een bloes die je vooraan open en dicht kunt knopen om naar de kapper en de schoonheidsspecialiste te gaan. Het is helemaal niet praktisch om nog een trui over je hoofd te trekken wanneer zij met jou klaar zijn.

Trek je trouwjurk niet te vroeg aan. Ideaal is het als je je jurk net aan hebt getrokken wanneer de bruidegom aankomt. Hoe langer je vooraf in je jurk moet rondlopen, hoe groter de kans dat er kreuken in komen, of erger nog, dat er ergens een vlekje op komt.

Diep ademhalen...
Plots is het moment aangebroken waarop de bruidegom zich aandient, met het bruidsboeket. Haal een paar keer diep adem, geef jezelf de tijd om te beseffen dat het nu 'echt' begint, neem het gelukzalige gevoel dat daarbij hoort goed in je op en daal vervolgens stralend de trap af, naar je wachtende bruidegom. Wellicht stijgen nu de eerste 'ah's en 'oh's op en krijg je de eerste complimentjes te horen. Maar vooral sta je oog in oog met degene met wie je je leven gaat delen. Sta even stil bij dit bijzondere moment en laat je dan meedrijven op de stroom van de gebeurtenissen.

In een oogwenk
Je hebt het wellicht al honderden keren te horen gekregen: jullie trouwdag zal voorbij zijn in een oogwenk, zo snel gaat alles. Het is waar: alles gaat snel, en bovendien gebeurt er zo veel dat je al gauw opgaat in een duizelingwekkende reeks gebeurtenissen. Probeer daarom

regelmatig even stil te staan en alles om je heen in je op te nemen. Doe dat bij voorkeur met zijn tweeën, samen. Concentreer je daarbij op al het moois van jullie trouwdag: de stralende glimlach van je partner op het moment van het jawoord, het overweldigende geluksgevoel bij het verlaten van de kerk, de complimentjes van jullie gasten, het lekkere eten, de prachtige bloemversieringen... Zulke momenten leveren gegarandeerd mooie herinneringen op, en bovendien kunnen ze je het gevoel bezorgen dat je controle hebt over wat er gebeurt in plaats van dat alles je overvalt.

Loopt alles zoals gepland?

Maandenlang heb je je voorstellingen gemaakt van hoe deze dag eruit zou zien. Een stralende zomerdag, geen wolkje aan de hemel, overal lachende gasten... Hopelijk ziet jullie dag er ook echt zo uit. Laat je echter niet van de wijs brengen als niet elk detail verloopt zoals gepland. Relativeer kleine tegenslagen en laat ze jullie dag niet vergallen. Toegegeven, een stralende zon is leuker dan een regenbui en een vlek op je trouwjurk is niet meteen wat je als bruid wenst. Verlies echter nooit uit het oog waar het écht om gaat: dat jullie vandaag voor het leven voor elkaar kiezen en dat jullie omringd zijn door vrienden en familieleden die dat met jullie willen vieren. En vergeet niet dat een bewolkte hemel betere foto's oplevert dan een stralende zon.

Delegeren

Loopt er onverwacht toch iets niet zoals jullie het hadden gepland, ga het dan niet zelf proberen op te lossen, maar schakel iemand anders in. Als jullie een ceremoniemeester hebben gevraagd, is dat zijn taak, anders kun je een beroep doen op een vriend of een familielid.

Vergeet niet te eten!

Sommige bruiden – en bruidegom – zijn zo zenuwachtig dat ze geen hap door de keel krijgen. Anderen zijn dan weer zo druk in de weer met last-minute details dat ze gewoon vergeten te eten. Dat kan je echter zuur opbreken. Te lang zonder eten blijven op een dag als je trouwdag zou je bloedsuikerspiegel wel eens spectaculair kunnen laten dalen, waardoor je je niet goed gaat voelen – en er meestal ook niet goed gaat uitzien. Probeer daarom toch af en toe iets voedzaams, hoe klein ook, te eten.

Een tip voor de bruid: drink op je trouwdag geen gekleurde drankjes. Op een witte trouwjurk is een vlek snel gemaakt...

Geniet van je trouwfeest

Op je trouwfeest ben je altijd ook een beetje gastvrouw, zelfs al heb je een ceremoniemeester of een maître d'hôtel rondlopen en speelt je moeder een meer dan perfecte gastvrouw. Zelf wil je het je gasten ook naar de zin maken. Zie jezelf en je kersverse echtgenoot echter niet over het hoofd! Dit is vooral *jullie* feest, geniet er dus ten volle van! Probeer een goede balans te vinden tussen enerzijds de verplichtingen van het handjes schudden en praatjes maken en anderzijds het zelf genieten. Zorg dat je al het lekkers proeft dat je hebt uitgezocht voor je receptie en diner, dat je op de dansvloer te vinden bent als ze je lievelingsmuziek draaien en dat je wat tijd hebt doorgebracht met de gasten die extra veel voor je betekenen. Maar maak vooral tijd voor elkaar – om samen van jullie dag te genieten.

Breekt het angstzweet je al uit bij de vraag hoe dat straks moet, als je in je trouwjurk naar het toilet moet? Neem altijd rustig de tijd om je jurk voorzichtig omhoog te doen. Als je kousen met jarretels of stay-ups draagt, hoef je alvast geen panty omlaag te trekken. Controleer bij het verlaten van het toilet ook steeds of alles, aan voor- én achterkant, weer goed en op de goede plek zit. Je kunt ook je moeder, je zus of je beste vriendin vragen of ze je daarmee wil helpen.

Het vertrek

Wanneer jullie van het huwelijksfeest vertrekken, kunnen jullie helemaal zelf kiezen. Sommige bruidsparen willen tot het allerlaatste moment van het feest genieten en vertrekken pas als de laatste gast vertrokken is. Anderen verlaten het feest juist als eersten, onder ruime belangstelling van alle aanwezigen, of net stiekem.

Denk in elk geval vooraf na over hoe jullie je huwelijksfeest gaan verlaten. Als jullie overnachten op de plek waar het feest plaatsvindt, hoeft dat natuurlijk niet, maar als jullie de huwelijksnacht elders doorbrengen, is het meestal niet verstandig om nog zelf te rijden. Waarschijnlijk ben je behoorlijk moe en heb je bovendien ook flink wat alcohol gedronken. Daarom kun je vooraf een taxi regelen of een vriend of familielid vragen om jullie te rijden.

De huwelijksnacht

Duurt je huwelijksfeest tot 's nachts, dan kun je misschien beter niet meteen op huwelijksreis vertrekken en je huwelijksnacht dicht bij de feestlocatie of bij je huis doorbrengen. Als jullie feestlocatie over overnachtingsmogelijkheden beschikt, kan het erg handig zijn daarvan gebruik te maken.

Anders kun je bij hotels in de buurt informeren naar hun speciale bruidsarrangementen. Je kunt dan bijvoorbeeld kiezen om te overnachten in een bruidssuite, meestal een lekker luxueuze kamer waar de champagne al klaarstaat en waar je de volgende ochtend ontbijt op bed geserveerd krijgt. Je wordt als kersvers bruidspaar werkelijk in de watten gelegd.

Besluit je de nacht thuis door te brengen, dan kun je het ook extra romantisch maken, door bijvoorbeeld een fles champagne achter de hand te houden, of een ontbijtje te laten leveren.

Vertel je vrienden en familieleden niet waar je je huwelijksnacht gaat doorbrengen. Anders zou je wel eens verrast kunnen worden met een bezoekje...

Waar je de huwelijksnacht ook doorbrengt, de bruidegom hoort zijn bruid over de drempel te dragen. Dat zou de boze geesten misleiden die onder de drempel op de loer liggen.

Eindelijk alleen

Of je meteen op huwelijksreis vertrekt, of de nacht in een bruidssuite doorbrengt, of gewoon thuis, deze nacht voelt wellicht bijzonder aan. Niet alleen is al de stress van de laatste weken, zelfs maanden van je afgevallen, vooral is dit het begin van een nieuw leven, jullie leven samen, als man en vrouw. Hoe dat moment ook verloopt – of jullie nu uitgeput maar dolgelukkig in elkaars armen in slaap vallen, of er net een spannende nacht van maken – het zal wellicht in jullie herinneringen blijven voortleven als een heel bijzonder ogenblik.

De morning after

Goeiemorgen! Dit is jullie eerste ochtend als getrouwd paar! En die kunnen jullie helemaal invullen zoals jullie dat zelf willen. Willen jullie de volgende vierentwintig uur in jullie hotelbed doorbrengen en de roomservice allerlei lekkers laten brengen? Fijn. Willen jullie meteen het vliegtuig op om aan jullie huwelijksreis te beginnen? Ook fijn. Of willen jullie de eerste getrouwde ochtend liever samen met jullie familie of jullie beste vrienden ont-bijten? Al even fijn. De keuze is werkelijk aan jullie. En anders dan de ochtend van jullie trouwdag, hoeven jullie nu niet te piekeren over je trouwjurk, op tijd komen in de kerk of een goeie indruk maken tijdens de openingsdans. Je kunt gewoon *genieten* van het feit dat jullie gisteren getrouwd zijn...

Inpakken en wegwezen
Over huwelijksreizen, visa en inentingen

Reeds in de Middeleeuwen gingen pasgetrouwde stellen uit de hoogste kringen na hun huwelijk op reis. De bruidegom nam zijn bruid mee op een tocht langs al zijn kastelen, zodat iedereen de nieuwe edelvrouwe kon leren kennen.

DE REIS VAN JE DROMEN

We zijn dit boek begonnen met het advies om goed na te denken over het soort trouwdag dat je wilde hebben. Die boodschap willen we herhalen als het over de huwelijksreis gaat.
　　Wellicht is dit een van de bijzonderste reizen die je in je leven gaat maken. Maak daarom van de gelegenheid gebruik om er meteen ook de reis van je dromen van te maken. En neem even de tijd om voor jezelf na te gaan hoe die reis van je dromen er eigenlijk uitziet.

Een verrassing voor de bruid?
Traditioneel is het de bruidegom die de huwelijksreis organiseert, en daarbij de bestemming geheimhoudt voor zijn bruid. Vind je dat een romantisch idee, dan houdt niets je tegen het zo aan te pakken. Vraag je dan wel even af hoe zeker je ervan bent dat je een reis gekozen hebt die ook je aanstaande zeer zal bevallen.
Je moet er dan ook wel voor zorgen dat je bruid de juiste bagage meeneemt. 'Wees voorbereid op alle weersomstandigheden, pak dus maar alles in, van bikini's tot skipakken!': het kan spannend klinken, maar je bruid zou met zulke aanwijzingen wel eens met de handen in het haar kunnen zitten. En vier koffers propvol kleren voor alle seizoenen is ook een beetje veel om mee te zeulen... Je kunt daarom maar beter een klein tipje van de sluier oplichten...

HOE WIL JE DAT JE HUWELIJKSREIS ERUIT GAAT ZIEN?

Herhaal even de gedachteoefening die je een tijd geleden gemaakt hebt, met betrekking tot hoe je wilde dat je trouwdag eruit zou gaan zien. Waar denk je aan bij het horen van de woorden 'perfecte huwelijksreis'? Laat je verbeelding daarbij gerust de vrije loop en voel je (nog) niet geremd door praktische of financiële beperkingen.
　　Waar gaat jouw ideale huwelijksreis naartoe? Is er een plek op de aardbol waar je altijd al heen wilde? Droom je van een exotische of tropische bestemming, of van een drukke stad? Wil je ergens naartoe waar het lekker warm is, of houd je meer van een besneeuwd gebergte? Wil je lekker liggen luieren op een strand of aan de rand van een zwembad, wil je de cultuur van een stad of land ontdekken, of wil je echt de avontuurlijke toer opgaan? Wil je dat je huwelijksreis zo lang mogelijk duurt, of mag het kort en krachtig? Wil je de hele tijd op één plek blijven, of wil je liever een rondreis maken door een streek of land?
　　Probeer ook na te gaan welke elementen voor jou het belangrijkst zijn om er een geslaagde huwelijksreis van te maken. Wil je absoluut in een vijfsterrenhotel logeren, maar maakt

het je niet zo erg uit waar dat zich bevindt? Of wil je liever besparen op de kosten van jullie overnachtingen, zodat jullie op safari kunnen gaan?

Wat is voor jou het toppunt van genieten? Je als een ware ster een champagneontbijt op bed laten brengen in een luxueuze hotelkamer? 's Ochtends bij het ontwaken kunnen genieten van een prachtig uitzicht? Een badkamer met een jacuzzi? Een heerlijk diner in een gezellig restaurantje? In een pittoresk stadje op adem komen na een lange fietstocht?

Laat je verloofde dezelfde denkoefening maken en praat vervolgens over jullie respectieve dromen. Laat je vooral niet van de wijs brengen wanneer jullie wensen niet helemaal overeenstemmen. Vergelijk ook jullie prioriteiten. Misschien zitten daar een aantal overeenkomsten. Liggen ook die nogal uiteen? Geen nood. Met enige creativiteit kom je er wel uit. Wil jij bijvoorbeeld dolgraag naar een exotische bestemming reizen en wil je aanstaande vooral een actieve vakantie? Dan kun je bijvoorbeeld voor Tanzania kiezen en een beklimming van de Kilimanjaro in je reis inbouwen. Kom je er zelf niet uit, dan kan het zinvol zijn een reisagent te raadplegen. Misschien heeft hij wel de perfecte reis voor jullie.

Ook wanneer jullie ideale huwelijksreis en jullie budget nogal ver uit elkaar liggen, kun je het best even naar jullie prioriteiten kijken en je keuze daardoor laten leiden. Wil je vooral baden in de luxe van een vijfsterrenhotel, dan kun je misschien een minder populaire of een minder verre bestemming uitkiezen. Wil je daarentegen absoluut een maand lang door Toscane rijden, dan kun je overwegen om goedkopere hotelletjes uit te zoeken.

Een romantische bestemming

Omdat de huwelijksreis onlosmakelijk verbonden is met de trouwdag, kiezen veel stellen voor een romantische bestemming, waar ze nog kunnen nagenieten van het geluk van hun huwelijksdag. Hoe je de term 'romantische bestemming' invult, hangt trouwens helemaal van jullie af. Voor sommigen is een stad als Venetië of Parijs het toppunt van romantiek, voor anderen krijgt een vijfsterrencruise met alles erop en eraan dat label.

Een exotische bestemming

Hebben jullie al de halve wereld afgereisd? Maak dan iets bijzonders van jullie huwelijksreis en kies voor een bestemming aan de andere kant van de wereld waar jullie nog nooit geweest zijn.

Een strandvakantie

Languit genieten op een zonovergoten strand, of het nu een rustig met palmbomen omzoomd strand is, of een mondain strand aan de Franse Rivièra... het is een klassiek scenario voor een huwelijksreis. Strandvakanties zijn zowat overal op deze aardbol mogelijk, maar bedenk wel dat dit type vakantie nogal onderhevig is aan het weer. Wil je (bijna) zekerheid dat je vakantie niet in het water valt, kies dan voor een bestemming waar je op dat moment van het jaar bijna zeker mooi weer hebt.

Een avontuurlijke vakantie

Zijn jullie avontuurlijk of sportief aangelegd? Dan is een avontuurlijke, actieve huwelijksreis misschien iets voor jullie. Ook in deze categorie zijn de mogelijkheden eindeloos, van een fietstocht in de Provence tot een duikvakantie in Mexico tot het beklimmen van een bergtop in Nepal.

Ken je eigen grenzen! Als je nog nooit bent gaan duiken of een berg beklommen hebt, moet je er op je huwelijksreis niet mee beginnen. Wil je toch samen iets totaal nieuws doen, zorg dan dat je erop voorbereid bent en neem in de maanden voor jullie trouwdag bijvoorbeeld duik- of klimlessen.

Een culturele vakantie

Is een strandvakantie niks voor jullie, maar willen jullie liever de cultuur van een vreemd land leren kennen? Dan heb je tal van mogelijkheden, van een tocht langs de Franse wijnkastelen tot een reis naar de verschillende Indonesische eilanden.

Een citytrip

Gaat er voor jullie niets boven het bruisende leven van een wereldstad? Lekker dineren in een befaamd restaurant, shoppen in exclusieve winkels, topcollecties in musea bezoeken, uitgaan in wereldvermaarde disco's: gaat je hart al sneller kloppen? Overweeg dan om een lange citytrip te maken als huwelijksreis, of misschien zelfs enkele steden te bezoeken.

Rust!

Waar je ook besluit naartoe te gaan, het kan geen kwaad om, bij voorkeur aan het begin van jullie huwelijksreis, enkele rustige dagen in te bouwen. Na je trouwdag – en de hectische maanden die eraan voorafgegaan zijn, gevuld met plannen en organiseren – zou je wel eens doodmoe kunnen zijn!

Vermijd het om een bestemming te kiezen waar een van jullie beiden al eerder is geweest, misschien zelfs met een andere reisgenoot. Jullie huwelijksreis – en de herinneringen eraan – moet helemaal van jullie zijn!

JE HUWELIJKSREIS BOEKEN

Naast al het voorbereidende werk voor jullie trouwdag, moeten jullie ook nog een huwelijksreis organiseren. En ook daarvoor moet een en ander geregeld worden. Dat kun je allemaal zelf doen, of je kunt het voor je laten doen door een reisagent.

Een reisagent kan zowel vluchten, hotelkamers als huurauto's voor jullie reserveren en vaak zelfs nog een aantal extra's zoals plaatselijke excursies. Zijn jullie van plan om in een bepaalde streek rond te reizen, dan kan hij zelfs een route voor jullie uitstippelen. Wil je iets bijzonders, zoek dan een reisagent die daarin gespecialiseerd is. En vertel je reisagent zeker over al jullie wensen. Het gaat tenslotte om jullie huwelijksreis. Als jullie willen overnachten in gezellige hotelletjes, neem er dan geen genoegen mee als hij jullie kamers in zakenhotels voorstelt.

Je kunt je huwelijksreis ook zelf regelen. Je kunt reisgidsen uitpluizen, reisbrochures vergelijken, in reiscafés ervaren reizigers opzoeken, het internet afschuimen, via nieuwsgroepen of e-maillijsten mensen leren kennen die vertrouwd zijn met de plek waar jullie heen willen, noem maar op. Houd er wel rekening mee dat daar veel tijd in gaat zitten. Daartegenover staat dat jullie zelf het best weten wat jullie willen en dat je de huwelijksreis zo ook beter naar eigen wens kunt vormgeven.

Het internet is een geweldige bron van informatie, ook als het om het plannen van reizen gaat. Geloof echter niet alles wat je er leest. Als je enkel afgaat op de website van een hotel, met daarop foto's van een enkele kamer, dan zou je wel eens bedrogen uit kunnen komen...

KLAAR OM TE VERTREKKEN

Om onaangename verrassingen op het laatste moment te vermijden, kun je maar beter zorgen dat je goed bent voorbereid om op huwelijksreis te vertrekken.

Papieren

Zorg dat al jullie papieren in orde zijn. Zijn jullie identiteitskaarten en paspoorten nog geldig? Heb je een visum nodig voor het land waar je naartoe wilt? Regel dat dan tijdig. Zijn jullie van plan om rond te reizen, controleer dan of jullie rijbewijs geldig is in het land waar jullie naartoe gaan.

Gezondheid

Wil je naar een exotische bestemming reizen, dan moet je je wellicht laten inenten. Informeer bij je huisarts of bij het Instituut voor Tropische Geneeskunde welke inentingen je nodig hebt en wanneer dat moet gebeuren. Wacht daar niet te lang mee, want sommige moet je een hele tijd vooraf krijgen!
Zorg ook voor een goede reisapotheek. De samenstelling daarvan hangt ook af van jullie bestemming. Vraag daarom even raad aan je apotheker wat je zoal moet meenemen.

Je bagage

Pak je koffers enkele dagen voor je trouwdag in. Wat je meeneemt, hangt natuurlijk af van jullie bestemming en het type reis dat je maakt. Voor een luxecruise heb je uiteraard andere spullen nodig dan voor een trektocht door Latijns-Amerika.
Probeer de verleiding te weerstaan om je hele garderobe in je koffer te proppen. Natuurlijk wil je er elke dag van je huwelijksreis fantastisch uitzien, maar de hele tijd zware koffers moeten meezeulen is ook niet leuk. Bovendien kun je bij de meeste luchtvaartmaatschappijen niet onbeperkt bagage meenemen, maar geldt er een maximaal aantal kilo's. Kies daarom kleren uit in bij elkaar passende kleuren, zodat je ze gemakkelijk onderling kunt combineren.
Neem de belangrijkste spullen – zoals paspoorten, visa, tickets, hotelvouchers, routebeschrijvingen, maar ook medicijnen, geld, juwelen, je belangrijkste toiletartikelen en eventueel kleding voor één dag – mee in je handbagage. Als je bagage (tijdelijk) kwijt is, kun je daarop terugvallen.

ONDERWEG

Op vakantie gaan is leuk, maar het reizen zelf is vaak ook vermoeiend. Hoe vermoeiend hangt samen met de manier waarop je reist. Probeer er in elk geval het beste van te maken. Reis je met het vliegtuig, probeer dan een non-stopvlucht te boeken. Als je tussendoor moet overstappen, gaat je reis wel heel lang duren. Heb je een lange vlucht voor de boeg, neem dan wat aangename, ontspannende lectuur of muziek voor aan boord mee en probeer voldoende te drinken.

> Vertel aan het vliegtuigpersoneel – en later ook aan het hotelpersoneel – steeds dat jullie *op huwelijksreis* zijn. Vaak hangt er dan een extraatje in de lucht – een bezoekje aan de cockpit, een fles champagne, een upgrade naar business class of naar een luxueuzere hotelkamer...

Probeer ook steeds positief te blijven. Bij reizen horen vaak ook kleine of grote tegenslagen en ongemakken. Hoe je daarmee omgaat, bepaalt mede het gevoel dat je aan je reis overhoudt. Staar je niet blind op datgene wat een beetje minder goed blijkt mee te vallen dan verwacht en geniet van alles wat wel naar wens verloopt.

Houd ook steeds in het achterhoofd dat dit jullie *huwelijksreis* is. Maak ze zo onvergetelijk mogelijk, zorg voor een verrassing voor elkaar, doe dingen die je anders misschien nooit zou doen. En maak van de laatste avond iets bijzonders.

HERINNERINGEN AAN JULLIE HUWELIJKSREIS

Net als aan je trouwdag zelf wil je aan je huwelijksreis wellicht ook herinneringen overhouden. De tastbare herinneringen bij uitstek zijn natuurlijk foto's, maar anders dan op je trouwdag heb je nu geen fotograaf ter beschikking. Jullie zullen zelf foto's moeten maken. Probeer er zeker ook voor te zorgen dat jullie foto's hebben waar jullie *samen* op staan. Jullie huwelijksreis draait tenslotte om jullie beiden. Als je met zijn tweeën reist is het echter niet zo vanzelfsprekend om dergelijke foto's te maken. Je zult voorbijgangers, kelners of hotelpersoneel moeten aanspreken en vragen of ze een foto van jullie willen maken.

Je kunt van deze unieke vakantie ook een reisdagboek bijhouden, zodat je alles later nog eens kunt nalezen. En je kunt ook souvenirs kopen. Heb je je hele huwelijksreis bijvoorbeeld genoten van de lokale keuken, koop dan een kookboek met plaatselijke recepten.

> *Thuis op huwelijksreis?*
> Kunnen jullie na jullie trouwdag niet meteen op huwelijksreis, bijvoorbeeld omdat een van jullie niet weg kan wegens werk of studie? Stel je huwelijksreis dan uit, maar maak er geen afstel van!
> En probeer toch om na je trouwdag sowieso enkele dagen vrij te nemen en door te brengen in een luxueus hotel.
> Lukt ook dat niet, probeer dan om van je eerste dagen thuis een klein huwelijksreisje te maken. Maak het zo romantisch mogelijk, doe dingen die je thuis normaal gezien niet doet om zo'n vakantiesfeertje te creëren. Leg de hoorn van de haak, laat ontbijt op bed bezorgen, stel een super-de-luxe picknick samen om op te eten in het park, trek je mooiste kleren aan om te gaan uit eten in een trendy restaurant of doe je in het holst van de nacht te goed aan champagne en kaviaar. Of bezoek jullie eigen stad alsof jullie toeristen zijn, neem een kijkje in het plaatselijke museum of maak een ritje in een paardenkoets. En vergeet zeker geen foto's te maken. Dit is tenslotte een huwelijks*reis*.

www.lannoo.com

lannoo

Uitgeverij Lannoo nv
Kasteelstraat 97 – 8700 Tielt – België
lannoo@lannoo.be
Postbus 1080 – 7230 AB Warnsveld – Nederland
boeken@lannoo.nl

TERRA

Uitgeverij Terra Zutphen bv
Postbus 1080 – 7230 AB Warnsveld – Nederland
info@terralannoo.nl
www.terralannoo.nl
Uitgeverij Terra maakt deel uit van de Lannoo-groep

Tekst: Karin Kustermans
Foto's cover + p. 2: Keppie & Keppie
Opmaak: Drukkerij Lannoo nv, Tielt
Gedrukt en gebonden bij Drukkerij Lannoo nv, Tielt, 2003
© Uitgeverij Lannoo, nv, Tielt, 2003
D/2003/45/425 – ISBN 90 209 5132 7 – NUR 450-451